新一轮集体林权制度改革对我国林产品进口贸易的影响研究

侯方淼　刘　璨　刘　浩
肖　慧　王雁斌　朱文清　等著

中国财经出版传媒集团
中国财政经济出版社

图书在版编目（CIP）数据

新一轮集体林权制度改革对我国林产品进口贸易的影响研究／侯方淼等著．－－北京：中国财政经济出版社，2022.8

ISBN 978－7－5223－1518－8

Ⅰ.①新… Ⅱ.①侯… Ⅲ.①集体林－产权制度改革－影响－林产品－国际贸易－研究－中国 Ⅳ.①F752.652.4 ②F326.22

中国版本图书馆 CIP 数据核字（2022）第 110532 号

责任编辑：刘孺泾　　　　　责任印制：张　健
封面设计：卜建辰　　　　　责任校对：徐艳丽

中国财政经济出版社 出版

URL：http://www.cfeph.cn
E－mail：cfeph@cfeph.cn

（版权所有　翻印必究）

社址：北京市海淀区阜成路甲 28 号　邮政编码：100142
营销中心电话：010－88191522
天猫网店：中国财政经济出版社旗舰店
网址：https://zgczjjcbs.tmall.com
北京鑫海金澳胶印有限公司印刷　各地新华书店经销
成品尺寸：170mm×240mm　16 开　15.25 印张　234 000 字
2022 年 11 月第 1 版　2022 年 11 月北京第 1 次印刷
定价：65.00 元
ISBN 978－7－5223－1518－8
（图书出现印装问题，本社负责调换，电话：010－88190548）
本社质量投诉电话：010－88190744
打击盗版举报热线：010－88191661　QQ：2242791300

前　言

近年来，随着我国经济的快速发展，国内木材的供给逐渐满足不了日益增长的需求，进口木材成为缓解木材供需矛盾的主要手段之一。考虑到过于依赖国外木材的进口不利于我国的木材贸易安全，提升我国的木材供给能力就成为了我国的当务之急。为了更好地促进森林资源的可持续经营和提升国内木材供给能力，2003年我国开始进行新一轮集体林权制度改革的试点，并在2008年向全国铺开。自此次集体林权制度改革实施以来，我国的森林资源开始呈稳步上升的趋势，尤其是以商品材生产为主的人工林面积也呈快速增长趋势。因此，本书建立了集体林权制度改革及配套改革对我国林产品进口贸易影响的理论分析框架，通过对我国集体林权制度改革和配套改革、确保木材安全的政策、林产品国际贸易和相关影响因素等相关的文献进行全面梳理，归纳总结改革开放以来的集体林权制度改革政策和我国林产品国际贸易政策尤其是木材进口政策的发展演化，充分考虑社会经济、市场和林业经营主体等多种因素的基础上，分析了新一轮集体林权制度改革及相关政策对森林资源的影响、对木材国内外价格和供需数量的影响并进而分析了新一轮集体林权制度改革及配套改革对我国林产品进口贸易和木材安全的影响，开展了集体林权制度改革及配套改革提升木材供给的情景模拟。

基于上述结果，本书提出以下几点建议：第一，我国应继续深化集体林权制度改革，提高林地确权率，通过林业金融等措施长期保障林农权益，优化我国的木材供给能力;第二,加大对木材研发的技术投入,提升我国木材的利用率,促进木材经营的可持续发展;第三,继续扩大木材来源国,签订贸易协定,提高我国在木材贸易上的话语权。本书的编写、调研数据和资料整理收集工作,得到了国家林业和草原局发展研究中心项目《新一轮集体林权制度改革及配套改革对我国林产品进口贸易的影响研究》的资助,得到了北京林业大学经济管理学院领导的支持。北京林业大学的裴润田、王宏飞、卫宇婕、张佳敏、张雨润、阴雨菲、张凤佳、王冰昕和苏薇等多位研究生参与了本课题数据资料的收集和实地调研工作。在此一并表示由衷的感谢!

由于作者的水平有限,书中难免存在某些不足之处,因而在此希望各位同仁、专家学者及广大读者给予批评指正并提出宝贵意见。

侯方淼
2022 年 9 月 5 日

目　　录

第 1 章　绪论 …………………………………………………………… 1
　　1.1　研究背景 ………………………………………………………… 3
　　1.2　研究意义 ………………………………………………………… 6
　　1.3　研究目的 ………………………………………………………… 6
　　1.4　研究内容、思路和方法 ………………………………………… 7

第 2 章　集体林权制度改革对木材进口的影响理论分析 ………… 11
　　2.1　要素禀赋理论 …………………………………………………… 13
　　2.2　产权理论 ………………………………………………………… 14
　　2.3　木材供需平衡理论 ……………………………………………… 16
　　2.4　集体林权制度改革对木材进口影响的理论机制 ……………… 17

第 3 章　集体林权制度改革及相关政策对投入和森林资源的
　　　　　影响 …………………………………………………………… 19
　　3.1　前言 ……………………………………………………………… 21
　　3.2　相关研究进展 …………………………………………………… 21
　　3.3　集体林权制度改革状况、进展及政策 ………………………… 36
　　3.4　集体林权制度改革对投入和森林资源影响的实证分析 ……… 50

第4章 新一轮集体林权制度改革对我国木材供给的影响分析 ·········· 99

    4.1 前言 ·········· 101

    4.2 相关研究进展 ·········· 102

    4.3 集体林权制度改革前后我国木材产量变化 ·········· 104

    4.4 我国木材供需及价格状况分析 ·········· 106

    4.5 木材供需理论分析 ·········· 112

    4.6 集体林权制度改革对木材供给及木材价格影响的实证分析 ·········· 119

    4.7 小结 ·········· 135

第5章 新一轮集体林权制度改革对我国林产品进口贸易和木材安全的影响 ·········· 137

    5.1 前言 ·········· 139

    5.2 相关研究进展 ·········· 139

    5.3 我国木材安全的国内外环境分析 ·········· 144

    5.4 集体林权制度改革影响木材进口的理论机制 ·········· 174

    5.5 集体林权制度改革影响木材进口的实证分析 ·········· 179

    5.6 集体林权制度改革影响木材进口和木材安全的情景模拟 ·········· 193

    5.7 小结 ·········· 222

第6章 研究结论与建议 ·········· 223

    6.1 研究结论 ·········· 225

    6.2 政策建议 ·········· 226

参考文献 ·········· 229

第 1 章

绪 论

第1章 绪 论

1.1 研究背景

森林是陆地生态系统的主体,被誉为"地球之肺",为人类提供不可或缺的木材等实物产品和生态系统服务,对于全球生态系统平衡和缓解气候变化发挥关键性作用。森林问题已经引起国际社会的关注,在生物多样性保护、气候变化和防治沙漠化等国际公约的重要条款、联合国千年发展目标(MDGs)等重要内容。作为负责的大国,我国政府积极履行国际义务,同时根据中国的国情、林情等出台相关政策法规和改革举措,成为少数成功实现森林转型的发展中大国,实现了从粗放式开发转向实现森林资源增长(FAO,2019)。

改革开放以来,我国实现了经济增长的奇迹(林毅夫、蔡昉、李周,1999;World Bank,2013),对木材等林产品的需求呈急剧上升态势。我国林业产业发展迅速。2018年,我国林业产值达到了7.33万亿元,为5200多万人提供了就业机会,成为世界上林业产业发展最快和林产品生产、贸易、消费第一大国(国家林业和草原局,2020)。国内商品材产量从1978年的5162.30万立方米提高到2017年的8401万立方米;同期原木进口从82.44万立方米到5974.9万立方米(FAO,2019;中国木业网,2020)。2018年,中国木材对外依存度为53.6%(国家林业和草原局,2019),成为全球最大的原木进口国。中国木材等林产品国内和国际市场联系呈现出规模大且日趋紧密的态势,因此研究国内外原木等林产品市场关联成为政策决策者和学界关注的焦点与热点之一。

在整合已有林业生态恢复工程的基础上,1998年,我国启动了天然林保护工程、退耕还林工程等六项林业重点工程;2010年,陆续启动了这六项林业重点工程的二期工程;2014年以来,陆续启动了停止天然林商业性采伐试点,将调减5000万立方米商品材产量(ITTO,2015);2017年,在全国范围内全面停止天然林商业性采伐;20世纪90年代以来,启动了生态公益林建设。根据第九次全国森林资源清查（2014—2018）结果：公益林面积占全国有林地面积的57.50%（国家林业和草原局，2020）；2015年，启动了以生态优先为目标的国有林区和国有林场改革。因此，全部国有林和集体天然林陆续退出商品木材生产，有效供给呈下降态势。

随着经济发展，我国木材需求呈现出快速上升的态势。根据国家林业和草原局预测，木材供需缺口将进一步加大，2020年，我国木材缺口可能达到2亿立方米，我国木材资源供需总量缺口和结构性短缺的问题将会一直存在（王跻崒，2019），国际贸易成为解决国内木材需求的备选渠道。我国大规模进口木材等林产品已引起国际社会的高度关注（Gan 2004；Zhang and Gan 2007；Constance et al.，2018），一些国家和地区认为中国木材等林产品进口对国际市场带来冲击和世界森林资源保护带来负面影响（Mayer et al.；Katsigris et al.，2004；Laurance 2008；White et al.，2006）。随着全球贸易保护主义与绿色贸易的不断发展，数量可观的木材出口国渐次提高了森林资源的保护力度，如印度尼西亚、俄罗斯、哥斯达黎加等国家和地区已采取政策手段来限制木材原料的出口（Alina et al.，2014）。2019年，中国最大的原木进口国赤道几内亚禁止境内原木出口。目前，已有近百国家限制或禁止木材出口，国际木材供应形势越发严峻，这些保护措施使我国保障木材供给、维护木材安全的任务将会更加艰巨。在国际贸易摩擦频发和贸易保护主义不断抬头的今天，我们必须正视潜在的风险和不确定性，维护作为基础产业原料供给的木材安全，进而实现全国生态安全和经济安全（李秋娟等，2018）。

集体林地面积占全国林业用地面积的比重维持在60%左右，根据第九次全国森林资源清查结果，集体林地面积、活立木蓄积、林分面积和林分蓄积分别占全国的62.08%、42.82%、58.35%和40.96%（国家林业和草原局，2019）。在全部国有林和集体天然林陆续退出木材生产的背景下，集体林尤其是人工林将成为我国木材供给的主渠道。目前集体林区商品材产量、经济林产值和林业产业产值均占全国的80%以上（刘璨等，2020）。但长期以来我国集体林存在生产力水平偏低和对农民生计贡献不高等问题，如何实现集体林面积和蓄积双增，进而实现提升木材供给水平成为关键所在

第1章 绪 论

（杨帆等，2014）。

改革开放以来，我国启动了林业"三定"和新一轮集体林权制度改革等多次改革，出台了相关政策措施，旨在实现集体林面积和蓄积双增以及改善农户生计，促进美丽乡村建设。2003年，《中共中央国务院关于加快林业发展的决定》提出推进新一轮集体林权制度改革和相关改革。同年，福建省启动了新一轮集体林权制度改革，江西和辽宁等省陆续启动了新一轮集体林权制度改革。2008年，颁布《中共中央、国务院关于全面推进集体林权制度改革的意见》以后，除了上海市和西藏，全面推行新一轮集体林权制度改革；2009年，在完成新一轮集体林确权以后，陆续启动了森林保险、林权抵押贷款、造林与森林抚育补贴以及木材采伐限额等配套改革。2014年，《中共中央国务院关于全面深化农村改革加快推进农业现代化的若干意见》提出推行农村土地"三权"分置的新政；2017年，中共中央办公厅、国务院办公厅印发了《关于加快构建政策体系培育新型农业经营主体的意见》；2018年，国家林业和草原局出台的《国家林业和草原局关于进一步放活集体林经营权的意见》提出，加快推行集体林地"三权分置"运行机制，鼓励集体林权流转和培育新型经营主体。2003年以来，集体林改及相关配套改革是中共中央、国务院每年的一号文均重点关注政策领域之一。截至2018年底，我国集体林地确权面积26.96亿亩，占集体林地总面积的94.46%；林权流转日益规范；年末实有林地经营权流转面积1.98亿亩，占确权面积的7.38%；全国林业专业大户、家庭林场、林业合作社和林业企业四类新型林业主体数量达到27.87万个，经营面积3.43亿亩（国家林业和草原局，2019）。

在集体林确权和实施相关政策的基础上，规范集体林权流转，培育林业新型经营主体，调动集体林经营主体的生产积极性（张自强等，2013；贺东航等，2015）；集体林地生产力有所提升，可能增加集体林商品材的供给量，影响到国内木材供给、对国外木材的需求和国际市场价格（Zhao、Kun、Diao et al，2019），进而影响中国木材等林产品对外贸易的总量与结构。

1.2　研究意义

根据制度经济学的观点,通过界定产权及其相关的权利能够激励个人行为,实现社会资源的有效配置。集体林权制度改革将林权下放到林农的手里,稳定而清晰的产权使林农投入更多的劳动力与资本来进行造林从而获得利益。2003年以来,国家开始试点新一轮集体林权制度改革,试图通过给予林农更加稳定的产权增加林农的造林意愿,那么通过林权改革提升的木材供给能否有效地增加我国木材产量,缓解我国木材供需压力就是本书研究的重点。

研究集体林权制度改革及相关政策与国际林产品贸易双向因果具有重要的现实和政策价值,统筹考虑国内林业改革与国际贸易动态变化,更好地把握发展态势,从更为宏大的视域认识和理解林业改革与开放之间的关系,尤其是中美等双边和多边国际贸易摩擦增多、增强和贸易单边主义抬头的背景下,开展本书具有更为重要的现实与决策参考价值。

1.3　研究目的

我国木材进口存在着对外依存度过高的问题,以2019年为例,我国木材对外依存度近60%(中国木业网,2020),成为全球最大的原木进口国,这不利于我国的木材产业长期稳定地发展。在木材供需矛盾日益紧张和对森林资源保护日益重视的情况下,制定林业政策的重点放在了提升我国的木材供给能力之上。集体林权制度改革的意义在于通过明确林地产权来促进森林资源的增长。因此,借助集体林权制度改革来提升国内木材的供给能力、缓解木材进口压力对于我国的木材安全保障问题具有重大战略意义。

本书的研究目标是根据集体林权制度改革实施以来我国森林资源状况、木材产出情况、木材进口情况等一系列变化,验证集体林权制度改革对木材

第 1 章 绪　　论

供给产生的影响以及集体林权制度改革对我国木材进口产生的影响。在此基础上，本书提出在集体林权制度改革背景下我国木材进口贸易的发展方向，并据此给出相关的政策建议。

1.4　研究内容、思路和方法

1.4.1　研究内容

（1）集体林权制度改革及配套改革对我国林产品进口贸易影响的理论分析框架。通过对我国集体林权制度改革和配套改革、确保木材安全的政策、林产品国际贸易和相关影响因素等相关的文献进行全面梳理，归纳总结改革开放以来的集体林权改革政策和我国林产品国际贸易政策尤其是木材进口政策的发展演化，充分考虑社会经济、市场和林业经营主体等多种因素的基础上，构建集体林权制度改革及相关政策对我国林产品进口贸易影响的理论分析框架，为本书其后部分的研究提出理论与方法支撑。

（2）集体林权制度改革及相关政策对森林资源的影响。在第一部分理论框架的基础上，研究分析不同集体林经营主体对集体林生产要素投入影响，进而分析对集体森林资源及其结构的影响，为后续研究木材供给和价格的影响奠定基础。

（3）新一轮集体林权制度改革及配套改革对木材国内外价格和供需数量的双向影响。在第二部分的基础上，①研究集体林权制度改革及配套改革、国际林产品贸易、生产经营主体特征、市场和其他因素对木材供给的影响；②从宏观经济环境入手，探讨集体林权制度改革及配套改革对经济发展和对消费需求的影响，由此分析木材的需求的变动；③基于以上供给和需求两个方面的影响，根据供需理论，明晰集体林权制度改革及配套改革对国内外价格和供需数量的双向影响。

（4）新一轮集体林权制度改革及配套改革对我国林产品进口贸易和木材安全的影响。基于前面三个方面的内容，①研究我国木材和林产品进口贸易状况，重点分析在不同时期林产品进口政策作用下的木材和林产品进口贸易的变动，木材安全的状况、取得的进展以及存在的问题；②将集体林权制度改革对林产品国际贸易的影响效果进行分解，分析林产品贸易在不同时间点的变化中对新一轮集体林权制度改革及配套改革的贡献；③研究国内和国际木材价格变动对我国林产品进口贸易总量和结构的影响，进而分析对我国木材安全可能的影响。

（5）集体林权制度改革及配套改革确保木材安全的情景模拟与政策建议。考虑到计量经济模型多进行中短期预测，也为了反映集体林权制度改革对林产品进口贸易复杂的互相作用关系，本部分将基于前面四个研究内容，分析集体林权制度改革和中国对外经济贸易发展方向，确定模拟方案。采用全球林产品模型，将前面四个内容中计算的结果嵌入模型并进行模型的修正。基于情景模拟结果，讨论深化集体林权制度改革中应加强的政策方向，以及保障我国木材安全实现的思路，提出相应的政策建议。

1.4.2 研究思路

本书以集体林权制度改革及配套改革对我国林产品进口贸易和木材安全的影响机制为目标，通过文献分析、比较分析和统计分析归纳提炼出作用的关键变量，构建计量经济模型，对形成的假设进行检验和验证。首先，从集体林权制度改革及配套改革、国际林产品贸易、生产经营主体特征、市场和其他因素等方面入手，分析作用于木材供给的影响机制。其次，探讨集体林权制度改革及配套改革对于经济发展的和消费需求的影响，以及如何作用到木材的需求。再次，基于以上供给和需求两个方面的影响，根据供需理论，明晰集体林权制度改革及配套改革与国内外价格和供需的双向影响关系，进而分析对我国木材安全产生的影响。最后，通过情景模拟增加我国集体林区木材供给的制度改革的路径，提出优化集体林权制度改革的制度措施，增加集体林地的木材生产，增加国内木材供给，缓解我国日益突出的木材供需矛盾，为我国更好地解决木材安全问题提供理论和实证分析支撑。

本书的技术路线如图1-1所示。

第 1 章 绪 论

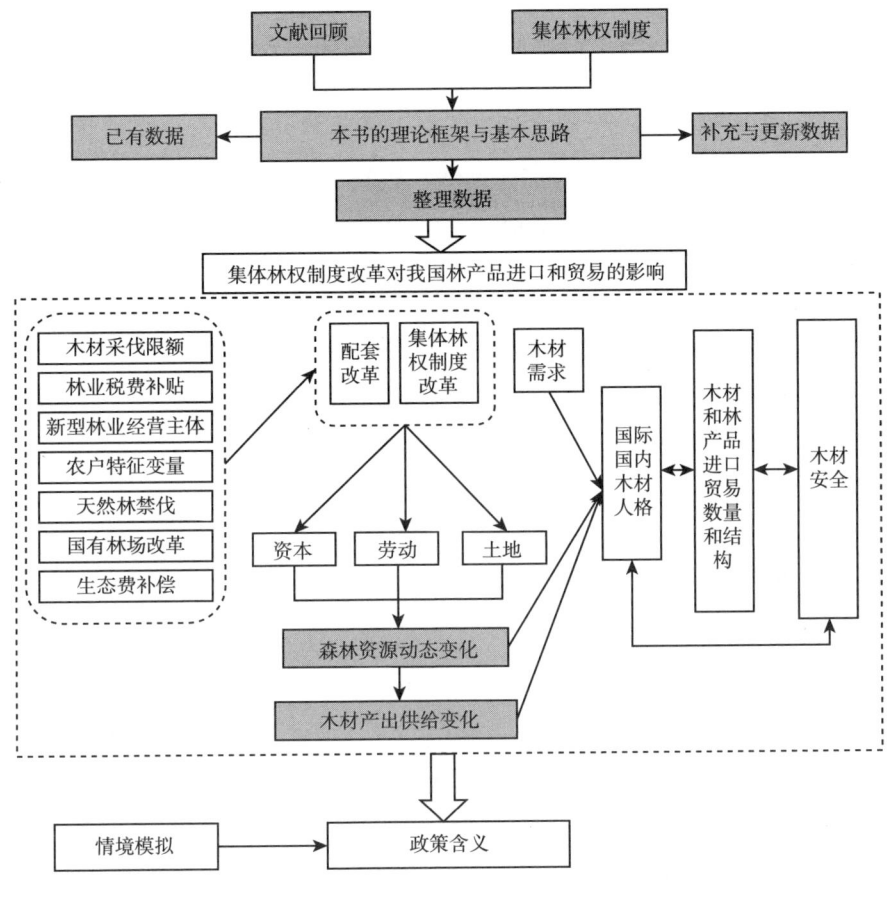

图 1-1 技术路线图

1.4.3 研究方法

第一，文献分析法。本书拟对现有的集体林权制度改革、林产品国际贸易的已有文献和相关的政策进行研读、梳理和深入分析，提取有用的方法和数据信息，之后采用在文献调研的基础上对已有文献进行定量合成。本书将基于林业经济理论和国际贸易理论，通过文献调研识别集体林权制度改革及相关政策措施对林产品进口贸易和木材安全作用的复杂影响机理。

第二，计量经济分析法。利用农户问卷、新型林业经营主体问卷、林产品贸易统计等数据，通过STATA等软件进行数据处理、并构建计量经济学模型回归。将我国重点实施集体林权制度改革的若干个省份作为研究对象，构建结构方程模型研究集体林权制度改革对我国林产品进口贸易和木材安全的影响及作用路径并进行实证分析。

第三，实地调研法。选择福建、江西、湖南和云南等省以及集体林业重点县（市、区）进行实地调研，对农户、新型林业经营主体等不同类型林业经营者和当地林业部门进行面对面访谈，考察集体林权制度改革及配套改革下各经营主体对生产要素的投入、木材产出、木材价格等方面。

第 2 章

集体林权制度改革对木材进口的影响理论分析

第 2 章 集体林权制度改革对木材进口的影响理论分析

研究集体林权制度改革对我国木材进口贸易的影响，主要研究的是集体林权制度改革对国内木材供给能力的提升影响，从而影响到木材进口。因此，其中涉及的理论研究主要有要素禀赋论、产权理论、木材供需理论与影响进出口贸易的相关因素等方面。本章将对相关理论进行梳理，并提出集体林权制度改革对木材进口贸易影响的理论机制，为研究集体林权制度改革对我国木材进口的影响奠定理论基础。

2.1 要素禀赋理论

19世纪末20世纪初，新古典经济学开始萌芽。其主要代表理论为赫克歇尔和俄林提出的要素禀赋理论，称为"H-O理论"。该理论认为各国应生产并出口本国充裕要素的商品，进口本国稀缺要素的商品。在H-O理论的基础上，萨缪尔森提出了H-O-S定理，认为国际贸易对各国收入差距的影响必然会使各国相对价格和绝对价格均等化。也就是说，自然资源较为丰富的国家会倾向于出口资源型产品。但是，要素禀赋理论有其一定的局限性。按照H-O理论，美国的资本较为丰富，劳动力较为稀缺，因此美国应当倾向于出口资本密集型产品进口劳动密集型产品。然而，美国经济学家里昂惕夫却发现实际情况与H-O定理相反，这被称为"里昂惕夫悖论"。从自然资源的角度解释里昂惕夫悖论，可以理解为将自然资源视为资本，美国的自然资源十分丰富，但是出于贸易保护和环境壁垒的目的，美国倾向于进口自然资源密集型的商品。

根据要素禀赋理论可知，我国属于森林资源较为稀缺的国家，因此我国在木材贸易方面更倾向于选择向森林资源较为丰富的国家进口木材。但是，国际贸易不仅仅是简单的进出口贸易。它通常会受到本国自身条件以及国际经济大环境的影响。当今世界的贸易格局呈多样化的趋势，各国之间的合作与冲突也不断发生。在这样的背景下，应对国家贸易环境不再局限于本国的要素禀赋与需求，在复杂的国际贸易环境下如何保有竞争力和相对稳定性也是比较重要的。木材贸易作为传统的国际贸易，其基础在于各国的森林资源，而森林的生长周期在一定程度上限制着资源的增长。世界主要木材出口国通常会出于保护森林这一战略性资源的目的出台一些贸易政策来限制木材的出口。此外，由于原材料供给处于木材加工产业链的下端，比起单纯地出口木材，各国更倾向于各自加工木材出口木质产品从而提升自身的国际竞争力。比如，俄罗斯在2009年通过增加原木出口关税来抑制原木的出口（Simeone John，2012）。

因此，按照上述理论，我国倾向于进口森林资源丰富密集型产品。但是，由于保护森林资源和贸易保护的原因，森林资源较为丰富的木材出口国会倾向于出口加工的木质产品而减少木材原材料的出口。故而，我国应提升和稳定我国的木材供给以避免木材进口受到贸易保护措施的影响。

2.2 产权理论

我国的制度改革往往围绕着产权开始的。集体林权制度改革正是一项围绕林业产权进行改革的政策。现代产权理论的奠定者是美国芝加哥大学的教授科斯，其在1960年出版的《社会成本问题》中提出由于交易费用的存在，不同的权利界定与分配会带来不同效益的资源配置，故而清晰的产权制度可以优化资源配置。Buchanan（2004）认为，由于自愿交易的存在，初始的合法权利的配置与资源配置的有效性无关。只要产权明晰且可以自由转让，那么即使初始权利配置不合理，资源配置也可以是有效的。在科斯的产权理论的基础上，延伸出了产权经济学。其中，根据制度经济学家Demsetz（1967）的观点，产权之所以存在是由于资源的稀缺性，禁止变更产权及其所包含的所有权会阻碍外部收益和成本。当社会资源开始变得稀缺而人们的需求愈加旺盛时，由于利益分配而产生的冲突就由此产生了。产权制度就是国家通过政策和法律来明确界定人们对资源的所拥有的权力以及在资源使用中获益、受损的边界和补偿规则。经济效率功能是产权的重要功能，其表现为通过界定产权实现最佳的资源配置。产权的基本功能为激励和约束作用，社会产出取决于产权对个人行为激励的有效性（North，1991）。不同的产权制度会导致不同的激励效果和资源配置效率。当个人被赋予产权后，其行为由于利益受到保障而受到激励。以农民作为受益者时，清晰的产权制度可以给农民稳定的收益权，带来积极的投资激

第 2 章 集体林权制度改革对木材进口的影响理论分析

励作用（Besley，1995）。在产权能给其所有者有效激励的基础上，相关资源的管理、生产和保护也能够得到有效改善（Krul el at.，2020）。因此，产权经济学认为，清晰的产权可以使资源得到有效配置。考虑到产权界定过程中交易费用的问题，引入产权公共域这一概念（李宁等，2014）。产权公共域主要是指由资产属性的多样性和主体行为的有限性导致的没有被界定的产权的部分价值被划入了公共领域。根据图 2-1 可知，在界定产权的过程中，MR 代表边际收益，MC 代表边际成本，OR 为完整的产权程度。C 点为产权主体决策的均衡点，A 点为产权的清晰程度，ARC 的区域就是产权的公共域。产权的清晰程度与界定体现了在多方利益下的一个最优结果。

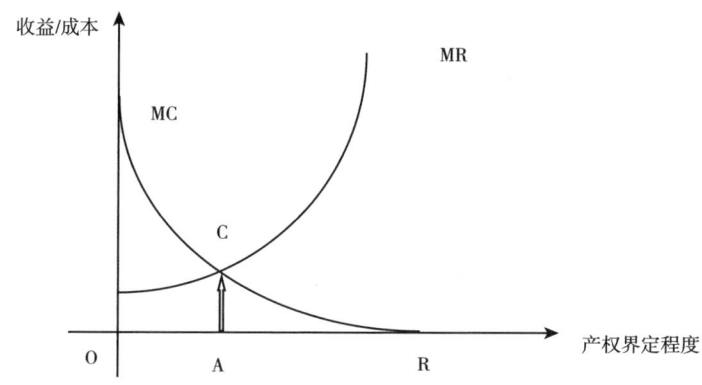

图 2-1 产权公共域的鉴定

我国森林资源呈现出一种稀缺状态。而社会需求随着经济的发展却日益旺盛，对林地产权进行改革是我国集体林权制度改革变迁的必然道路。有效的林权制度能够提升我国林业生产经营主体效率、解放林业生产力、促进林业经济的发展。木材产出取决于林权对林农激励的有效性。集体林权制度改革的主要措施就是明晰个人的产权，从而产生对林农行为的激励作用，完成社会资源的有效配置。由于集体林权制度改革赋予了林农更加稳定的林业产权，故而按照上述产权理论，林农行为被激励，从而投入了更多的劳动力与资本。根据经济学两要素生产函数，林业劳动力投入或林业资本的增加能够提高林业产值，木材供给也会相应地增加。因此，由于对林地产权的界定的优化，我国的集体林权制度改革对我国林业发展包括林农造林积极性、木材产出等都产生了正向的作用。

2.3 木材供需平衡理论

木材的供给量与价格存在着一定的关系,当木材价格升高,其供给量就会随之增加,这体现了木材生产厂商的利润最大化原则。木材需求理论认为,木材的需求量与木材价格呈现反向变动的关系。在市场经济中,每种商品都拥有其供给曲线与需求曲线,木材亦如是,当木材供给量与木材需求量相等时,市场就达到了供需平衡的状态。

根据图2-2可知,S为木材供给曲线,D为木材需求曲线,E为供需平衡点。当木材供给量与木材需求量相等时,P为此时木材市场的均衡价格,木材市场也不存在短缺与过剩的现象。在市场出清的情况下(此时总供给等于总需求),当需求量不变时,国内木材的供给量与从国外进口的木材量一起组成了木材总供给量。换言之,在市场均衡的状态下,当我国的木材供给量提高时,木材进口量相应地会减少;当我国的木材供给量减少时,木材的进口量则会随之提高。总而言之,国内木材的供给量与我国木材的进口量呈负相关关系。由于森林资源生长的特性以及我国迅速增长的经济需求,我国的木材市场目前就存在着供需失衡的现象,需求量远远大于供给量。提升木材的供给能力,对于我国木材达到供需平衡、实现木材市场长久稳定发展具有重要意义。

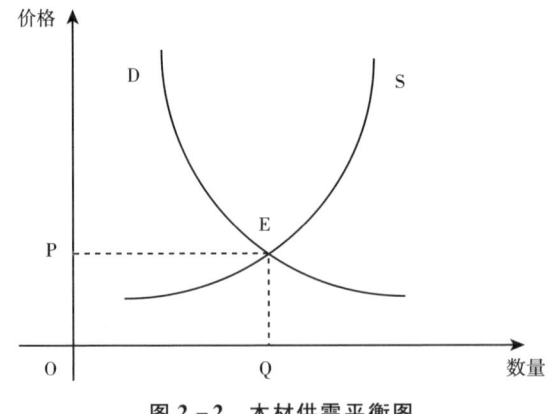

图2-2 木材供需平衡图

2.4 集体林权制度改革对木材进口影响的理论机制

为了实现资源的最优配置，我国需要解决木材供需不平衡的问题。当木材的需求上升过快时，提高国内木材供给能力和依靠进口木材是解决木材供需不平衡的主要举措。根据要素禀赋理论，我国是一个森林资源较为稀缺的国家，倾向于进口森林资源密集型产品。但是，考虑到木材的原材料——森林资源的特殊性，木材的出口国会出于保护国家战略性资产的目的而对木材的出口进行一定的限制。根据第八次全国森林资源清查可知，我国的木材对外依存度已达到了50%，为全球主要木材进口国。因此，过于依靠进口木材使我国在国际木材贸易市场上处于一个弱势地位，不利于我国的木材安全问题，提升和稳定木材的供给能力就成为我国林业制度改革的重点方向。

新中国成立以来，我国相继出台了许多林业政策。集体林权制度改革是我国于2003年开始实施，并于2008年在全国全面铺开的一项林业制度。根据产权理论，明晰林地产权对林农生产经营具有有效的激励作用，从而达到社会资源的最优配置。当林农受到激励后，由生产理论可知，林农投入更多的资产和劳动力来追求更大的经济利益，林业的产出也会由此增加。集体林权制度改革是从赋予林农稳定的产权的角度出发，配以各项配套政策进一步解放林业生产力，增加林农收入，缓解我国木材供需不平衡问题。新一轮集体林权制度改革配套政策还包括了农业税费改革、林业补贴、森林保险、林权抵押政策等。首先，2003年开始实施的农业税费减免极大地减轻了林农的负担，在2014年更是在育林基金方面进行免征。税费等方面的减免直接对林农的收入产生正向的作用，从而促使集体林区的林农提升造林意愿。其次，造林方面的林业补贴直接激励了林农对造林方面的投入，增加集体林区用材林面积。最后，森林保险和林权抵押政策则是通过金融方面给予林农一定的保障。森林保险保障了林农可能遭受的损失，而林权抵押贷款则为林农造林护林提供了资金渠道。以上措施都旨在提升林农收入、保障林农权益。当造林可以提高林农收入时，林农对造林的投入也会增加，从而增加集体林区人工林面积的增加，提升我国木材供给能力。

在我国林地确权取得成效后，集体林权制度改革可以通过激励作用优化我国的森林资源，如森林蓄积量、森林面积、人工林面积。当森林资源增加后，林农会出于获得利益的目的进行森林砍伐，从而提高我国的木材产出、提升木材的供给能力。已有学者通过不同角度发现集体林权制度改革对我国的木材供给产生了积极的影响（尹航，2010；张寒，2012；张英，2012）。我国对木材的需求由国内木材供给和国外木材进口共同满足。当国内木材供给能力得到提升时，我国的木材供需矛盾能够得到一定的缓解，从而抑制我国过快的国外进口木材需求。值得注意的是，由集体林所增加的国内木材供给可以体现在森林蓄积量、木材产量、人工林面积、森林采伐率等方面，因而在研究集体林权制度改革对木材的影响上可以看作我国木材产出变化对木材进口的影响（见图2-3）。

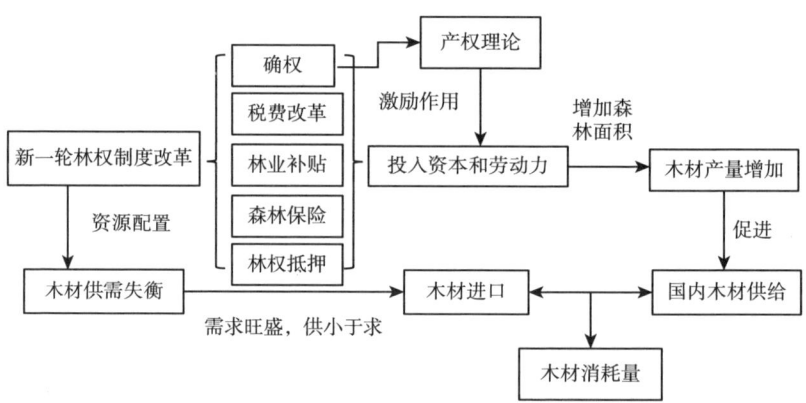

图2-3 集体林权制度改革对木材进口的影响机制

第 3 章
集体林权制度改革及相关政策对投入和森林资源的影响

第 3 章 集体林权制度改革及相关政策对投入和森林资源的影响

3.1 前言

2020 年 9 月 22 日，习近平总书记在第七十五届联合国大会期间提出："中国将提高国家自主贡献力度、采取更加有力的政策和措施，二氧化碳排放力争于 2030 年前达到峰值，努力争取 2060 年前实现碳中和。"具体而言，实现碳中和，一方面是加强森林生态系统功能，增强森林吸碳固碳能力；另一方面是用木材产业代替化石材料，大力发展木材产业。

我国集体林面积占全国林地总面积的 60% 左右，对森林资源的培育以及木材产业的长期供给发挥着至关重要的作用。因此，在国内国际双循环以及碳中和背景下，研究新一轮集体林权制度改革的具体成效，对于我国森林资源的增加与木材供给和木材安全问题具有重要意义。

自 2003 年开始，在福建、江西、浙江等省成功试点的基础上，我国开始实行全国范围内的新一轮集体林权制度改革，并陆续出台森林保险、木材采伐限额、减免林业税费、林权抵押贷款等一系列配套改革措施，旨在通过分山到户，明晰集体林地产权，赋予林农更多的自主经营权，以期激发林农营林积极性，实现我国森林资源的永续增长。

3.2 相关研究进展

产权制度是新制度经济学研究的重要领域，也是发展经济学研究和国际经济学热点与焦点之一。同时，在全球化背景下，国际贸易规模呈现出扩大态势，国际经济融合程度强化，加强了世界经济一体化进程。森林资源具有生态系统服务和经济属性，林业为古老且基础性产业，森林资源保护与林业产业发展、国际贸易成为各界关注点，学界开展了较为深入的研究。

3.2.1 产权研究进展

Coase（1960）率先开展现代规范新制度经济学意义上的产权研究，Alchian and Demsetz（1973）、Barzel（1989）、Eggertsson（1990）开展相关产权研究，产权制度演化需要考虑政治因素。Libecap（1989）和 North（1990）认为，产权向提高经济效率的方向演化；但 North 的后续研究认为至少部分产权并非向有经济效率的方向演化；过去制度安排对目前与未来制度安排存在影响（即路径依赖）。在一些情况下会出现路径锁死。Barzel（1989）认为，界定产权不是无偿的、逆向选择、搭便车行为等造成产权制度不理想；Hart（1995）提出了，不完全合约的概念。Alchian and Demsetz（1973）、Demsetz（1967，2002）和 North（1989）讨论了产权的重要作用；只有在广泛基础上强化产权和受约束的权属出现以后，经济才能出现增长态势（Acemoglu and Johnson，2005）。随着资源价值的提高，产权趋于清晰（Demsetz，1967；Libecap 1978；Libecap，1989）。Davis and North（1970，1971）提出产权制度变迁是对新经济机会回应。Williamson（1976）和 Hurst（1964）进一步讨论了国家在产权制度变迁中的作用，政府在产权界定和保护中发挥重要作用（Alston and Mueller，2005）。产权制度变迁是不同利益群体博弈的过程（North and Thomas，1973）。

3.2.2 集体林权制度改革变迁的研究进展

集体林权是指集体组织对依法属于本单位的森林资源所享有的占有权、使用权、收益权和处分权。集体林权制度改革是指法律规定属于集体所有的森林、林木和林地的所有权和使用权。集体林权制度改革是以明晰林地使用权和林木使用权、放活经营权、落实处置权、保障收益权为主要内容的综合性改革。它主要包括两层含义：一是依法实行农村集体林地承包经营制度，确立本集体经济组织的农户作为林地承包经营权人和林木所有权人的主体地位，逐步解决集体林权纠纷、林权流转等历史遗留问题，维护农民和其他林业经营者的合法权益；二是依照《中华人民共和国民法典》《中华人民共和国农村土地承包法》《中华人民共和国森林法》等法律规定，完善制度建设和深化林业体制机制改革，保证农民和其他林业经营者依法占有、使用、收益、处分林地林木的权利。明晰集体林地使用权和林木所有权是基础，放活经营权是关键，落实处置权是手段，保障收益权是出发点和落脚点。通常也将明晰集

第 3 章　集体林权制度改革及相关政策对投入和森林资源的影响

体林地使用权和林木所有权简称为基础改革或主体改革，放活经营权、落实处置权、保障收益权简称为深化改革或配套改革。

改革开放以来，我国集体林权制度改革变迁经历了林业"三定"、两次重要集体林改过渡期和新一轮集体林权制度改革等三个时期多种产权制度形式（刘璨等，2020）。森林资源的稀缺性和危机是集体林权制度改革变迁的原始动因，经济效率的激励和利益的驱动是集体林权制度改革变迁最重要的动因（柯水发、温亚利，2005；刘璨，2020）。刘伟平等（2019）、黄安胜等（2015）分析了集体林权制度改革变迁的经济动因和内在逻辑。Liu、Wang 和 Liu（2019）分析了林业"三定"导致森林砍伐和森林退化的原因是经济持续增长对木材原木需求剧增，对现有集体林权带来冲击。刘璨（2019）、何德桂（2012）、贺东航等（2009）的研究表明：明晰产权调动了集体林权主体的生产积极性，渐进释放林业生产力。张英（2012）、Qin and Xu（2013）、Xie and Wen（2013）认为，集体林产权改革能激励农户造林管护和减少毁林。

（1）集体林权制度改革变迁。新中国成立以来，我国集体林权制度改革变迁先后经历了土地改革、初（高）级合作社、人民公社和 1978 年之后以家庭经营为主的集体林权制度改革变迁。根据集体林权制度改革变迁时期和主要集体林权制度改革特征，1978 年以来的集体林权制度改革变迁可划分三个阶段。第一阶段是 20 世纪 80 年代以林业"三定"（即划定自留山、确定林业生产责任制、稳定山林权）为主要特征的集体林权制度改革，出现了责任山和自留山两种新型林地权属形式，从人民公社林业经营管理体制过渡到家庭经营为主导，村（生产大队）和村民小组（生产队）依然掌握着巨大经济权利，可以决定自留山和责任山的大小以及责任山的承包期长短与分配比例。第二阶段是 1987 年出现大规模乱砍滥伐问题以后，政府重新鼓励集体经营，各地探索各种集体林经营模式。第三阶段是 2003 年福建省率先启动的新一轮集体林产权制度改革。2001 年，福建省武平县进行集体林权制度改革试点，把集体林地林木的承包权和经营权落实到户；2003 年，中共中央、国务院出台了《关于加快林业发展的决定》，林业"三定"时期分林到户率最低的福建省率先在全省推行以家庭经营为主要特征的新一轮集体林权制度改革；

2004年，江西、辽宁、浙江等省启动新一轮集体林权制度改革，此阶段改革以"明晰产权、放活经营"等为主要内容，以期重塑林业微观经营主体，建立以林农为主体的微观市场经营主体，放活山林经营权，落实林业经营者对林木的处置权，确保林地经营者的收益权，在提高集体林产权安全性与完备性的基础上，激发农户营林积极性，给予林农真正意义上的物权，实现森林资源永续增长。2008年，《中共中央、国务院关于全面推进集体林权制度改革的意见》指出，在肯定试点省份取得的显著成效的基础上，要求在全国范围内全面推进集体林权制度改革，旨在通过深化改革、完善政策、健全服务、规范管理，逐步形成集体林业的良性发展机制，最终实现资源增长、农民增收、生态良好、林区和谐的目标，这标志着新一轮集体林权制度改革的实施。在主体改革基本完成、各项配套改革深入推进的基础上，目前已进入以集体林地所有权、承包权、经营权"三权"分置为核心的深化改革阶段。

（2）集体林权制度改革成效。邹健健等（2016）分析了新疆集体林权制度改革现状得出，新疆已基本完成以明晰产权、确权发证为主要内容的主体改革任务，确权率达到79.4%；林下经济发展势头良好，林业合作组织健康发展，林权流转向规范化发展。刘华燕等（2016）指出，江西省赣州市集体林权制度改革以崇义县作为全省试点县开始，2005年5月全面推开，2008年底赣州市集体林权制度改革主体改革基本结束，赣州市核发林权证124.83万本，户户都领到了林权证。赵国华（2018）指出，福建省在全国率先启动以明晰产权、减轻税费、放活经营、规范流转为主要内容的新一轮集体林权制度改革，截至2014年底，福建省林权登记发证率达到98.95%、到户率达到96.8%，实现了"山有其主、主有其权、权有其责、责有其利"，建立了经营主体多元化、责、权、利相统一的集体林经营管理新机制。蔡伟等（2018）指出，山东省是集体林地占主导的省份，林地总面积约349.34万公顷，集体林地面积约306.6万公顷，集体林地占林地总面积87%左右；2008年在全省开展集体林权制度改革，截至2017年底，山东省集体林地确权工作基本完成，确权面积277.91万公顷，确权率达到90.6%。胡黎（2019）指出，广东省珠海市已逐渐建立集体林地所有权和承包权运行机制，基本形成经营权分置运行机制，各项权能进一步明晰，逐步完善森林分类经营管理制度，林地林木流转进一步规范，所有等级的林权申请表均已发证到位，全市104个村完成改革，合格率为95.20%。张颂（2019）指出，辽宁省自2005年3月启动集体林权制度改革试点，2005年底推开，全省纳入改革的面积为527.33万公顷，已确权面积占纳入改革面积的99%以上；在大力推进主体改革明晰产权的同时，及时启动了配套改革，成效显著。张伟焕（2020）研究得出，西藏昌都市2016年起按照"试点先行、稳步推开"的原则，揭开了西藏林改试点工作的序幕；到2019年底，基本实现了"产权归属清晰、经营主体到位、责权划分明确、利益保障严格"的林业产权制度，调动了农牧民群众经营林业活动的积极性。

关于我国集体林权制度改革绩效的研究，国内学者的观点基本可以划分为两种。

一方面，大部分学者认为我国集体林权制度改革取得了显著绩效，主要表现在综合绩效和收入绩效两个方面。一是综合绩效方面。陈永富等（2011）通过对集体林权制度改革前后森林资源情况的比较得出，集体林权制度改革有利于森林资源数量增加和质量提高的结论。胡慧敏等（2011）分别从农户经营林业、林业经济增长和林业生态建设三个方面分析并评价了河北省集体林权制度改革的成效，结果表明清晰的私有林业产权制度，对林业发展具有积极作用，河北省林业生产结构因改革得到优化、林业产品产值比重不断提高。赵海兰等（2012）在对云南省十个县的集体林权制度改革情况进行调查的基础上，对云南省集体林权制度改革前后配套制度改革的绩效进行分析评价，结果表明集体林权制度改革后，林权流转机构不断完善、森林保险规模不断扩大、林权抵押贷款规模不断壮大、森林资产评估工作稳步推进、林业合作经济组织数量有所增加。黄鑫春（2015）通过调研抚顺市林权改革比较典型的清原县和新宾县，分析得出集体林权制度改革激发了农民经营林业的积极性，对农村生产发展、解决就业、增加农民收入、促进农村文明建设方面都产生了积极作用。二是收入绩效方面。张蕾等（2008）分析了福建、江西、辽宁、云南四省的有关数据，并认为改革对农户生计有显著影响，集体林权制度改革后农户林业收入增加。刘伟平等（2009）通过对江西、福建等省份的数据分析得出集体林权制度改革使农户林业收入显著增加。贺东航等（2010）对全国17省300户调研发现，集体林权制度改革之后林农增收成效显著，家庭林业收入逐年增加，收入结构不断优化。

另一方面，也有部分学者认为我国集体林权制度改革绩效并不显著。刘璨（2008）认为，以家庭经营为主导的集体林运行机制抑制了集体林经营管理水平的提高和集体林的发展。李周（2008）认为，集体林权制度改革虽然调动了农民培育林木的积极性，改善了林业治理结构，但由于林权改革工作的长期性，所以改革效果在短期内并不能有所展现。刘小强等（2010）采用实证研究方法分析了江西和辽宁两省的有关数据，研究结果表明，集体林权制度改革对农户收入的增加在不同省有不同的表现；而集体林权制度改革对森林面积和森林蓄积量的影响暂时并不显著。康小兰等（2014）对江西省10个林业重点县进行深度访谈和问卷调查，从社会、生态、经济三个目标层建立评价指标体系，结果表明三大功能在集体林权制度改革中取得了一定绩效，但发展不平衡，且没有协调发展；特别是经济功能低于社会功能和生态功能，表明集体林权制度改革政策的经济效益未完全显现出来。

（3）集体林权制度改革存在的问题。现有研究普遍认为集体林权制度改革主体改革尚需完善。邹健健等（2016）提出，新疆集体林权制度改革存在林权证发放困难的问题，尽管新疆林业主体改革明晰产权的工作已大部分完成，但只有1/3的集体林地颁发了林权证，从短期来看造成了林农很难再扩大林业投资，从长远来看不利于林业的持续发展。刘璨等（2017）选取了江西、福建、浙江、湖南、四川、广西、河南、山东、辽宁等9个省区作为调研样本，发现确权发证遗留问题急需解决，这9个省区普遍存在主体改革时间紧、任务重，部分地区盲目追求进度，忽视工作质量，造成林地确权一山多证、山证不符、界址混乱等诸多遗留问题。此外，仍然存在集体林权制度改革前遗留的林地流转"面积过大、租金过低、租期过长"以及集体林权制度改革后流转明显不合理的问题，很大程度上制约了林农的积极性，而集体林权制度改革后也出现了林地承包者和经营者新的矛盾和问题，比如如何分配集体林权制度改革初期已经流转的林地和林木资源的效益。

第 3 章　集体林权制度改革及相关政策对投入和森林资源的影响

配套改革不完善也是我国集体林权制度改革存在的主要问题之一。赵海兰等（2012）提出，云南省林权流转机构欠缺，流转制度体系不健全；森林保险体系不完善，林农参与积极性低；林权抵押贷款供需不平衡，难以满足林业生产需求；森林资产评估机构资质偏低，人才缺乏；林业合作经济组织模式单一，各项机制不完善。张雅萍（2016）通过对陕西省宝鸡市实地调研得出，陈仓区存在配套改革规划实施缓慢、森林资源资产评估资质人才缺乏、林权流转管理亟待规范等问题。张雪艳等（2017）认为，现阶段集体林权制度改革在采伐和税费政策的调整、森林资源流转、森林资源资产评估、林权抵押贷款等配套改革的一些关键环节上，缺乏完善的政策和法规支撑；同时，森林资产评估信用度不高，缺乏林业资源评估人才，乱收费现象严重；凭证采伐制度的管理、监督机制不健全，生态公益林补偿过低，森林难以维护。刘璨等（2017）认为，我国公益林管理存在缺失，包括公益林划定不规范、森林生态效益补偿经费不足且管理混乱；林下经济开发进展缓慢，农民对林地、林权流转主观意愿不足，实际流转频率低，地区之间发展不平衡；林业合作组织发展滞后，林农参与积极性不高；林业社会化服务与林业现代化需求不适应；林权抵押贷款规模小、范围窄，森林保险结构欠佳，且林农主动参与的积极性偏低。陆学均（2018）认为，林权抵押贷款打破了传统贷款概念的束缚，将林地作为新型抵押物，可拓宽林农和林业经营企业的贷款途径；但是，样本区县存在分类经营区划时公益林区划面积过大，导致以林权作抵押贷款难以实现的问题，同时评估费用较高、贷款产品不匹配等问题也制约着林权抵押贷款的发展。麻国栋等（2018）认为，集体林权配套改革存在的问题包括资金缺乏、融资困难、财政补助少、农村经济不发达、银行贷款落实不到位；林地流转涉及农户多、意见不统一导致林权流转困难；林业经营主体以林农个体为主，发展规模小，产业结构单一，示范带动作用差。

（4）集体林权制度改革政策建议。开展对集体林权制度改革主体改革的问题整改工作。邹健健等（2016）指出，要加快林权登记发放工作步伐，有关部门要依法规范林权登记发证工作，将登记发证的程序、条件和期限予以公开，接受群众监督，并按时发证，依法维护林业经营者的合法益，使林权证尽快发放到具有资格的林农手中，巩固林改成果。刘璨等（2017）建议在近年来各地普遍开展集体林权制度改革"回头看"的基础上，用一年时间在全国范围内开展一次对改革各个环节工作特别是主体改革的总结工作和问题整改工作，对发挥改革效益的经验做法进行推广，林业局、财政部、原国土资源部等部门联动，全面解决改革前遗留及改革后出现的各类矛盾。张颂（2019）通过对辽宁省集体林权制度改革现状进行分析，得出要完善主体改革，重点化解少部分历史遗留下来的有纠纷矛盾的林地，落实产权；对于仍由集体统一经营的少部分林地，尽快通过均股落实产权。完善政策、创新机制，做好配套改革工作。

第一，要加强立法工作，为推进林权流转提供制度保障。喻胜云（2007）研究了集体林权制度改革后林权流转的相关问题，认为国家要对有关政策予以规范，而且地方政府应根据实际情况搭建市场平台，推进林权流转。徐丰果等（2008）认为，政府应出台相应政策与法规为林权流转提供法律依据，培植林权流转中介组织，逐渐发展专业的林业资产评估组织。郑林水（2008）认为，要使森林、林木和林地的使用权能够在农户之间合理流转，政府首先应该对林权抵押制度进行完善，推进森林资源配置市场化。赵海兰等（2012）指出，要在加强既有林业要素交易服务市场建设的同时，推进市场主导的林权流转机构建设，完善林权流转市场机制，实现林权流转机构由政府推动向市场带动的转变。张雪艳等（2017）认为，有关部门应加快林改法律和指导性文件的颁布和落实，把林业产权制度改革的各项措施通过必要的法律程序来规范、保证和实现。郭燕茹（2018）提出，要完善林权流转的法律法规，为林权流转提供制度保障。

第二，要完善集体林权抵押制度，规范森林资产评估行为，健全森林保险体系。谢彦明等（2009）提出，推进政策性森林保险，形成政策性森林保险制度、集体风险保障制度、商业性多风险保障制度和非保险森林灾害援助计划四位一体的森林保险制度体系。杜静等（2012）提出，有关部门可以从完善林权抵押贷款服务，加大财政贴息力度；完善林业资产评估体系，组建林业交易市场；健全林业保险体系，分散自然风险和市场风险等方面完善配套措施。赵海兰等（2012）指出，通过创新林权抵押贷款模式（如小额循环贷款、林农联保贷款等）来满足林农融资需求；同时建立森林资产评估体系，完善评估市场准入机制。王立志等（2013）建议有关部门制定相关政策，通过建立健全林业要素市场、调整规范林业经营方式、创新林业投融资体制等方式，加快集体林权制度改革配套改革的步伐。张雪艳等（2017）认为，政府需要通过税收减免、财政支持和加大信贷力度等经济杠杆来调节林业合作经济组织的活动；改革现行的商品林限额采伐证管理制度，强化经营方案，实现森林有效维护和保险，最终实现商品林经营者自主经营。刘璨等（2017）提出，要扶持发展非公有制林业，林业生产经营应引进更多民间资本及工商业资本；推进林业投资融资改革，加强对林农的金融扶持，探索建立直接服务于林业生态建设的林业发展银行，鼓励金融机构开发适合林业发展特点的信贷产品。郭燕茹（2018）提出，要完善集体林权抵押相关配套制度，建立规范统一的林权评估体系，培育专业的林权评估机构和评估人员；完善森林保险的政策法规，健全森林保险体系。陆学均（2018）认为，政府部门应组建专业评估机构，规范森林资源资产评估行为，建立林权抵押贷款长效工作机制，改进贷款管理办法，合理扩大贷款抵押范围；同时各级财政对森林保险提供保险费补贴，鼓励抵押人积极主动购买森林保险，有效降低贷款风险。麻国栋等（2018）认为，要大力开展林权抵押贷款业务，解决农民资金不足的问题；以扶壮林下产业龙头企业为抓手，示范带动产业发展；充分发挥林业综合服务中心职责，积极开展林业信息服务、林权流转管理、林业法律政策咨询、承包经营合同纠纷调解、农民林业专业合作社建设、林权变更、管理培训等工作。郭元圆等（2020）提出，要进一步深化农村金融制度改革，着力增强林权抵押信贷支持的供给能力；根据林农需求特征，探索实施差异化林权抵押信贷政策并完善相关的林权抵押配套扶持政策。

第三，要强化科技支撑，推动创新发展。杜静等（2012）提出，要加强林业产业技术服务，构建新的林业管理体制机制。张雅萍（2016）提出，要加快林业技术信息服务体系建设、深化林木采伐制度改革、完善林业投融资机构、推进林业社会化服务管理以及加大科技创新力度，合理引导林农组建专业协会、专业合作社，全力推进基地建设。刘璨等（2017）认为，要激励高等院校、科研部门和林业科学技术人员对农村林业发展开展技术帮扶。石小春等（2020）在实地调研过程中发现经营林业的农户受限于自身不高的知识水平，缺乏知识和技术支撑，对多元化的林业经营行为停留在设想阶段，因此需要针对农户的技术需求进行专业的林业技术培训教育，促使农户将理论知识与林业经营中积累的经验有效结合。陈晓燕等（2020）提出，要加大对林农培训的力度，提升林农综合素质，促进其对新技术的广泛使用，提高林业生产效率；科学引导林农经营意愿及行为，提升林农林业生产经营的内生动力。

3.2.3 集体林权制度改革及相关政策对集体林经营主体行为影响的研究进展

众多国内外学者针对20世纪80年代早期的林业"三定"为什么没有能够实现政策制定者的预定目标已经开展一些研究（Menzies and Peluso, 1991; Sun, 1992; Bruce et al, 1995; Yin and Newman, 1997; Albers et al, 1998; Zhang et al, 2000; Liu and Edmunds, 2003a and 2003b; Démurger et al, 2009; Song et al., 1997; Liu, 2001; Albers et al., 1998; Holden et al., 2013）。农户对产权缺乏信心而采伐木材（Liu, 2001、Prosterman et al., 2000; Harkness, 1998; Shapiro, 2001）；价格双轨制导致投机，导致木材采伐量激增（Yin et al., 2003）；采伐后没及时更新（Liu and Emunds, 2003b）；林业"三定"产权制度改革对南方和北方产生了不同影响（Yin and Newman, 1997）。1987年，林业"三定"终止以后，农户和其他经营主体不愿意增加林业投入（Holden et al., 2013）；林业股份合作制走向衰败（Song et al., 1997; Song et al, 2004）。1987—2003年期间，木材由自由市场垄断（Yin, 2003；刘璨, 2005）和林业税费过重（Liu et al., 2004; Liu et al., 2003; Zhang, 2003）。

2003年启动的集体林权制度改革主要目的是赋予农户更加明确清晰的林地产权。目前，关于林地产权与森林资源的研究主要集中于两大方面。一方面是从农户的主观角度出发，基于主观评价法测度集体林权制度改革的具体成效（林琴琴，2011）；另一方面是基于产权结构、产权安全、产权类型等角度来探析产权是如何通过影响农户行为而进一步对森林资源产生影响。根据产权经济学理论，产权包括所有权、使用权、收益权、处置权等一揽子权利束以及每项产权的安全性与完整性。林地安全性是指保证农民的营林所得与各项收益依法归农民所有而不受他人侵占。林地完整性是指林农对拥有各项林地权利的范围大小。

在林权测度上，较多学者采用"农户满意度"等主观指标来确定农户林地权利的大小。Xie Y（2013）、王小军、谢屹（2013）、吉登艳、马贤磊等（2015）认为，农户对林地产权完整性和安全性的感知是影响农户林地投资的重要因素。张自强、高岚（2014）在主观评价的基础上，进一步通过单因素方差分析与IPA象限图验证了评价结果的参照依赖性。还有少部分学者基于权重通过打分赋值来测定林权大小。张英、宋维明（2012）对于林地使用权、流转权、抵押权、采伐权等权利，按经营者是否获取进行赋值，再将其加权平均作为该村的权利束，进而衡量该村林地的综合确权状况；何文剑、张红霄等（2014）系统梳理各县级新的集体林权制度改革政策，按照村级实施情况的差异分成不同等级进而采用熵值法对林权进行测度。

一些学者认为林农收入增加的同时能激励林农造林管护（何文剑等，2019），明显加强了森林资源管理（郑宝华等，2012），有利于森林资源增长。新裴菊等（2007）、陈永富等（2011）、尹航等（2010）通过实地调研数据研究表明，集体林权制度改革提高了林农积极性，并且对森林资源与森林蓄积量有正向的促进作用。但是，部分学者采用工具变量法在福建、江西等省调研数据的基础上得出，新一轮集体林权制度改革虽然明确了林地产权与林木资源权属，但其与木材供给和森林资源之间的关系并不显著（王文烂等2009；Xie et al.，2011），没有促进森林面积与蓄积量的增长（刘小强，2010）。刘璨、张永亮等（2015）通过长期农户大样本数据调查得出，不少林农对生态公益林补偿等林改配套措施认可度较低，相关林改配套措施效果难以达到理想状态。此外，也有学者认为，集体林权制度改革显著增加了木材的采伐量，破坏了森林资源（尹航，2010）。那么，集体林权制度改革到底对有没有对森林资源起到正向促进作用？学术界对于集体林权制度改革对森林资源的实际效果持有不同意见。在全球视角下，林权属地改革和木材市场自由化共同造成了森林砍伐和森林退化的长期负面影响（Liu、Wang、Liu、Zhu，2019）。在我国较早期的历次集体林权制度改革的过程中，没有充分考虑林业产权的特殊性，集体林权制度改革缺乏相应的保障机制和配套措施，对森林资源造成一定程度的毁坏（谭世明、张俊飚，2008）。虽然新一轮集体林权制度改革采取了配套措施，不断引导林农要符合森林持续经营需要（张红霄等，2007；Chen et al.，2013），但付出了更大程度的森林破碎化的代价（Liu.、Wang.、Liu.，2017），这与因山林资源未能得到充分利用而使森林资源本身的价值大打折扣密切相关（肖建中，2009；Krul et al.，2020）。综上所述，基于现有研究成果，集体林权制度改革虽是基于森林可持续化经营发展的理念，但其推行结果是否能够实现森林资源的可持续化发展还有待商榷。

3.2.4 集体林权制度改革对森林资源影响的研究

国内学者研究了集体林权制度改革对森林资源、森林可持续性经营、森林生态系统的影响。部分学者运用描述性统计的方法研究集体林权制度改革对森林资源的影响，比如黄全林等（2011）利用统计期间集体林权制度改革取得的一系列成果，阐述了改革对四川省珙县森林资源管理和经营利用产生的正面、负面和潜在影响，并推广到全省。陈永富等（2011）以江西省武宁县为研究对象，利用集体林权制度改革前后两次森林资源规划设计调查数据，对林地面积、森林蓄积、森林覆盖率进行分析得出，集体林权制度改革促进了森林资源数量增加和质量提高的结论。

也有部分学者引入计量模型，实证分析集体林权制度改革对森林资源的影响。刘小强等（2010）运用福建、江西、浙江、安徽、湖南、辽宁、山东、云南8省的实地调研数据，采用双重差分模型分析了集体林权制度改革对森林面积和森林蓄积量的影响。吴盼盼（2012）先采用描述统计分析的方法通过对比安徽省集体林权制度改革前后森林资源变化情况来进行研究，再在描述统计分析的基础上，利用双重差分模型分析安徽省集体林权制度改革对森林资源变化的净影响。

3.2.5 最优轮伐期研究进展

最优轮伐期的概念首先由 Faustmann（1849）提出，他引入了简单明了的完全竞争决定模型，假设土地租金、木材价格和造林成本不变，确定最优轮伐期。但 Samuelson（1976）认为，Faustmann 并没有给出最优轮伐期的条件，Lofgren（1983）确信 Pressler（1860）和 Ohlin（1921）最早给出最优轮伐期的条件，并且发现 Heckscher（1912）和 Fisher（1930）给出的条件是不正确的。20 世纪 50 年代，Faustmann 模型最终得到广泛认可。Samuelson（1976）开辟了研究和思考最优轮伐期问题的新领域。在此文献的基础上，考虑到森林资源的非市场价值，Hartman（1976）提出了根据最大净现值法确定最佳木材轮伐期。由于 Faustmann 模型有其局限性，不能将非经济因素考虑在内；因此，学者对该模型进行扩展与改进。最具代表性的是 Hartman（1976），他分析了在经济效益之外的其他因素影响下的最佳轮伐期的确定，创建了 Hartman 模型，并得出森林的其他价值同样会影响最优轮伐期的结论。目前，Hartman 模型得到更为广泛的应用。Hyde（1980）认为，需要放弃按照生物学最大的原则即数量成熟原则确定木材最优轮伐期，需要按照效率确定最优轮伐期，即常常被谈及的经济成熟。

上述模型在国内研究中得到应用。朱臻等（2019）利用 Faustmann 模型比较规模户与普通户的理论最优轮伐期，主要是以不同种类的松树（李子敬等，2012；Brazee et al.，2015；Nyakundi et al.，2018；Vadim Saraev et al.，2019；Gong，O'Hara et al.，2019）、杉树（林卓等，2016；朱臻等，2019；Vadim Saraev et al.，2019）以及桉树和柏树（Nyakundi et al.，2018）为例。黄宰胜等（2016）构建 Hartman 模型研究碳价格、贴现率、木材价格以及劳动力价格对桉树碳汇林最佳轮伐期的影响。不少学者热衷于研究林地期望值的变化对最优轮伐期的影响（Tohru Nakajima et al.，2017；Hyde，2017；Nyakundi et al.，2018；Helmedag，2018；Gong and Hara et al.，2019；Ekholm，2020）。还有一些学者从固碳效益的角度入手来研究森林最优轮伐期的确定问题（王群超，2011；Diaz - Balteiro et al.，2014；Food Weekly Focus，2016；Gong et al.，2019）。朱玮强等（2017）基于改进的 Faustmann - Hartman 模型，比较不同立地、碳价格和利率下杉木林的最优轮伐期。周伟等（2015）对 Hartmann 模型进行扩展，比较了在碳汇效益下，不同碳库、碳价格和利率对杉木林最优轮伐期的影响。还有学者综合利用两个模型。简盖元等（2011）

则运用包括 Faustmann 模型和 Hartman 模型在内的多种模型，从森林经营目标角度出发，分别分析了经济效益最大化、环境效益最大化、综合考虑经济与环境效益最大化和森林碳汇价值下的最优轮伐期。可以看出，对于最优轮伐期的影响因素分析，多集中在碳价格、利率、立地条件，除此之外，还有针对其他因素的探究。如黄宰胜等（2015）基于 Hartman 模型，分析森林火灾风险对碳汇林最佳轮伐期的影响，朱臻等（2019）分析非农就业的劳动力流失效应对南方集体林区不同规模林农营林轮伐期的影响。此外，还有运用其他模型对最佳轮伐期的研究。例如，朱臻等（2019）使用了计量模型，林卓等（2016）利用时间序列预测模型（ARIMA）比较分析了在不同立地质量、碳价格和利率下的杉木人工林碳汇木材复合经济收益及最优轮伐期。

3.2.6 集体林权制度改革相关配套政策的研究进展

集体林权制度改革的相关政策主要是包括采伐限额制度、林业税费补贴、新型经营主体、生态补偿费和生态公益林、天然林禁伐与天保工程等。刘璨等（2013）指出，集体林产权制度主体改革及配套改革均取得相应进展，但依然存在迫切需要解决的问题，如生态公益林管理、林权抵押贷款等方面。

（1）采伐限额制度。随着集体林权制度改革的深入，采伐限额制度的弊端更为凸显，就采伐限额制度对林农经营行为（何文剑、张红霄，2012）、农户林业收入（孟记住、沈月琴、梅雨晴，2016；黄斌，2010）、林地流转行为的影响等方面（韩宜岑，2013）、进行了调查研究。综合来看，由于采伐限额制度的限额、农户产权缺失，因而阻碍农户对林业投资的热情。政府采伐管制的强度越大，林农的采伐收入越低，具有显著的负向影响，政府在森林资源领域简政放权是很有必要的（He et al.，2016）。保罗.A.萨缪尔森指出，政府的一个功能是建立"道路规则"，规则使具有不同利益的个人和团体，能够追求极为不同的目标，而不至于出现公开冲突。针对采伐限额制度所存在的问题，众多学者提出了建议：例如，建立生态效益补偿机制，加强采伐限额制度执行的监督检查等方面，加强森林采伐限额制度的具体措施（吴华香，

2014），建立采伐公示制度，增加公众参与程度（吴雪燕，2010；王清军，2010）。

（2）林业税费补贴。减免林业税费，是集体林权制度改革政策中的一项十分重要的措施，其直接目的是提高农民林业收入。刘璨和于法稳（2007）认为，家庭经营、木材进山收购和林业税费制度是促进森林资源可持续管理和农民增收的关键因素。实践证明，减轻税费后农民获得了比过去更多的经济收入。国外研究主要集中于农业补贴对经营主体的经营效率、生产者福利和地区可持续发展的影响（Karambarw et al.，2015；Schmitz et al.，2006；Vitalis et al.，2007）。国内学者通过实证分析，研究林业补贴政策对林农营业投入和收入的影响（胡领先等，2019），以及该政策需求和影响因素（杨燕等，2017），在集体林权制度改革初期农民并不是政策最大经济受益者，但随着制度的完善，林业补贴在一定程度商促进了森林资源的可持续发展、增加了农民的经济收入。此外，有学者通过比较部分发达国家的林业补贴政策（吴柏海、曾以禹，2013），借鉴欧美农业补贴政策（李登旺等，2015），为我国林业补贴制度进一步发展提供经验支撑。

（3）新型经营主体。新型林业经营主体作为新时期集体林权制度改革的重要组成部分，以政府为主的外部支持对于新型林业经营主体产生和发展具有极其重要的作用（Harris et al.，1998；Stefanson et al.，2002）。徐嘉琪、叶文虎（2015）提出，持续深化集体林权制度改革，增加对新型林业经营主体的资金补助，加快林业专业合作社、家庭林场等新型林业经营主体建设，积极培育新型林业经营主体，可以增强林业规模化经营，增加林农收益，让广大林农充分享受到集体林权制度改革所带来的红利。柯水发等（2014）基于实地调查和文献研究，发现新型林业经营主体在发展过程中仍存在很多问题，并提出了树立现代经营理念、加大政府扶持力度、完善林业经营管理服务体系、完善林业融资体系、规范林地流转机制、完善相关配套政策等建议。

（4）天然林禁伐与天保工程。乔荣峰（2006）在对湖北、四川、重庆等地的农户调查后发现天然林保护工程对农户收入有明显影响，而且地区差异比较显著，其中农户的林业经济收入减少，但林业经济收入不占农户收入的主要部分，林业收入的减少被其他类型的收入增加所冲抵，农户总收入增长。Shen、Liu 等（2014）宏观层面证实防护林工程和天保工程都对农民的收入产生了积极影响，Mullan 等（2014）继而研究了天然林保护工程对农户收入的微观影响方式，认为天然林保护工程对木材采伐的收入产生了负面影响，但对家庭总收入产生了积极影响。

3.3　集体林权制度改革状况、进展及政策

3.3.1　集体林权制度改革历程简要回顾

我国集体林区承担着保证国内木材高效供给和维护生态安全健康的重要任务。自新中国成立以来，我国在集体林经营方式上也进行了多次尝试与探索，具体可大致分为新中国成立到改革开放前、改革开放后至今两个时期。

新中国成立到改革开放前，党中央在土地改革时期、农业合作化时期、人民公社运动时期等不同阶段，对于集体林经营的问题，出台分林分山到户、山林入社、山林划分三级所有等政策，进行了大量探索与实践，呈现出"家庭—集体—集体"的发展模式。自改革开放以来，我国林业产权制度取得了迅速的发展，主要历经三个阶段。第一个阶段是 1981—1987 年的林业政策"三定"时期，在土地联产承包责任制成功实施的基础上，集体林区也开始不断探索，实行集体林权制度改革。第二个阶段是 1988—2003 年的集体林产权制度改革过渡期。在此阶段，为了应对 1987 年全国范围内出现的大规模乱砍滥发现象，国家收回自留山和责任山，重新在全国范围内探索集体林经营模式。

经过前两个阶段的不断探索与改革，我国集体林区得到了迅速发展，但是仍存在林业产权不明晰、经营管理不善、生产效率低下、林地投资力度小、利益分配混乱、农民收益水平低等问题，严重制约了农民生活收入水平的提高，加剧了城乡发展的不平衡。在此背景下，为了进一步提高林农的生产投

入积极性、改善我国生态环境,实现森林资源的永续增长,我国 2003 年开始实行新一轮集体林权制度改革。自新中国成立以来的林权政策见表 3-1。

表 3-1　　　　　　　　自新中国成立以来的林权政策

时间	林业政策时期	具体内容	经营权
1950—1952 年	土地改革时期	分山分林到户	家庭
1953—1958 年	农业合作化时期	山林入社,走林业合作化道路山林归个人与集体共同所有,由分散经营到统一经营管理	集体
1959—1980 年	人民公社运动时期	山林属三级所有,队为基础、实行乡村林场统一经营	集体
1981—1987 年	"三定"时期	划定自留山、确定林业生产承包责任制、稳定山林权	家庭+集体
1988—2003 年	过渡期	以家庭经营为基础、股份经营、合办林场等多种林业共有产权形式并存	集体
2003—2020 年	新一轮林改时期	承包到户、明晰产权、勘界发证、放活经营权、落实处置权、保障收益权、落实责任	家庭

3.3.2　新一轮集体林权制度改革主要政策

2003 年,福建省作为全国首个试点省份启动以明确集体林地产权和放活经营权为目的的新一轮集体林权制度改革。2004 年,江西、浙江和辽宁相继进行不同程度的试点与推广。2008 年,在试点先行、总结经验的基础上,其他省市地区陆续推进,进行全国范围内的集体林权制度改革。

新一轮集体林权制度改革的主要任务在于明晰产权、勘界发证、放活经营权、落实处置权、保障收益权以及落实责任。即在集体林地所有权不变的前提下,依法通过家庭联产承包方式将林地承包经营权与林木所有权落实到户,通过实地勘界、绘制、登记、核发林权证等方式确立林农的林地经营主体地位。对于林地经营,在合法范围内充分给予林农自主承包经营权以及对林地的自由交易流转权,保障林农的林地收益所得与相关林地赔偿补贴所得归林农所有。新一轮集体林权制度改革主要任务及具体内容如表 3-2 所示。

表3-2　　新一轮集体林权制度改革主要任务及具体内容

主要任务	具体内容
明晰产权	林地承包经营权、林木所有权落实到户,承包期70年;依法调处林权纠纷
勘界发证	依法进行实地勘界、登记、核发林权证
放活经营权	商品林公益林分类管理;商品林由林农自主选择经营方向与模式
落实处置权	林农依法转包、出租、转让、入股、抵押或条件及法律法规允许的其他方式流转集体林权
保障收益权	林地收益、征占用地补偿、生态效益补偿、各项林业补贴归农户所有
落实责任	承包集体林地应签订书面合同,明确规定责任;规范化管理承包合同

3.3.3　新一轮集体林权制度改革及配套措施

我国在实行集体林权改革主体政策之后,又相继出台了完善林木采伐管理制度、规范林地林木流转、建立集体林业发展的公共财政制度、推进林业投融资改革以及加强林业社会化服务等配套措施,以期最大限度挖掘林业生产力,具体措施及主要政策如表3-3所示。

表3-3　　新一轮集体林权制度改革及配措施

林改配套措施	具体措施
集体林木采伐管理制度	商品林限额采伐、公益林严格控伐
林地林木流转	规范林权流转机制、加强森林资源评估
集体林权制度改革公共财政制度	完善森林生态补偿基金制度,落实造林、抚育等各项林业补贴
林业投融资改革	开发林业信贷产品、拓宽林业融资渠道、健全林权抵押贷款
林业社会化服务	培育发展林业专业合作组织、新型林业经营主体

完善林木采伐管理机制是指通过编制森林经营方案,改革林木采伐限额管理,对于商品林的采伐实行采伐审批制,对于公益林的采伐进行严格控制,以期防止乱砍滥伐的现象。规范林地、林木流转是指通过建立健全林权交易平台,规范林地流转,加强林权管理,在依法、自愿、有偿的前提下,充分支持林农在承包期内进行林地经营权与林木使用权的流通与转让;建立支持集体林业发展的公共财政制度是指建立和完善森林生态效益补偿基金制度、建立造林、抚育等专项补贴、发展规划林区基础设施建设;推进林业投融资

改革是指通过拓宽林业融资渠道、加大林业信贷投放、完善林业贷款财政贴息政策、健全林权抵押贷款制度等方式解决林农融资难、贷款难的现象及问题；加强林业社会化服务是指扶持各村集体、各乡镇成立林业专业合作社或林业专业合作组织，重点培育造林大户、林业中小企业、林业龙头企业等新型林业经营主体，促使林业由粗放式向集约式模式转变，进而在区位上产生辐射与带动作用。

3.3.4 新一轮集体林权制度改革进展与状况

截至2019年底，新一轮集体林权制度改革主体改革基本上已经完成，公益林与商品林管理、森林保险、林木采伐限额管理、林权抵押贷款、造林、抚育、林木良种等多项补贴在内的各项配套改革也在全国范围全面铺开，并且取得了一定进展。全国确权集体林地面积为1.80亿亩，约占各地区纳入集体林权制度改革面积的98.97%，已发证面积累积达到1.76亿亩。

2017年，原国家林业局发布的《关于培育新型林业经营主体的指导意见》对新型林业经营主体发展和相关扶持政策进一步作出了明确规定，正式提出"新型林业经营主体"的概念，明确指出要构建以林业专业大户、家庭林场、农民林业专业合作社、林产品龙头企业和专业化服务组织为重点，集约化、专业化、组织化、社会化相结合的新型林业经营体系。2019年的最新文件提出，突出抓好家庭农场和农民合作社两类新型农业经营主体，启动家庭农场培育计划，开展农民合作社规范提升行动。2019年，中共中央办公厅、国务院办公厅发布的《关于促进小农户和现代农业发展有机衔接的意见》提出，促进小农户和现代农业发展有机衔接，以协调小农户家庭经营为基础和多种形式适度规模经营为引领；农业农村部办公厅、财政部办公厅发布的《关于支持做好新型农业经营主体培育的通知》提出要重点支持农民合作社、家庭农场和农业产业化联合体等。在一系列政策的鼓励与支持下，新型林业经营主体得到了蓬勃发展。截至2020年底，全国新型林业经营主体[①]（以下

[①] 本书中的主体是根据原国家林业局2017年出台的《关于加快培育新型林业经营主体的指导意见》，将家庭林场、林业专业大户、林业专业合作社、林业企业统一划分为新型林业经营主体。

简称"主体")达到 29.43 万个,经营林地总计 2.81 亿亩,平均经营林地面积达到 953.26 亩(国家林业和草原局,2021)。新型林业经营主体成为当前森林资源经营管理的主要力量(见表 3-4)。截至 2020 年底,专业大户、家庭林场、农民林业合作社和林业企业的经营林地面积占新型林业经营主体的比重分别为 29.19%、6.22%、35.27% 和 29.32%。

表 3-4　　　　　2020 年全国新型林业经营主体发展状况

新型经营林业主体类型	数量	经营林地面积总数(万亩)	平均经营林地面积(亩)	与 2019 年相比		
				数量	经营面积	平均经营林地面积
专业大户	85900	6787.48	789.75	0.46%	-14.03%	-14.43%
家庭林场	18300	1455.00	793.96	12.29%	-2.07%	-12.79%
农民林业合作社	103800	9324.82	898.77	4.59%	-7.79%	-11.84%
林业企业	86300	10500.00	1216.58	4.26%	-18.92%	22.23%

资料来源:国家林业和草原局发展研究中心(2021)。

在林业保险方面,作为集体林权制度改革的重要配套措施之一,2009 年开始在完成新一轮集体林地确权的地区开展了森林保险的试点工作。截至 2020 年底,全国森林保险参保面积达到 24.73 亿亩,为全国森林提供了 15882.61 亿元风险保障(国家林业和草原局,2021)。然而,目前森林保险存在险种单一等主要问题(刘璨,2020);同时,我国林农经营规模普遍偏小,林业经营收入占家庭总收入比例低,投保意愿不足。林业保险制度目前尚难以发挥其在分散由于自然灾害等无法预测的风险造成林农损失的保障作用。影响森林保险经营主体需求的要素有新型林业经营主体的观念、政府补贴和减少森林资源灾害等(张英等,2015;曹兰芳,2020)。通过对比可以发现,我国森林保险主要是政策性保险、商业性森林保险较少,存在一定市场失灵,"看不见的手"的作用尚未发挥。

3.3.5 各省市集体林权制度改革状况

表 3-5 为各省市参与林业改革时间,反映了各省参与集体林权制度改革的时间顺序。

表 3-5　　　　　　　各省市参与集体林权制度改革时间

年份	参与集体林权制度改革的省份
2003	福建省
2004	江西省、内蒙古自治区
2005	辽宁省
2006	河北省、安徽省、云南省、浙江省
2007	吉林省、黑龙江省、河南省、湖南省、湖北省、广西壮族自治区、贵州省、陕西省、海南省
2008	四川省、重庆、广东省、山西省
2009	新疆维吾尔自治区、甘肃省、西藏自治区、宁夏回族自治区、山东省、北京市、上海市
2010	青海省

一直以来，林业产权制度存在主体不明、权责不清、机制不活、管理不严、效率不高等问题，严重制约着我国林业生产力的发展。在全面建设小康社会新时期，2003 年，中共中央、国务院发布了《关于加快林业发展的决定》，并对集体林权制度改革政策提出了总体计划安排。

（1）各省集体林权制度改革情况。福建省是南方重点集体林区之一，具有山多林多的优势，且森林覆盖率位于全国第一，在全国首先开展了以"明晰所有权，放活经营权，落实处置权，确保收益权"为核心内容的集体林权制度改革。福建省所进行的关于集体林权制度改革的探索为南方集体林区以及之后各省市进行集体林权制度改革和发展提供了宝贵的经验以及借鉴。

江西省的整体情况上，具有城市人口少，农村人口多，林业用地辽阔的特征，森林覆盖率位于全国第二位，全省三分之二的县市林地资源充足，林地优势明显，但其集体林区林业产业发展却比较落后。2004 年，江西省开展了以"明晰产权，减轻税费，放活经营，规范流转"为主要内容的集体林业产权制度改革。2004 年，内蒙古自治区以赤峰市、通辽市以及西部地区的部分县为试点县，开展了集体林权制度改革工作，浙江省江山市率先在全省开展了以明晰产权为主要内容的主体改革。

辽宁省位于北方重点集体林区，采用两权合一、统一经营的集体林管理制度，存在林木产权不明晰、经营机制不灵活、利益分配不合理等顽固问题，使得林农作为林业经营主体的地位没有得到保障，阻碍着林业生产力的发展。2005年，辽宁省开展了以"明晰产权、放活经营权、落实处置权、确保收益权"为主要内容的集体林权制度改革。

在学习福建、江西、辽宁等省市在集体林权制度改革经验的基础上，结合各省市的集体林区资源禀赋、经营困难等实际情况，河北省、安徽省、云南省于2006年陆续开展集体林权制度改革工作。

2007年参与集体林权制度改革的省、自治区有吉林省、黑龙江省、河南省、湖南省、湖北省、广西壮族自治区、贵州省、陕西省、海南省。四川森林资源丰富，是我国南方重点集体林区，全省现有林业用地面积列全国第三，与重庆、广东省、山西省等省、直辖市于2008年正式开始在全省范围内的集体林权制度改革工作。2009年，参与集体林权制度改革的有新疆维吾尔自治区、甘肃省、西藏自治区、宁夏回族自治区、山东省、北京市、上海市。2010年参与集体林权制度改革的是青海省。在林地改革过程中，全省各地把"分不分山、分多少山、如何分山"等重大问题交由群众决策，使集体林权制度改革能够符合民心、体现民意，充分调动了群众营林造林的积极性，实现了"山定权、树定根、人定心"。

以福建为代表的一些省2003年以来陆续开展了新一轮的集体林权制度改革，集体林权制度改革在不断探索中取得显著的成绩，作为全国集体林权制度改革的风向标，这些先行省是各省陆续统一开展集体林权制度改革的典范。本部分分析一些先行省市的集体林权制度改革的主要措施及配套措施，与后来省市的集体林权制度改革政策进行对比分析。

较早开始集体林权制度改革的有福建省、江西省、浙江省。这三个省是我国南方集体林区重要组成省份，森林覆盖率分别为我国的前三名。因此，选择这三个省份作为先行省份的代表进行集体林权制度改革的主要措施及配套措施的对比分析，可以为进一步深化集体林权制度改革提供有益的参考。

根据《中共江西省委、江西省人民政府关于深化林业产权制度改革的意见》，我们可以得知，江西省新一轮集体林权制度改革的主要内容有："（一）明晰产权。林业产权的范围包括：森林、林木的所有权或者使用权和林地的使用权，不包括林地的所有权。明晰集体林的产权主要采取以下七种形式：①自留山稳定不变;②已分包到户的责任山稳定不变;③落实'谁造谁有';④家庭承包经营;⑤'分股不分山,分利不分林';⑥有偿转让经营;⑦稳妥处理已经流转的集体山林。(二)减轻税费。实行取消木竹农业特产税,调整育林基金平均计费价格,调整集体林育林基金分成比例,规范增值税、所得税征收范围。(三)放活经营。(四)规范流转"。

根据《福建省人民政府关于推进集体林权制度改革的意见》,我们可以得知,福建省新一轮集体林权制度改革的主要内容有:"(一)明晰所有权,落实经营权。在保持林地集体所有的前提下,进一步明晰林木所有权和林地使用权。(二)开展林权登记,发换林权证。(三)建立规范有序的林木所有权、林地使用权流转机制"。

根据《中共浙江省委办公厅、浙江省人民政府办公厅关于切实做好延长山林承包期工作的通知》可以得知,浙江省新一轮集体林权制度改革的主要内容有:"(一)认真做好延长山林承包期工作:已经划定的自留山要保持长期不变,已承包到户的责任山继续由原承包户承包,明确集体统管山的经营主体,加强承包合同的管理,做好林权证的发放工作,对列入生态公益林建设的山林,其经营主体和承包关系不变,及时调处山林纠纷。(二)建立规范有序的林权流转机制"。

(2)主体改革比较。福建省、江西省、浙江省三省均根据实际情况,均山到户,确权发证,完善林地流转机制,但各省的侧重点表现有所不同。福建省主要市在明晰产权主体的基础上,落实林业的各类权利,包括林地使用权、林木所有权和经营权;江西省在明晰产权的基础上,减轻税费,放活经营规范流转;浙江省集体林权制度改革的重点是延长承包期,解决遗留的林权纠纷和完善流转机制等。具体对比情况如表3-6所示。

表3-6　　　　　　　　各省主体改革比较

省份	标志性文件	主要举措
福建省	《福建省人民政府关于推进集体林权制度改革的意见》	明晰所有权,落实经营权、开展林权登记,发换林权证;建立规范有序的林木所有权、林地使用权流转机制、成立股份合作林场、林地的二次流转和期货买卖等

续表

省份	标志性文件	主要举措
江西省	《关于深化林业产权制度改革的意见》	明晰产权、均山到户、放活经营、规范流转、对集体林权制度改革前流转的山林全面清理、核权造册发证等
浙江省	《关于切实做好延长山林承包期工作的通知》	坚持"三权"分离、发放林权证、延长责任山承包期、解决遗留林权纠纷、完善流转机制等

（3）配套改革比较。以明晰产权为核心的集体林权制度改革，在已经完成确权到户的基础上，仍然需要一系列配套措施的支撑，集体林权制度改革是一个系统工程，目标的实现需要主体改革措施与配套措施相结合。2008年，在集体林权制度改革主体措施得到贯彻落实的条件下，我国全面开启了相关配套措施改革，配套措施改革将主要从以下五个方面开展：改革森林经营管理制度，落实经营主体对林木的处置权；规范森林、林木和林地使用权流转；建立政策性森林保险制度；完善公益林补偿制度；扶持农民林业合作组织的发展等。福建省、江西省、浙江省三省有关配套措施对比，也从以上五个方面进行分析。集体林权制度改革配套措施包括资产评估、林权交易、森林保险等。

伴随着集体林权制度改革取得显著的成效，林农获得了林地的经营权，取得了林权证，可以从林地中获得收益。但是突发性的自然灾害，不仅会造成森林资源的损毁、使林农承担各种林业风险，也会切断大量林农的经济来源。为了防范林农面临的风险，保障林农的收益，各省均出台了可提高林农抗风险能力的森林保险制度。

根据福建省森林综合保险方案可知，保险标的为商品林、生态公益林以及未成林造林地上的树木。森林综合保险的责任范围为林木生产过程中发生的火灾、虫灾、暴雨、暴风、洪水、泥石流、冰雹、霜冻、台风、暴雪、雨凇等，每亩保险金额为500元。生态公益林费率为2‰，商品林费率为3‰，除中央和省级财政按一定比例给予保费补贴外，生态公益林林权所有者承担的保费为0.3元/亩（后来调整省级以上生态公益林保费补贴比例。按照财政部新的森林保险保费补贴标准，对生态公益林保险，中央财政保费补贴比例提高到50%，地方财政补贴为40%，其中：省级财政为25%，县级财政为

15%，林权所有者承担 10%，即每亩 0.1 元）。投保面积 1 万亩以下（含 1 万亩）的商品林林权所有者承担的保费为 0.45 元/亩，投保面积 1 万亩以上的林权所有者承担的保费为 0.675 元/亩。其中，省级以上生态公益林林权所有者承担的部分可在省级森林生态效益补偿基金中列支。省级以下生态公益林执行商品林财政补贴政策。受灾面积 ≤100 亩，免赔率 10%；受灾面积 >100 亩，免赔面积 10 亩。

江西省的政策性森林保险实施方案如下：主要有林木火灾保险与林木综合保险。商品林火灾保险费率为 1.5‰，公益林火灾保险为 1‰，林木综合保险费率为 4‰。按照投保则补、不保不补的原则，财政对投保林农及林业企业给予保费补贴。公益林补贴比例为 100%，其中：中央财政为 30%、省财政为 70%；商品林补贴比例为 60%，其中：中央财政为 30%、省财政为 25%、县财政为 5%。公益林实行全省统保林木火灾保险，保费财政全额补贴的原则，商品林实行经营者自愿投保。公益林每亩保险金额为 500 元。商品林每亩保险金额按保险林木的再植成本确定，视树种树龄情况按不超过 800 元保额协商确定。火灾责任免赔额：每次事故绝对免赔为 10 亩或核损金额的 10%，两者以高者为准；投保面积在 100 亩以下（不含 100 亩）的免赔额为投保面积的 10%。暴雨、暴风、洪水、泥石流、冰雹、霜冻、台风、暴雪、森林病虫害责任免赔额：每次事故绝对免赔 200 元或核损金额的 10%，两者以高者为准。

浙江省的政策性森林保险实施方案如下，保额按照林木再植成本的 50% ~ 60%，生态公益林的保险费率为 1.5‰，用材林的保险费率为 8‰、竹林的保险费率为 8‰，经济林的保险费率为 6‰，公益林的保费补贴标准为 100%，商品林保费补贴标准为 60%，省、县财政共同补贴。

从整体上来看，福建省、江西省、浙江省三省均尽量简化各种不同类型的林户对林地进行投保和进行损失索赔的手续。随着森林保险制度的不断完善，三省的保费补贴标准不断增加，森林保险范围不断扩大，更加注重保障林户的权益以及经济收益。

从具体细节来看，各省的保额有所差距，保险费率有所不同，生态公益林的费率较经济林低，而且对生态公益林给予 100% 的财政补贴，对经济林的补贴有差距,从40%到60%不等。补贴来源主要来自中央以及省市县的财政补贴。但是举措与成效有所差异,对比来看,浙江省森林保险措施发展得更好,主要由于浙江省经济发展水平较高、林地经营效益高、林农保险意识强等。

3.3.6 集体林权制度改革前后森林资源变化状况

(1)森林资源总体状况。根据《第九次全国森林资源清查报告》公布的数据,我国森林资源总体上呈现数量持续增加、质量稳步提升、生态功能不断增强的良好发展态势,初步形成了国有林以公益林为主、集体林以商品林为主、木材供给以人工林为主的合理格局。全国森林面积为22044.62万公顷,森林覆盖率为22.96%。全国活立木蓄积为190.07亿立方米,森林蓄积为175.60亿立方米。全国天然林面积为14041.52万公顷,天然林蓄积为141.08亿立方米。人工林面积为8003.10万公顷,人工林蓄积为34.52亿立方米。

由表3-7可知,1999—2018年我国的森林面积稳步上升,从1.75亿公顷上升到2.2亿公顷,增长率为29.41%;森林覆盖率也从18.21%增加到了22.96%。森林蓄积量则从124.56亿立方米增加到了175.6亿立方米,增长率为40.98%。2003—2008年集体林权制度改革试点时期,森林面积增加了2054.3万公顷,平均每年增加410.86万公顷;森林蓄积量增加了12.65亿立方米,平均每年增加2.53亿立方米。2008年以后集体林权制度改革向全国全面铺开,2008—2018年森林面积增加了2499.40万公顷,平均每年增加了249.94万公顷;森林蓄积量增加了38.39亿立方米,平均每年增加3.84亿立方米。与此同时,根据联合国粮食及农业组织(FAO)的全球森林资源清查数据可知,世界森林面积自2000年的40.56亿公顷下降到2015年的39.99亿公顷,平均每年减少376.46万公顷。在世界森林面积逐年减少的大趋势下,我国森林面积的增长显然得益于我国自1998年实施的天然林保护工程和2008年实施的集体林权制度改革,且森林蓄积量也一直处于稳步增长的趋势。

第3章 集体林权制度改革及相关政策对投入和森林资源的影响

表 3-7　　　　　　　　1999—2018 年中国森林资源情况

阶段	全国森林面积（万公顷）	森林覆盖率（%）	森林蓄积量（亿立方米）	森林蓄积量增长率（%）
第六次（1999—2003 年）	17490.92	18.21	124.56	10.56
第七次（2004—2008 年）	19545.22	20.36	137.21	10.16
第八次（2009—2013 年）	20768.73	21.63	151.37	10.32
第九次（2014—2018 年）	22044.62	22.96	175.60	16.01

数据来源：第六次到第九次全国森林资源清查数据。

（2）各省森林面积、森林蓄积、森林覆盖率。森林包括乔木林、竹林和特殊灌木丛，其数量指标包括面积和蓄积。全国森林面积为 22044.62 万公顷，森林蓄积为 1705819.59 万立方米。内蒙古、云南、黑龙江、四川、西藏、广西森林面积较大，森林面积合计 11471.88 万公顷，占全国森林面积的 52.57%。西藏、云南、四川、黑龙江、内蒙古、吉林森林蓄积较大，森林蓄积合计 1050323.24 万立方米，占全国森林蓄积的 61.57%。各省森林面积见表 3-8，森林蓄积见表 3-9。

表 3-8　　　　　　全国各省（区、市）森林面积　　　　　　单位：万公顷

省份	森林面积	省份	森林面积
内蒙古	2614.85	云南	2106.16
黑龙江	1990.46	四川	1839.77
西藏	1490.99	广西	1429.65
湖南	1052.58	江西	1021.02
广东	945.98	陕西	886.84
福建	811.58	新疆	802.23
吉林	784.87	贵州	771.03
湖北	736.27	浙江	604.99
辽宁	571.83	甘肃	509.73
河北	502.69	青海	419.75
河南	403.18	安徽	395.85
重庆	354.97	山西	321.09
山东	266.51	海南	194.49

续表

省份	森林面积	省份	森林面积
江苏	155.99	北京	71.82
宁夏	65.60	天津	13.64
上海	8.90		

数据来源：《第九次全国森林资源清查报告》。

表3-9　　　　　全国各省（区、市）森林蓄积量　　　　单位：万立方米

省份	森林蓄积量	省份	森林蓄积量
西藏	228254.42	云南	197265.84
四川	186099.00	黑龙江	184704.09
内蒙古	152704.12	吉林	101295.77
福建	72937.63	广西	67752.45
江西	50665.83	陕西	47866.70
广东	46755.09	湖南	40715.73
新疆	39221.50	贵州	39182.90
湖北	36507.91	辽宁	29749.18
浙江	28114.67	甘肃	25188.89
安徽	22186.55	河南	20719.12
重庆	20678.18	海南	15340.15
河北	13737.98	山西	12923.37
山东	9161.49	江苏	7044.48
青海	4864.15	北京	2437.36
宁夏	835.18	天津	460.27
上海	449.59		

数据来源：《第九次全国森林资源清查报告》。

各省（区、市）森林覆盖率超过60%的有福建、江西、台湾、广西，50%~60%的有浙江、海南、云南、广东，30%~50%的有湖南等11个省，10%~30%的有安徽等13个省，不足10%的有青海、新疆。各省森林覆盖率见表3-10。

表 3-10　　　　　　全国各省（区、市）森林覆盖率　　　　　单位:%

省份	森林覆盖率	省份	森林覆盖率
福建	66.80	四川	38.03
江西	61.16	澳门	30.00
台湾	60.71	安徽	28.65
广西	60.17	河北	26.78
浙江	59.43	香港	25.05
海南	57.36	河南	24.14
云南	55.04	内蒙古	22.10
广东	53.52	山西	20.50
湖南	49.69	山东	17.51
黑龙江	43.78	江苏	15.20
北京	43.77	上海	14.04
贵州	43.77	宁夏	12.63
重庆	43.11	西藏	12.14
陕西	43.06	天津	12.07
吉林	41.49	甘肃	11.33
湖北	39.61	青海	5.82
辽宁	39.24	新疆	4.87

数据来源：《第九次全国森林资源清查报告》。

（3）人工林面积状况。此外，由表 3-11 可知，1999—2018 年，我国的天然林面积稳步上升，增长率为 21.3%；人工林面积也从 5325.73 万公顷上升到 8003.10 万公顷，增长率为 50.27%，人工林面积位居世界第一。1998 年，天然林保护工程实施以来，天然林的面积与蓄积量一直保持着稳步增长的趋势，20 年来蓄积量平均每年增加 1.54 亿立方米。2003—2008 年，集体林权制度改革试点时期，人工林面积增长了 843.27 万公顷，平均每年增加 168.65 万公顷；人工林蓄积量增加了 4.56 亿立方米，平均每年增加 0.91 亿立方米。2008 年，集体林权制度改革向全国全面铺开以后，人工林面积与蓄积量增长速度较快。2008—2018 年人工林面积增加了 1834.10 万公顷，平均每年增加 183.4 万公顷；人工林蓄积量增加了 14.27 亿立方米，平均每年增加 1.43 亿立方米，增长率更是达到了 72.77%。

表 3-11　　　　　　1999—2018 年中国天然林、人工林情况

阶段	天然林面积（万公顷）	天然林蓄积量（亿立方米）	人工林面积（万公顷）	人工林蓄积量（亿立方米）
第六次（1999—2003 年）	11576.20	105.93	5325.73	15.05
第七次（2004—2008 年）	11969.25	114.02	6169.00	19.61
第八次（2009—2013 年）	12184.00	122.96	6933.00	24.83
第九次（2014—2018 年）	14041.52	136.71	8003.10	33.88

数据来源：第六次到第九次全国森林资源清查。

3.4　集体林权制度改革对投入和森林资源影响的实证分析

在以上文献综述与理论框架的基础上，本节的主要研究内容为：①研究分析不同集体林经营主体对集体林生产要素投入影响，进而分析对集体森林资源及其结构的影响；②不同集体林经营主体的森林资源及其结构变化，为后续研究木材供给和价格的影响奠定基础。

3.4.1　数据说明

本书使用的数据来自国家林草局发展研究中心 2003—2016 年开展的农村住户追踪调查。该数据通过分层抽样和随机抽样调查，分别选取了东北集体林区的辽宁省、西南林区的四川省、平原林区的河南省和山东省、南方集体林区的浙江省、福建省、湖南省、江西省和广西壮族自治区作为样本区域，共 9 省区、18 县市、1227 个样本农户。数据收集分 3 个层次：采用调查表对样本县随机抽取的 3 个乡镇采集乡镇层面的数据；采用调查表对样本镇随机抽取的 3 个行政村采集村级层面的数据；采用问卷和调查表对样本村随机抽取的

每个村的 15 个农户进行访谈，获得农户家庭成员，以耕地、林地等为主的土地资料，固定资产情况，生产经营及支出活动，销售农产品，收入来源及支出，家庭消费等数据信息。经过长期追踪调研数据能够较全面地反映中国集体林区农户及家庭成员的生产经营等各项活动。

3.4.2 集体林权制度改革对林地面积影响的实证分析

（1）理论机制分析。制度变迁指的是在现有制度安排下难以获得更多的利益，若改变现有的制度安排，就能获得在原有制度下不可能得到的利益（张卫东，2010）。而集体林权制度改革就是林业产权制度的一次制度创新，是制度需求与制度供给共同催生的一次林业产权的巨大制度变迁。在制度经济学框架中，产权作为基本的游戏规则，它的界定是否明晰对资源的高效配置绩效起着决定性作用。林权和产权相同，同样也是权利束。包括森林、林木和林地所有权及使用权和林地承包经营权等，它体现的是界定在林业领域里的财产权属关系。但是在集体林权制度改革前，由于林木经营的长期性与林权政策的变化，这些权利无法得到清晰的界定。新一轮集体林权制度改革基本实现了"分林到户"的既定目标，随着"确权发证"工作的完成，不仅使林地产权的完整性与安全性的进一步强化，同时加强了农户对产权稳定性的认识，进而提高其林地投入水平（马贤磊，2008；张建龙，2017；刘璨、张永亮，2017）。

随着我国经济水平的快速发展以及国家在农业方面的资金和政策支持，特别是通过集体林权制度改革，国家实施的一系列配套政策后，农户作为森林经营的主体，其行为受经济理性支配而必然追求经济利益最大化（杨冬梅、朱述斌，2018）。因此，本书分析林农林业生产经营行为以"理性经济人"假说作为理论基础。

基于以上理论基础，本书分析得出以下理论机制。

①新一轮集体林权制度改革对森林资源的影响。作为一项新的制度安排，新一轮集体林权制度改革在保持集体林地所有权不变的前提下，分林到户，将林地经营权交给农民，不仅明确了农户作为林地的生产经营主体地位，还使其获得了稳定的土地产权和对林木的各项权利。

根据产权经济学理论，土地产权包含所有权、使用权、收益权和处置权等权利束以及各项权利束的稳定性或安全性。产权完整性主要是指产权所包含权利束的数量及每项权利的完整程度，表征着权利或收益的范围和强度，对产权人的投资激励称为"收益效应"。当产权不完整（即产权所包含的部分权利缺失或行使受限）时，产权能够给权利主体带来的收益随之减少，间接降低产权对投资的激励。相反，赋予完整和自由行使的权力可通过增加资源可获取的收益而激励林地投资，进而促进林农加大森林经营规模。

而土地产权安全性则可分别通过保证效应、抵押效应和实现效应这三种途径作用于农户营林决策，进而反馈在森林面积上。首先，就保证效应来说，安全性是指通过影响土地收益获取的稳定性而作用于投资激励，即安全土地产权可以通过保证投资者的收益不被政府、个人或其他机构侵占而提高投资者的投资意愿。其次，抵押效应则是指完备的林地抵押权有利于土地与林木成为抵押品，为农户获得更多的抵押贷款形成保障，获取信贷，增加农户可用于土地投资或各种短期投入的资金，进而满足农户资金需求，刺激其加大造林管护投入，促进投资行为的实现。特别是在林业税费减少以及林业补贴提高时，农户造林管护投入会显著增加。最后，就实现效应来说，农户现有林地面积越大，期限越长，林地使用权就会越稳定，进而刺激农户加大林业投资，延长砍伐时间。此外，农户可将林地林木作为资产性资源予以流转，减少投资风险和不确定性，降低产权交易成本，激励农户投资林地、减少对森林资源的破坏。

总之，农户对产权稳定性和产权安全性产生一定的感知后，通过收益效应与保证效应获得林地收益、通过抵押效应降低营林风险，通过实现效应延迟林木采伐决策，进而加大其造林管护，减少其毁林弃地的意愿，促进森林面积的不断增加。

基于以上分析，本书提出第一个假设。

H1：新一轮集体林权制度改革对森林资源具有正向促进作用。

新一轮集体林权制度改革对森林资源影响的理论机制见图 3-1。

第3章 集体林权制度改革及相关政策对投入和森林资源的影响

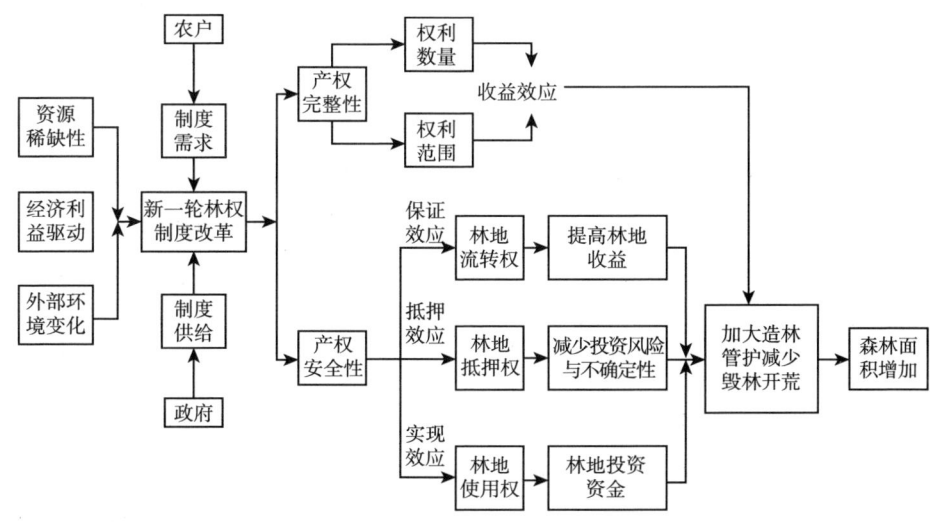

图 3-1 新一轮集体林权制度改革对森林资源影响的理论机制

②新一轮集体林权制度改革对异质性林地面积的影响。集体林改将公益林和商品林都进行了确权到户，但农户在两种类型的林地上投入差异较大，更偏重商品林的投入，对生态公益林的投入缺乏激励。由于生态林产生的生态价值在消费过程中具有典型的公共物品属性（宋雪霏等，2014），所以生态林价值的付费对象就成为公共利益的代表者政府，政府通过补贴的形式给予农户价值补偿。但普遍较低的补偿标准使农户难于从生态林中获得收益，因此农户对于生态林的生产经营缺乏动力。

基于以上分析，本书提出第二个假设。

H2：新一轮集体林权制度改革对异质性林地面积的影响有明显差异。

③新一轮集体林权制度改革相关配套措施对森林资源的影响。在完成新一轮集体林地确权的基础上，2009年以来，我国陆续启动了以森林保险、减免林业税费、林地林木流转、木材采伐限额制度改革和抚育、造林补贴等为主体的新一轮集体林权制度改革的相关配套改革（刘璨、张永亮等，2015）。

在其他条件保持不变的情况下，造林和森林抚育补贴通过降低农户造林和抚育的成本，促进农户营林积极性；森林保险能够降低林地经营风险，若发生自然灾害，则可通过获得赔偿而降低损失；而林权抵押贷款作为一种新型金融制度创新,增加了农户等林业经营主体获得融资的可能性,在一定程度上缓解了其融资贷款难的问题。作为理性人的农户,在配置生产要素时会倾向于边际报酬高的生产要素,新一轮集体林地确权后,提高了农户所经营林地的安全性与完整性,进而提高生产要素边际报酬。对于这些能够降低农户的营林成本和提高收益的配套改革措施,农户的劳动力和资本投入的边际报酬也会不断提高,促使其愿意保留更大的林地规模,投入更多的生产要素,进而长期作用于森林资源的增长。

但是在森林采伐限额方面,一般来说,森林最优化利用应该发生在无任何外在约束的情形下(张寒,2012)。而我国现实的情况是,森林的开采受到采伐限额的影响。这种采伐限额分为两种情况。第一种情况是森林采伐限额开采量大于最优开采量,理性的经济人不会在最优开采量的基础上去开采更多的森林,所以此时的采伐限额是无效的。第二种情况是森林的采伐限额小于无开采限额时的最优化采伐量时,则会使森林所有者无法以利润最大化的方式进行开采,使森林难以最优利用。因此,从经济学角度来看,森林采伐限额的实施不利于森林资源的最优化利用。

因此,本书提出第三个假设。

H3:新一轮集体林权制度改革的相关配套措施也会对森林资源产生不同程度的影响。

(2)实证分析。

①变量定义及描述性统计。从农户调查主要变量的均值来看,在家庭特征方面,林地面积整体呈增长态势,户主年龄不断增大;但整体受教育年限降低,样本中干部身份人数也逐渐减少,家庭人口整体呈减少趋势,家庭总收入不断增长,其中林业收入增速较快。在社会特征方面,道路状况不断改善,劳动力价格与木材价格不断上涨,林业投入与劳动力投入也不断增长。而2009年以来,我国才陆续启动了以森林保险、减免林业税费、林地林木流转、木材采伐限额制度改革和抚育、造林补贴等为主体的新一轮集体林产权制度改革的相关配套改革措施;因此2003—2008年木材采伐限额措施、森林保险、林权抵押贷款、林业补贴的衡量值均为0。描述性统计见表3-12。

第3章 集体林权制度改革及相关政策对投入和森林资源的影响

表3-12 描述性统计

		2003年		2007年		2011年		2015年	
		均值	标准差	均值	标准差	均值	标准差	均值	标准差
林地面积（亩）	（ln）	-1.128047	5.706845	0.0579788	5.222946	1.331022	4.215831	1.556627	4.019452
林改与否	是=1，否=0	0.1871574	0.3901906	0.8183242	0.385728	1	0	1	0
户主年龄（年）	（ln）	3.779336	0.2437399	3.869119	0.221785	3.951125	0.2036819	4.016749	0.1884493
户主教育（年）	（ln）	1.731421	1.559608	1.731421	1.559608	1.72821	1.653543	1.363941	2.562283
干部与否	是=1，否=0	0.2685983	0.4434041	0.2685983	0.443404	0.2364918	0.425094	0.2192639	0.4139099
家庭规模（人）	（ln）	1.367634	0.3764023	1.367634	0.376402	1.333716	0.4110358	1.225202	0.4728117
家庭收入（元）	（ln）	8.684412	2.188085	9.297086	1.376946	9.698643	0.9992569	9.941606	1.134502
林业收入（元）	（ln）	-1.845455	8.162547	-4.126714	8.224757	-0.0765284	8.238406	2.657227	7.110482
非农劳动力价（元）	（ln）	3.647583	0.3729733	3.726633	0.386387	3.879076	0.4050832	4.172843	0.3253916
木材价格（元）	（ln）	5.703021	0.1540065	5.995186	0.192190	6.137933	0.1712117	6.202279	0.1782615
采伐与否	是=1，否=0	0	0	0	0	0.4534064	0.4980193	0.6006265	0.4899615
林业补贴	是=1，否=0	0	0	0	0	0.5865309	0.4926484	0.7588097	0.4279731
林权抵押贷款	是=1，否=0	0	0	0	0	0.009397	0.0965195	0.0086139	0.0924469
森林保险	是=1，否=0	0	0	0	0	0.2913078	0.454543	0.6021926	0.489637
林业投入（元）	（ln）	-5.667152	6.593053	-5.109999	6.883362	-4.200857	7.397845	-4.709718	7.092459
劳动力投入（人）	（ln）	-4.088271	6.284481	-3.426885	6.370805	-3.490031	6.544821	-0.254140	5.555234

数据来源：农户调查数据整理。

②模型设置。本书采用的是面板数据。它可以有效解决遗漏变量偏差问题,同时拥有时间和截面两个维度也可以提供更多的个体行为信息。对森林资源决定方程进行参数估计时,需要采取一些判断和操作。面板数据估计面板数据的一个极端策略是将其看成截面数据进行混合回归,而这种回归忽略了个体之间的异质性,因此不能直接使用混合回归。为了避免忽略个体的异质性,可采用个体效应模型,对于个体影响和解释变量间相关程度的确定,一般用两种估计方法:固定效应(FE)估计法和随机效应(RE)估计法。采用 Boot strap 的 Hausman 检验(Cameron、Trivedi,2008),结果显示 Hausman 检验的统计值为 245.65 且 P 值小于 0.05,表明模型在 1% 的水平上显著拒绝随机效应模型和固定效应模型估计结果一致的原假设,采用固定效应模型效果更优(Wooldrige,1999)。豪斯曼检验见表 3-13。

表 3-13　　　　　　　　　豪斯曼检验

检验方法	统计值	P 值
Hausman	245.65	0.0000

此外,考虑到地区经济水平,社会文化等方面都存在差异,可能会存在不随时间变化的遗漏变量,故应使用固定效应估计法。本研究核心解释变量只有一个指标,较为固定,不具有随机性和推广性,因此固定效应模型更合适。

本书主要研究集体林权改革对我国森林资源的影响,并进一步识别其对用材林以及生态林的不同影响。为此,建立固定效应面板模型如下。

$$y_i = a_0 + a_1 x_1 + a_2 x_2 + a_3 x_3 + \cdots + a_n x_n + \mu_i + \lambda_t + \xi_{it} \quad (3-1)$$

式(3-1)中,i 代表样本村;t 代表时期,被解释变量 y_i 为森林总面积,并列出商品林面积、公益林面积、用材林面积、经济林面积作为支持依据;x_1 为参与林改与否,为 0~1 变量,其系数 α_1 集体林权制度改革对森林面积的影响程度。X_2、X_3……X_n 则为影响森林面积的其他控制变量,μ_i 和 λ_t 分别为控制个体和时间固定效应,ξ_{it} 为残差项。

具体而言,本书选用我国森林面积、公益林面积、用材林面积、经济林面积作为被解释变量,研究集体林权制度改革对不同林种的影响。总体的森林面积则能够反映出整体森林资源的变化趋势；而生态林则担负生态环境保护重任。用材林的面积最直接地决定了国内的木材供给能力；相对于用材林，经济林主要以经济价值为生产目的，能够给农民带来更多的经济效益，因此集体林权制度改革通过确权发证与分山到户，在影响林农对林地产权的感知的程度上，经济林比用材林更强。

核心解释变量为是否参与集体林权制度改革，用0~1变量来衡量。解释变量主要有非农劳动力价格、道路状况（张寒，2018）等经济社会因素；户主年龄（Kuuluvainen et al.，1996；Stordal et al.，2008）、户主受教育程度（Zhang and Flick，2001；Liu et al.，2010）、干部与否（张英等，2012）、家庭人口、家庭总收入等家庭特征变量（尹航、徐晋涛，2010；王洪玉，2009）；林地投资、林地投工、林业收入等林业特征（张寒，2018）；森林采伐限额、森林保险、林权抵押贷款、林业补贴（刘浩等，2020）等集体林权制度改革配套措施。

③经验性结果分析。根据前文的理论分析框架、数据说明和变量选择，本书利用STATA16.0对所构建的模型进行估计。估计结果见表3-14。

表3-14　新一轮集体林权制度改革及配套措施对森林资源的影响

变量	森林面积	用材林	经济林	生态林
集体林改	1.0174*** (7.31)	2.0567*** (9.88)	0.5010*** (3.42)	0.7960*** (4.41)
户主年龄	0.2725 (0.104)	2.0668*** (3.78)	0.2155 (0.56)	1.0977* (2.31)
户主受教育年限	-0.0252 (-1.62)	-0.0610** (-2.63)	0.0249* (1.52)	0.0016 (0.08)
干部与否	0.0521* (0.59)	0.0273 (0.21)	0.1430 (1.54)	0.0417 (0.36)
家庭人口	0.2391*** (2.61)	0.0883** (0.08)	0.2172** (2.25)	0.0529 (0.44)
家庭总收入	0.3066*** (13.46)	0.0026* (0.08)	0.0384 (1.60)	0.0073 (0.25)

续表

变量	森林面积	用材林	经济林	生态林
道路状况	0.3415* (4.18)	-0.2141* (-1.75)	-0.3430*** (-3.99)	0.1812* (1.71)
林业收入	0.0021*** (0.48)	0.0127* (2.00)	0.0030* (0.68)	0.0185 (3.34)
非农劳动力价格	-0.6884*** (-4.70)	1.42026** (6.48)	-0.0594 (-0.39)	-0.1287*** (-0.68)
采伐与否	-0.2148** (-2.52)	0.0212*** (0.24)	-0.1009 (-2.35)	0.0424 (0.38)
林业补贴	0.1587*** (1.95)	0.2314* (1.90)	0.1066 (1.24)	0.6595*** (6.23)
林权抵押贷款	0.0041 (0.01)	-0.1253 (-0.26)	0.0141 (0.04)	1.7136*** (4.12)
森林保险	0.6548*** (8.81)	0.1886* (10.02)	0.2522*** (3.22)	0.5457*** (5.66)
林业投资	0.0666*** (14.39)	0.0491*** (7.09)	0.0427*** (8.75)	0.0072 (1.20)
林业投工	0.1443*** (26.94)	0.0803*** (10.02)	0.0293*** (5.19)	0.0160** (2.30)
常数项	5.1370*** (2.93)	(-15.2521)*** (-5.81)	-7.7600*** (-4.20)	-12.1023*** (-5.31)
个体固定	是	是	是	是
时间固定	是	是	是	是

注：*，**，*** 分别表示在10%，5%和1%水平上显著，括号中为t统计值，下同。

在林地确权方面，集体林权制度改革对森林总面积、经济林面积、用材林面积影响均在1%的水平上显著，这说明我国实施的集体林权制度改革对森林面积的增长起到了显著的促进作用。从总体上来说，进行分山到户和确权发证，稳定了农户的林地使用权，会延迟农户采伐林木的决策，进而激励其加大造林投入，长期来看，会促进森林面积的增加。对于公益林，林改同样也促进了其面积的增长，这与本书假设H2相悖，可能是因为随着非农就业的增长，大量年轻劳动力流入城镇进而使家庭农业劳动力不足，部分农户会倾向于将多余的林地变更为公益林。

在集体林权制度改革相关配套措施方面,我国实施集体林权制度改革后,又先后出台了林业补贴、林权抵押贷款、森林保险等一系列集体林权制度改革配套措施来提高林农营林用林的积极性。通过实证结果分析可以发现,集体林权制度改革相关配套措施也会对异质性林地产生不同的影响作用。

对林地总面积,林业补贴、森林保险均在1%的水平上显著,而采伐限额措施则在5%的水平上呈负显著。这说明限制采伐的数量越多,农户就越难以进行木材销售,其积极性就会受到影响,进而会减少林地面积。

森林保险对林地总面积、经济林面积、公益林面积均达到了1%的显著水平,说明森林保险的出台,提高了农民对于林地的风险承受能力,促使其加大营林活动,进而促进面积的增加。但是森林保险对于用材林则在1%的水平上显著,这可能是由于用材林投资周期较长、变现难、其预期收益折现值较低所致。林业补贴对林地总面积和公益林均达到了1%的显著性水平,对用材林和经济林达到了5%的显著性水平。公益林的主要收益为政府的补贴,而用材林与经济林的收益主要为销售收入,林业补贴在其报酬结构中只占很小的一部分,所以林业补贴对于公益林的促进作用更加显著。而林业采伐限额管理制度与森林总面积呈负显著关系,这可能上由于采伐限额的提高,使农户难以申请到指标,进而对减少了营林积极性。而采伐限额则与用材林则在1%的水平上正向显著,根据调查过程中与农户的访谈得知,农户一般不向当地林业部门申报林木采伐指标,而是采用"买卖青山"的方式将活立木直接卖给木材收购商采伐指标。因此,林木采伐限额管理制度通过影响买卖进而影响林农收益。采伐限额越大,青山价格越高,进而促进农户用材林经营意愿的增强。而林权抵押贷款只与公益林呈显著关系,通过农户调研情况可知,相对于其他林地,林权抵押贷款的获得门槛较高、零散且数额较少的林地难以达到抵押门槛,而一般农户拥有的公益林亩数相对于其他林地较大,因此也就很好地解释了公益林与林权抵押贷款之间的正向关系。

此外,在家庭特征方面,家庭人口数量对林地面积起到了积极的促进作用,其在1%的水平上显著。家庭人口多,相应的劳动力数量就会越多,进而促进了营林生产。同样家庭总收入也达到了1%的显著水平,说明家庭收入越高，就会有更多的资金来进行林业生产投入与经营。户主的受教育年限与其政治面貌均对林地总面积无影响，但户主年龄与用材林面积呈现反向增长关系，这可能是由于随着户主认知水平的提高，其会预测到用材林相较于其他生产活动的预期收益较低，因此会减少关于用材林的生产经营。在林业特征方面，林地投资与林地投工对于林地总面积、用材林、经济林均在1%的水平上显著，而林地投工对公益林在5%的水平上显著，林地投资对公益林不显著，这说明农民在林地上的投入增加会对其营林行为产生正向的影响，进而对林地面积产生正向的激励作用；而营林所带来的收益又会促使农民进行加大林业投资，进而产生正向的循环反馈机制，但是由于公益林属于公共物品，农民即使加大了对公益林的投入也无法直接获得营林效益，进而不会影响到公益林面积的增长。在经济社会条件方面，非农劳动力价格则与林地面积显著呈反向增长的关系，非农就业价格越高，林地面积越少。当外出务工所获得的报酬大于从事林业生产时，理性经济人一般都会选择放弃较低的林业生产转而外出打工，因此营林活动以及林地面积也会随之进行减少。

（3）结论和展望。本小节采用国家林业和草原局发展研究中心的9省区18县市1277个样本农户2003—2016年的长期定点跟踪平衡面板数据，基于制度变迁理论和产权理论，运用描述统计法和固定效应分析法，引入非农就业，实证分析新一轮集体林权制度改革以及相关配套措施对森林资源的影响。

基于实证研究结果可以得到几个基本结论。第一，赋予林农更明确和完整的林地产权能够有效促进森林资源的增长，即新一轮集体林权制度改革对我国森林资源的增长有正向促进作用。第二，相关集体林权制度改革配套措施如造林补贴以及森林保险也会对森林资源起到正向的促进作用，且对不同林地面积的增长作用不同，而采伐限额管理制度则抑制了森林面积的增长。第三，从林种结构上而言，新一轮集体林权制度改革促进了经济林面积、用材林面积以及公益林面积的增加。第四，其他因素如林业投资、林业投工等林业特征以及家庭收入和家庭劳动力数量也对森林资源起到了正向促进作用，而非农就业水平的提高与林地面积的增长呈明显负相关。

第3章 集体林权制度改革及相关政策对投入和森林资源的影响

3.4.3 劳动力转移背景下集体林权制度改革对林地投入影响的实证分析

（1）理论机制分析。新一轮集体林权制度改革及相关配套措施对森林资源的影响主要取决于林农参加林改后的投入和产出情况。本书将新一轮集体林权制度改革及相关配套措施所引起的林农生产要素配置调整界定为新林改的直接影响，将其所而带来的产出变化即森林资源的变化界定为间接影响。并在我国农村劳动力转移的大背景下充分考虑劳动力转移对集体林权制度改革政策影响林农林地投入的调节效应。

①新一轮集体林权改革及相关配套措施对投入的影响。这里假设所有的林农为理性人，即对于其是否增加林业投入完全取决于能否从中获得收益，因此林农会对明确的林地产权做出反应，影响对于林业的投入。这一投入主要分为两类，分别为农户资本以及包括林业和非农就业的劳动力投入，即确权会对 k 与 l 产生影响，推导如下所示。

假设在 i 年林农对于林地的资本投入为 k_i，对于林地的劳动力投入为 L_{1i}，对于非农就业投入为 L_{2i}，$i+1$ 年的产权记作 FR_{i+1}，则林农在 $i+1$ 年的林业收入净现值可以表示为 $PV(K_i, L_{1i}, FR_{i+1})$，林农对于林业的资本及劳动力投入的净现值 $PC(K_i, L_{1i}, FR_{i+1})$，对于非农就业的收入净现值为 $PV(L_{2i})$，投入净现值为 $PC(L_{2i})$。为了便于后续分析，这里假设 $PV(K_i, L_{1i}, FR_{i+1})$ 在 K_i 处存在拐点且在此处为凹函数，$PV(K_i, L_{1i}, FR_{i+1})$ 与 $PV(L_{2i})$ 均为增函数。当农户为了追求长期收益最大化时，应遵循这样的投资函数 Besley (1995)：

$$\max[\pi(K_i, L_{1i}, L_{2i}, FR_{i+1})] = PV(K_i, L_{1i}, FR_{i+1}) - PC(K_i, L_{1i}, FR_{i+1})$$
$$+ PV(L_{2i}, FR_{i+1}) - PC(L_{2i}, FR_{i+1}) \quad (3-2)$$

则由式（3-2）可得

$$\frac{\partial K_i}{\partial FR_{i+1}} = -\frac{\pi_{13}(K_i, L_{1i}, FR_{i+1})}{\pi_{11}(K_i, L_{1i}, FR_{i+1})} \quad (3-3)$$

$$\frac{\partial L_{1i}}{\partial FR_{i+1}} = -\frac{\pi_{23}(K_i, L_{1i}, FR_{i+1})}{\pi_{22}(K_i, L_{1i}, FR_{i+1})} \quad (3-4)$$

$$\frac{\partial L_{2i}}{\partial FR_{i+1}} = -\frac{\pi_{33}(L_{2i}, FR_{i+1})}{\pi_{34}(L_{2i}, FR_{i+1})} \quad (3-5)$$

由于 $\pi_{11}(K_i,L_i,FR_{i+1})$、$\pi_{22}(K_i,L_i,FR_{i+1})$、$\pi_{34}(L_{2i},FR_{i+1})$ 是小于 0 的，倘若 $\pi_{13}(K_i,L_{1i},FR_{i+1})$、$\pi_{23}(K_i,L_{1i},FR_{i+1})$、$\pi_{33}(L_{2i},FR_{i+1})$ 是大于 0 的，则 $\frac{\partial K_i}{\partial FR_{i+1}}$、$\frac{\partial L_i}{\partial FR_{i+1}}$、$\frac{\partial L_{2i}}{\partial FR_{i+1}}$ 是大于 0 的，则可认为当产权增强时，林农林业长期资本投入、林业劳动力投入、非农就业劳动力投入也会增加。

当新一轮集体林权制度改革确权时，林农会有更高的积极性对其持有林地进行细致改造，从而促进林农收益的提高。若林地产权是不安全的时，假设林农有 p 的可能丧失经营权，则在第 $i+1$ 年失去的概率为 $(1-P)^{i+1}$，则林农在这一年的收入应为：

$$PV(K_i,L_{1i},L_{2i},FR_{i+1})=[1-p(FR_{i+1})]F(L_{1i},L_{2i},FR_{i+1}) \quad (3-6)$$

式（3-6）中，$F(K_i,L_{1i})$、$F(L_{2i})$ 为投入实物回报，此处假设林农丧失林权后失去全部收益且其投入成本与 R_{i+1} 独立，则对应的净现值应分别为：

$$PV_{13}=-p(R_{i+1})F'(K,L_{1i},L_{2i}) \quad (3-7)$$

$$PV_{23}=-p(R_{i+1})F'(K,L_{1i},L_{2i}) \quad (3-8)$$

$$PV_{33}=-p(R_{i+1})F'(K,L_{1i},L_{2i}) \quad (3-9)$$

由于式（3-7）、式（3-8）、式（3-9）应大于 0，则相应的 $\pi_{13}(K_i,L_i,FR_{i+1})$、$\pi_{23}(K_i,L_i,FR_{i+1})$、$\pi_{33}(K_i,L_i,FR_{i+1})$ 大于 0，即 $\frac{\partial K_i}{\partial FR_{i+1}}$、$\frac{\partial L_i}{\partial FR_{i+1}}$、$\frac{\partial L_{2i}}{\partial FR_{i+1}}$ 是大于 0 的，则可认为当新一轮集体林权制度改革确权产权增强时林农林业长期的资本投入、林业劳动力投入、非农就业劳动力投入均会增加。

根据产权经济学理论，土地产权包含所有权、使用权、收益权和处置权等权利束以及各项权利束的稳定性或安全性（Schlager, et al., 1992）。而从林权结构来看，林权可以划分为林地使用权、林地收益权、林地抵押权、林地流转权（张英、宋维明，2012）等。相互关联的各林权要素系统地影响最为能动的生产要素——劳动力从事生产的积极性和能动性，进而影响收益预期与行为决策，并最终反映到森林资源状况上（马贤磊，2008；张建龙，2017；刘璨、张永亮，2017）。通过赋予林农完整且明晰的集体林权，能够产生"收益效应""产权稳定效应""抵押效应""实现效应"（何文剑、张红霄，

2014；何文剑、王于洋，2019）等。

对于使用权，林农现期拥有的林地面积越大、期限越长，即林地使用权越稳定，越会提高林农现期投资在未来实现市场价值的信心，进而刺激林农加大林业投资、延长砍伐时间，即产生林权稳定效应。对于林地收益权，林农一方面可直接通过林地收入、耕地收入、非农就业收入、政府补贴等对林农带来直接收益效应；另一方面通过生产要素配置获得的这部分收益会反向激励投资，进而产生投资激励所带来的间接收益效应。对于抵押权，完备的林地抵押权为林农获得更多的抵押款形成保障，满足林农资金需求，刺激其加大造林管护投入，进而产生林权抵押效应。而对于流转权，林农可将林地林木作为资产性资源予以流转，减少投资风险和不确定性，降低产权交易成本，激励林农投资林地、减少对森林资源的破坏，进而产生林权实现效应。

总结来说，林农对产权稳定性和产权安全性产生一定的感知后，通过收益效应与保证效应获得林地收益、抵押效应降低营林风险、实现效应延迟林木采伐决策，进而加大其造林管护、增加在林地上的生产费用投入以及劳动力投入、减少其毁林弃地的意愿、促进森林面积的不断增加。

同时，在新一轮集体林权制度改革实施的过程中，各级政府陆续推行了森林保险、林业补贴、林权抵押贷款（刘璨等，2015；刘浩等，2020）等一系列配套改革政策措施，为林农优化其资源禀赋和重新配置生产要素创造了条件。此外，市场条件、其他相关政策以及林农、村庄的异质性可能影响林农进行生产要素配置的机会成本，在分析集体林权制度改革的影响时同样应将上述因素的动态变化考虑在内。此外，完整且安全的集体林产权能有效降低土地被侵占的概率，减少林农对林地的监管时间，刺激其进行非农就业，进而促进林农非农就业收入的增长（Xu and Hyde，2019）。

②新一轮集体林权制度改革及相关配套措施对产出的影响。新一轮集体林权制度改革及相关配套措施主要通过影响林农的投入情况进而间接作用于产出情况。

制度环境所产生的报酬（激励）结构是影响决策者行为配置的关键。新一轮集体林权制度改革作为林业制度环境的重要组成部分。它赋予了林农完整的林地权力，与单项权利不同，这种兼具排他性和完备性的集体林产权结构,不仅为林农提供了更清晰的行为边界与更复杂的选择集合,也为林农重新调整靠劳动力和生产费用结构提供了动力。在其他条件保持不变的情况下,劳动力和生产费用也就更为密集地投入林地,提高了林业的集约经营程度,改变林农报酬结构,进而影响林农投入行为,并最终反映在森林资源状况上(刘浩等,2021)。新一轮集体林权制度改革及相关配套措施对森林资源影响的理论机制见图 3-2。

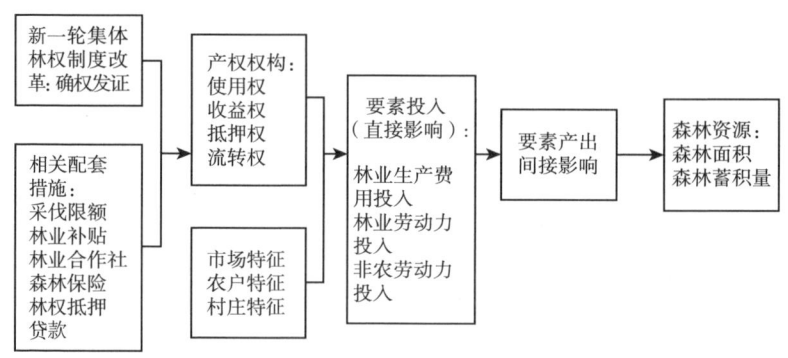

图 3-2 新一轮集体林权制度改革及相关配套措施对森林资源影响的理论机制

借鉴已有研究(Zhang and Pearse,1996;Beach et al.,2005;Alig et al.,1990;刘璨等,2015),在本项目的研究中,把产权界定为一束产权(Brasselle et al.,2002;Schlager et al.,1992);把相关林业政策界定为若干政策结构,t 年没有实施某项政策则赋予此政策变量值 =0。我们把影响林农生产要素决策的因素划分为 7 个类别。

在 t 年,林农投入的生产费用为 K_t、劳动力投入 $L_t = (l_{1t}, l_{2t})$(张寒,2018;何文剑,2019),集体林产权的确权为 FR_{it}、相关林业政策 $X_{it} = (x_{1t}, x_{2t}, x_{3t}, x_{4t})$(胡慧敏等,2011;黄鑫春,2015;刘浩,2020)、市场特征 $M_{it} = (m_{1t}, m_{2t}, m_{3t})$(刘浩等,2020),经营主体特征变量 $FC_{it} = (fc_{1t}, fc_{2t}, fc_{3t}, fc_{4t}, fc_{5t})$ 和村庄自然与社会特征变量 $VC_{it} = (VC_{1t}, VC_{2t})$(王洪玉,2009;尹航、徐晋涛,2010)。

其中,i 代表产出类型,t 代表年份,Y_{it} 代表产出,主要包括森林蓄积量、林地面积;K_t 代表农户资本,主要指林业生产费用;l_{1t} 和 l_{2t} 分别代表林业劳动力投入和非农就业劳动力投入；FR 代表确权与否，若确权，$\theta=1$；否则 $\theta=0$；X 表示林业重点工程中的相关林业政策，x_{1t}、x_{2t}、x_{3t}、x_{4t}、x_{5t} 分别为采伐限额、林业补贴、林业合作社、森林保险、林权抵押贷款（是 =1；否 =2）；M 代表市场特征，m_{1t}、m_{2t}、m_{3t} 分别代表劳动力价格指数、木材价格、央行一年期存款基准利率；FC 代表林农特征，fc_{1t}、fc_{2t}、fc_{3t}、fc_{4t} 分别表示林农年龄、林农受教育年限、林农家庭年现金收入、户主是否为村干部（是 =1；否 =2）、林农家庭年现金收入；VC 代表村级特征，VC_{1t} 表示村庄到县城的距离，VC_{2t} 表示村庄道路硬化。

拟采用扩展 Cobb – Douglas 函数形式（C. Liu, 2019），其相应的表达式为：

$$Y_{it} = F(K, L, X, FR, M, FC, VC) \tag{3-10}$$

以上 7 类因素都将被追求利润最大化的林农所使用，其对森林产出的边际贡献等于其边际成本，每一个都将是其在 Y 中的变量的函数。例如，对于生产费用：

$$K = g_1(K, L, X, FR, M, FC, VC) \tag{3-11}$$

劳动投入、确权与否、林业相关政策、市场特征林农特征、村级特征的通用方程式与以上方程类似：

$$L = g_2(K, L, X, FR, M, FC, VC) \tag{3-12}$$

$$FR = g_3(K, L, X, FR, M, FC, VC) \tag{3-13}$$

$$X = g_4(K, L, X, FR, M, FC, VC) \tag{3-14}$$

$$M = g_5(K, L, X, FR, M, FC, VC) \tag{3-15}$$

$$FC = g_6(K, L, X, FR, M, FC, VC) \tag{3-16}$$

$$VC = g_7(K, L, X, FR, M, FC, VC) \tag{3-17}$$

式（3-10）中，分别对 K、L 分别求偏导，得 $k = \frac{\partial Y}{\partial K} > 0$，$l = \frac{\partial Y}{\partial L} > 0$，故生产可能性曲线向外凸。图 3-3 简略地描述了通过新一轮集体林权改革及相关配套措施促使林农增加林业投入而使生产可能性曲线右移的情形。

式（3-13）中，Y_1、Y_2、Y_3 分别是不同林业生产费用投入和劳动力投入组合下的生产可能性曲线。Y_1 表示较少的林业费用投入和较多的林业劳动力

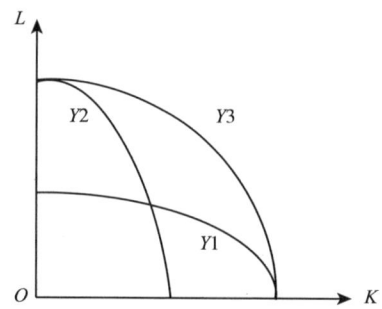

图 3-3　林地生产费用投入与劳动力投入作用下的林地生产可能性曲线

投入的产出情况,Y_2 表示较多的林业费用投入和较少的林业劳动力投入的产出情况,Y_3 表示同时增加林业生产费用与林业劳动力投工,从而使生产可能性曲线右移,因而是集体林权制度改革所应追求的目标状态。

总的来说,新一轮集体林权制度改革及相关配套措施,赋予了林农林地收益权、抵押权、采伐权、流转权等,林农基于这些权利束,产生对林权安全性与完整性的感知。其通过收益效应与保证效应获得林地收益,通过抵押效应降低营林风险,通过实现效应延迟林木采伐决策,进而加大造林管护,减少毁林弃地的意愿,不断加大林地生产要素如生产费用和劳动力的投入,对林地面积、森林蓄积、森林覆盖率、林种、林龄等产生影响,促进森林资源数量的增加和质量的提高(Zhang et al.,2001)。与此同时,劳动力非农转移增加了林农的非农收入,提高破坏森林资源的劳动机会成本,降低林农毁林开荒意愿,减少了人为影响对森林资源的破坏。

③劳动力转移对经营过程中的劳动力投入和资金投入的调节效应。由于城乡收入水平的差距、对未来工作的预期等原因,农村劳动力转移到城市已经成为一种普遍现象(何微微等,2013)。从劳动力转移距离来看,当前非农就业分为本地务工和外出务工,其中外出务工相比本地务工时间更长、距离更远,这导致农户没有能力对林地进行管护并对林业的劳动力投入产生负面影响。由于林地经营具有季节性,因而不需要持续性的劳动投入,本地务工的劳动力仍可以有效地管护林地(肖慧婷等,2018)。从劳动力转移的性别视角来看,男性劳动力转移后,剩余劳动力如女性和老人会代替男性成为经营林地的主要劳动力供给(盖庆恩等,2014)。大部分农户同时经营农地和林

地，相较于农地经营，剩余劳动力更偏向选择对劳动量和劳动时间要求较小的林地，从而增加林地的劳动力投入。所以劳动力转移对林地劳动力投入的关系仍待检验。劳动力转移到边际收益更高的行业后会增加农户的家庭收入，分配给林地经营的资金增多，形成了资金回流模式（廖文梅等，2015）。若非农就业的收入没有用于林地生产经营而是用于非生产性消费等，劳动力转移将不会影响林地资本投入（徐静文等，2021）。

综合以上分析，本书提出两点研究假说。

H4：集体林权制度改革促进了农户经营过程中的劳动力和资金投入。

H5：劳动力转移对经营过程中的劳动力和资金投入具有正向或负向的影响。

（2）实证结果分析。

①模型构建。根据以上理论机制，先分别针对劳动力投入和资本投入构建基准回归模型，检验集体林权制度改革对农户投入的影响。再构建调节效应模型，检验劳动力转移对农户投入的调节作用。基准回归模型如下：

$$Y_{it} = a + \beta_1 X_{it} + \beta_2 \sum X'_{it} + \mu_{it} \quad (3-18)$$

式（3-18）中，Y_{it}表示农户在 t 时期的投入，分为劳动力投入和资本投入，X_{it}为农户确权与否，是本书研究的关键变量，若确权则为1，否则为0，用来观测集体林权制度改革的成效。X'为控制变量，主要包括农户特征、家庭特征、林地特征、村级特征、市场特征和政策因素等，a 为截距项，μ_{it}为随机误差项。

为了检验劳动力转移对资金和劳动力投入是否具有调节效应，构建以下模型

$$Y_{it} = a + \beta_1 X_{it} + \beta_2 X_{it} * LT_{it} + \beta_3 LT_{it} + \beta_2 \sum X'_{it} + \mu_{it} \quad (3-19)$$

式（3-19）中，LT_{it}表示 t 时期劳动力转移情况。

②结果分析。

A. 集体林权制度改革对资本投入的影响。表3-15中模型1分析了核心解释变量即林地确权与否对资本投入的影响，模型2到模型6逐步加入控制变量如农户特征、家庭特征、林地特征、村级特征、市场特征和政策因素。

模型1中林地确权系数为0.162，并且在10%的显著性水平上显著，表明集体林权制度改革带来的林地确权促进了农户的资本投入。模型2和模型4加入了控制变量后，林地确权与否的系数有所波动，但变化幅度较小并且仍在10%的显著性水平上显著，表明该结果通过了稳健性检验。控制变量中家庭人口数对资金投入有负向影响，家庭劳动力总数对林业资金投入有正向影响，当家庭人口数越多时，家庭资金将更多地用于非生产性消费，挤占了林业资金投入，但家庭劳动力更多地投入林地经营时会相应地增加农户对资金的投入。

表3-15　集体林权改革对资本投入的影响

变量名称	Model 1	Model 2	Model 3	Model 4	Model 5	Model 6
核心解释变量						
林地确权	0.162* (0.067)	0.112* (0.085)	-0.157 (0.226)	0.183* (0.060)	-0.195 (0.135)	-0.128 (0.335)
控制变量						
户主特征						
年龄		0.008 (0.396)	0.005 (0.560)	0.005 (0.560)	0.005 (0.601)	0.000 (0.987)
性别		-0.968* (0.070)	-0.961* (0.070)	-0.928* (0.080)	-0.768 (0.145)	-0.756 (0.151)
户主是否干部		-1.067*** (0.000)	-1.103*** (0.000)	-1.080*** (0.000)	-1.060*** (0.000)	-1.163*** (0.000)
受教育年限		0.110 (0.681)	0.004 (0.873)	0.003 (0.909)	-0.003 0.923	-0.001 (0.958)
家庭特征						
家庭人口数			-0.209*** (0.000)	-0.219*** (0.000)	-0.210*** (0.000)	-0.191*** (0.001)
家庭劳动力总数			0.252*** (0.000)	0.257*** (0.000)	0.248*** (0.000)	0.258*** (0.000)
林地特征						
林地面积				0.002 (0.325)	0.003 (0.205)	0.001 (0.521)
商品林林地面积				0.002 (0.332)	0.002 (0.309)	0.003 (0.142)

续表

变量名称	Model 1	Model 2	Model 3	Model 4	Model 5	Model 6
林地地块数量				0.002 (0.788)	0.003 (0.722)	0.003 0.747
村级特征						
是否硬化路面					-0.036 (0.806)	-0.165 0.268
是否山区					0.482* (0.069)	0.530** (0.045)
距市场距离					-0.030*** (0.000)	-0.030*** (0.000)
市场特征						
农产品价格指数 (2003=1)						-0.023*** (0.000)
木材价格指数 (2003=1)						-1.586*** (0.000)
劳动力价格指数 (2003=1)						-0.154 (0.541)
政策因素						
林业补贴						0.0003* (0.073)
其他工程类补贴						-0.0003 (0.291)

注：***、**和*分别代表估计结果在1%、5%和10%的统计水平上显著，括号中为标准差。

B. 集体林权制度改革对劳动力投入的影响。表3-16检验了集体林权制度改革对农户劳动力投入的影响，模型7到模型12都表明关键变量林地确权与否对劳动力投入具有显著的促进效应，并且通过了稳健性检验。假说1成立。在家庭特征中，家庭人口数显著减少了农户的劳动力投入，当家庭人口数量增加但没有相应地投入林地经营上，会分散原本投入林地上的劳动力。

表3-16　　　　　集体林权改革对劳动力投入的影响

变量名称	Model 7	Model 8	Model 9	Model 10	Model 11	Model 12
核心解释变量						
林地确权	0.077** (0.027)	0.074** (0.036)	0.062** (0.026)	0.053** (0.049)	0.053** (0.030)	0.050** (0.045)

续表

变量名称	Model 7	Model 8	Model 9	Model 10	Model 11	Model 12
控制变量						
户主特征						
年龄		0.018*** (0.010)	0.017** (0.020)	0.017** (0.015)	0.010*** (0.000)	0.012* (0.082)
性别		-1.233*** (0.004)	-1.260*** (0.003)	-1.238*** (0.003)	-0.010 (0.676)	-1.164*** (0.005)
户主是否干部		1.162*** (0.000)	1.150*** (0.000)	1.185*** (0.000)	0.151*** (0.000)	0.981*** (0.000)
受教育年限		-0.049** (0.024)	-0.051*** (0.019)	-0.051*** (0.020)	0.010*** (0.000)	-0.056*** (0.009)
家庭特征						
家庭人口数			-0.196*** (0.000)	-0.207*** (0.000)	-0.018*** (0.000)	-0.182*** (0.000)
家庭劳动力总数			0.137** (0.012)	0.142*** (0.009)	-0.021*** (0.000)	0.150*** (0.006)
林地特征						
林地面积				-0.004* (0.010)	0.001*** (0.000)	-0.004** (0.031)
商品林林地面积				0.005*** (0.001)	-0.0006*** (0.000)	0.005*** (0.003)
林地地块数量				0.020*** (0.005)	0.003*** (0.000)	0.021*** (0.004)
村级特征						
是否硬化路面					0.135*** (0.000)	0.111 (0.361)
是否山区					0.018** (0.035)	0.849*** (0.000)
距市场距离					-0.0002** (0.032)	-0.018*** (0.000)
市场特征						
农产品价格指数（2003=1）						-0.040*** (0.000)

续表

变量名称	Model 7	Model 8	Model 9	Model 10	Model 11	Model 12
175 木材价格指数 （2003＝1）						－0.384 (0.175)
劳动力价格指数 （2003＝1）						－0.039* (0.849)
政策因素						
林业补贴						－0.00004 (0.778)
其他工程类补贴						－0.00005 (0.817)

注：***、**和*分别代表估计结果在1%、5%和10%的统计水平上显著，括号中为标准差。

综合以上结果发现，农产品价格系数都为负数，并且都在1%的水平上显著，这是因为农户同时拥有农地和林地，当农产品价格上升时，农户倾向于将资金和劳动力投入到经营周期较短收益更快的农业上去。当农户为干部时，显著减少了农户在资金方面的投入，但显著增加了农户在劳动力上的投入。教育年限的增高显著减少了农户在林地上的投入，当农户收到更高的教育时，往往不选择从事林业生产，而是从事其他边际收益更高的行业。教育年限虽然可以促进农户在林地上的资金投入，但结果并不显著。

C. 劳动力转移对资金投入的调节作用。表3－17中林地确权的系数在10%的显著性水平上为负，而林地确权与家庭劳动力转移交互项的系数显著为正，具有调节效应。劳动转移到收益更高的部门有助于农户获取资金，对林业经营形成资本的回流，当农户将外出劳务所获取的资本投入林地经营，将加大每亩林地的日均资金投入量。

表3－17　　　　　　　　劳动力转移资金投入的调节作用

变量名称	Model 16	Model 17	Model 18
核心解释变量			
林地确权	0.162* (0.067)		－0.418*** (0.010)
家庭劳动力转移		－0.325** (0.038)	－0.929*** (0.006)

续表

变量名称	Model 16	Model 17	Model 18
林地确权*家庭劳动力转移			0.730**
			(0.045)
控制变量	已控制	已控制	已控制

注：***、**和*分别代表估计结果在1%、5%和10%的统计水平上显著，括号中为标准差。

D. 劳动力转移对劳动力投入的调节作用。表3-18结果显示林地确权以及其与家庭劳动转移交互项的系数均在5%的显著性水平上显著为正，表明农村劳动力不会带来林地劳动力投入的减少，反而增加了亩均劳动力投入。这说明当家庭主要劳动力（如男性户主）外出务工时，家庭内剩余劳动力会代替其成为林地经营的主要力量。由于劳动力转移促使农户将林地流出，林地流入集中到某个人或某个组织名下，有利于改善由集体林权制度改革中由于分林到户带来的林地细碎化问题，并且林地可以获得更加专业和持续的劳动力投入。

表3-18　　　　　劳动力转移对劳动力投入的调节作用

变量名称	Model 13	Model 14	Model 15
核心解释变量			
林地确权	0.077**		0.199**
	(0.027)		(0.029)
家庭劳动力转移		-0.542***	-1.304***
		(0.000)	(0.000)
林地确权*家庭劳动力转移			0.916***
			(0.002)
控制变量	已控制	已控制	已控制

注：***、**和*分别代表估计结果在1%、5%和10%的统计水平上显著，括号中为标准差。

3.4.4　集体林权制度改革对林地收入影响的实证分析

（1）理论机制分析。本小节的研究目的在于分析和检验集体林权制度改革（以下简称"集体林改"）对森林资源的影响及农户的增收路径分析。一方面，集体林改会直接促进林区森林资源的丰富以及林农的木材收入和竹类收入的增长；另一方面，在作用机制上，集体林改会通过促进林农的资金投入和劳动力投入，从而促进带动农户的其木材收入和竹类收入的增长。

①集体林改对木材、竹类收入的直接影响。已有学者论证发现集体林改之后，林农的经济林销售收入和林下经济收入受到了显著影响（张道胜等，2017；陈梅英等，2017）。一方面，集体林改增加了林农可用于林业经营的土地，为其扩大林业生产规模创造了基本条件（荣庆娇等，2015）；另一方面，集体林改赋予林业经营主体更大的灵活性，并促进经营范围的扩大，如经营主体的生产积极性大幅度提高，从而带动木材、竹类收入的增长（仇晓璐等，2018）。基于以上分析。本书提出以下研究假说。

H6a：集体林改的确权效应直接促进了木材收入的增长。

H6b：集体林改的确权效应直接促进了竹类收入的增长。

②经营主体的资金投入对收入增长的影响。在集体林改背景下，林地的权属与流转得到制度保障，林业经营主体开始发展，经营主体的投资程度开始提高。根据张道胜（2017）的研究发现，2003—2015年，林农的林业投入增长了6.98倍，种植业投入增长了1.89倍，集体林改促进林业经营主体资金投入的显著增长。集体林改能够带动林业相关产业的发展，从而促进劳动力向非农就业转移，对于实行农业劳动与非农业劳动相结合的兼业化经营家庭，集体林改产生"要素替代效应"，使农户的营林投入表现出节约劳动和资本深化的倾向（许时蕾等，2020）。兼业化经营的农户在非农就业中的收入增加，可以为农户累积社会资本，从而促进其对林业经营的资金投入。此外，新型林业经营主体存在较强的林权抵押信贷需求（郭元圆等，2020），而集体林改推动了林地的流转与抵押，有效缓解了新型林业经营主体的信贷约束，从而带动林业经营的资金投入。基于以上分析。本书提出以下研究假说。

H7a：集体林改通过增加农户的资金投入间接对木材收入增长产生影响。

H7b：集体林改通过增加农户的资金投入间接对竹类收入增长产生影响。

③经营主体的劳动力投入对收入增长的影响。集体林改后期，林农对林产品生产的劳动力投入有所增加，农户的积极性有一定程度的提高，经营周期短的林产品的收入效应得到体现（陈梅英等，2017；许时蕾等，2020）。根据集体林改的"产权激励效应"，伴随集体林权制度改革的不断深化，农户的

林地使用权、经营权、流转权和抵押权得到了制度保障,林农对未来的收益有了稳定的预期,这将刺激新型林业经营主体增加了林业生产经营强度,进而将更多的家庭劳动力投入林业生产中(荣庆娇等,2015;Liu et al.,2017a;唐杰等,2020)。集体林权制度改革也会促进农户对林业的劳动天数不断增加,从而促进木材、竹类收入的增长(张道胜,2017)。基于以上分析。本研究提出以下研究假说。

H8a:集体林改通过增加林农的劳动力投入间接对木材收入增长产生影响。

H8b:集体林改通过增加林农的劳动力投入间接对竹类收入增长产生影响。

(2)实证结果分析。

①模型构建。本书主要采用中介效应(mediation effect)模型检验集体林改促进林业经营主体增收的影响路径。构建收入方程实证分析集体林改对新型林业经营主体收入水平的影响,具体的模型如式(3-20)所示。

$$income = \beta_0 + \beta_1 lingai-over-if + \sum_i \gamma_i x_i + \varepsilon \quad (3-20)$$

式(3-20)中,$income$ 为新型林业经营主体收入水平,包括木材收入和竹林收入;$lingai-over-if$ 为集体林改,x_i 为影响收入水平的其他特征变量,包括户主特征、家庭特征、林地特征、村级特征、市场特征和政策因素等控制变量;β_i 和 γ_i 为待估计系数,β_0 为截距项,ε 为随机误差项。

参考温忠麟等(2014)的研究,构建中介效应模型采用逐步法检验集体林改对新型林业经营主体收入水平的间接效应,如式(3-21)、式(3-22)所示。

$$med = \alpha_0 + \alpha_1 lingai-over-if + \sum_i \gamma_i x_i + \mu \quad (3-21)$$

$$income = \theta_0 + \theta_1 lingai-over-if + \theta_2 med + \sum_i \gamma_i x_i + \varphi \quad (3-22)$$

式(3-21)、式(3-22)中,med 为中介变量资金投入和劳动力投入,α_1 为集体林改对资金投入和劳动力投入的影响程度;θ_1 为在控制了资金投入和劳动力投入后,集体林改对新型林业经营主体收入水平的影响;将式(3-20)

第3章　集体林权制度改革及相关政策对投入和森林资源的影响

代入式（3-21）中，就可以得到中间传导机制的间接效应 $\alpha_1 \times \theta_2$，表示集体林改通过资金投入和劳动力收入间接作用于新型林业经营主体收入水平的影响。逐步检验法分为三个步骤。第一步是验证集体林改会影响新型林业与经营主体的收入，即在（3-20）式系数 β_1 显著的基础上，依次检验式（3-21）中的系数 α_1 和式（3-22）中的系数 θ_2。如果至少有1个系数不显著，则进行第二步检验；如果两个系数都显著，则意味着中介效应存在，并进行第三步检验。第二步用 Bootstrap 法直接检验原假设 $\alpha_1 \times \theta_2 = 0$，若检验结果拒绝原假设，说明中介效应成立，然后进行第三步。第三步检验式（3-22）中的系数 θ_2，如果系数 θ_2 不显著，则表明模型存在完全中介效应；如果系数 θ_2 显著，则进一步比较 $\alpha_1 \times \theta_2$ 和 θ_1 的符号；如果符号一致，则意味着存在部分中介效应；如果符号不一致，属于遮掩效应，报告间接效应与直接效应的比例的绝对值 $|\alpha_1 \theta_2 / \theta_1|$。

②结果分析。根据式（3-20）、式（3-21）、式（3-22），本书采用 Stata16 软件对上述作用机制进行回归分析，检验集体林改对林业经营主体收入水平的直接和间接影响。从模型结果来看，模型整体回归结果较好。

一是集体林改对林业经营主体木材收入和竹类收入的直接影响。表3-19、表3-20 分别列出了集体林改对林业经营主体木材收入和竹类收入的直接影响。表3-19、表3-20 中分别共有6个模型，第（1）列为不引入控制变量时，集体林改对林业经营主体木材收入和竹类收入的估计结果。进一步，第（2）~（6）列分别是引入户主特征、家庭特征、林地特征、村级特征、市场特征和政策因素为控制变量后的估计结果。

表3-19 中的结果显示，在未引入控制变量时，集体林改对林业经营主体木材收入的估计系数为0.131，且在1%的水平下显著，在引入主特征、家庭特征和林地特征为控制变量后，集体林改对林业经营主体木材收入的估计系数变小，但依然在10%的水平下显著，在引入村级特征、市场特征和政策因素为控制变量后，集体林改的木材收入的影响系数变大，尤其是在引入市场特征和政策因素为控制变量后，影响系数增加到0.155，且在5%的水平下显著。这表明集体林改显著提高了新型林业主体的木材收入水平，在当前平均收入水平基础上分别提高了15.5%。实证结果验证了假设 H5。第（1）列

为不引入控制变量时，集体林改对林业经营主体竹类收入的估计结果，影响系数为0.990，且在1%的水平下显著；第（2）~（6）列引入控制变量后，集体林改对竹类收入的影响显著下降，可见，集体林改对林业经营主体的竹类收入有一定的直接促进作用。

表3-19　集体林改对林业经营主体木材收入的总效应

变量名称	（1）	（2）	（3）	（4）	（5）	（6）
核心解释变量						
林改	0.131*** (0.035)	0.094*** (0.033)	0.095*** (0.034)	0.065* (0.065)	0.077** (0.035)	0.155** (0.075)
控制变量						
户主特征						
年龄		-0.011*** (0.022)	-0.011*** (0.002)	-0.010*** (0.002)	-0.009*** (0.002)	-0.020*** (0.005)
性别		-0.133 (0.130)	-0.122 (0.132)	-0.089 (0.124)	-0.114 (0.124)	-0.266 (0.267)
户主是否干部		-0.199*** (0.055)	-0.199*** (0.056)	-0.174*** (0.056)	-0.154*** (0.056)	-0.338*** (0.120)
受教育年限		-0.009 (0.007)	-0.009 (0.007)	-0.010 (0.007)	-0.010 (0.007)	-0.024 (0.015)
家庭特征						
家庭人口数			0.010 (0.016)	0.003 (0.016)	0.000 (0.016)	-0.009 (0.033)
家庭劳动力总数			0.021 (0.018)	0.021 (0.018)	0.020 (0.018)	0.046 (0.038)
家庭劳动力转移			-0.135*** (0.044)	-0.118*** (0.044)	-0.122*** (0.043)	-0.275*** (0.092)
林地特征						
林地面积				0.001** (0.001)	0.001** (0.001)	0.004*** (0.001)
商品林林地面积				0.003*** (0.001)	0.003*** (0.001)	0.005*** (0.001)
林地地块数量				0.006*** (0.002)	0.006*** (0.002)	0.007 (0.005)

续表

变量名称	(1)	(2)	(3)	(4)	(5)	(6)
村级特征						
是否硬化路面					-0.117*** (0.039)	-0.206** (0.085)
是否山区					0.155*** (0.054)	0.386*** (0.118)
距市场距离					0.001 (0.001)	0.002 (0.001)
市场特征						
农产品价格指数（2003=1）						0.005 (0.004)
木材价格指数（2003=1）						0.022 (0.176)
劳动力价格指数（2003=1）						-0.324** (0.152)
政策因素						
林业补贴						-0.000* (0.000)
其他工程类补贴						-0.000** (0.000)

注：***、**和*分别代表估计结果在1%、5%和10%的统计水平上显著，括号中为标准差。

表3-20　集体林改对林业经营主体竹类收入的总效应

变量名称	(1)	(2)	(3)	(4)	(5)	(6)
核心解释变量						
林改	0.990*** (0.123)	0.031 (0.096)	-0.018 (0.099)	-0.049 (0.100)	0.026 (0.100)	0.080 (0.102)
控制变量						
户主特征						
年龄		-0.046*** (0.008)	-0.046*** (0.008)	-0.044*** (0.008)	-0.036*** (0.008)	-0.035*** (0.008)

续表

变量名称	(1)	(2)	(3)	(4)	(5)	(6)
性别		-0.627 (0.435)	-0.472 (0.440)	-0.453 (0.438)	-0.395 (0.436)	-0.419 (0.434)
户主是否干部		-0.900*** (0.156)	-0.889*** (0.157)	-0.845*** (0.156)	-0.698*** (0.157)	-0.712*** (0.158)
受教育年限		-0.069*** (0.022)	-0.071*** (0.022)	-0.072*** (0.022)	-0.078*** (0.022)	-0.082*** (0.022)
家庭特征						
家庭人口数			0.066 (0.048)	0.042 (0.048)	0.027 (0.048)	0.012 (0.048)
家庭劳动力总数			0.038 (0.054)	0.048 (0.054)	0.032 (0.053)	0.036 (0.053)
家庭劳动力转移			0.005 (0.125)	0.017 (0.125)	0.017 (0.124)	0.021 (0.124)
林地特征						
林地面积				-0.004** (0.002)	-0.003 (0.002)	0.001 (0.002)
商品林林地面积				0.011*** (0.002)	0.010*** (0.002)	0.007*** (0.002)
林地地块数量				0.002 (0.006)	0.001 (0.006)	0.000 (0.006)
村级特征						
是否硬化路面					-0.868*** (0.115)	-0.716*** (0.118)
是否山区					1.316*** (0.263)	1.255*** (0.260)
距市场距离					-0.032*** (0.004)	-0.031*** (0.004)
市场特征						
农产品价格指数 (2003=1)						0.003 (0.005)
木材价格指数 (2003=1)						0.355** (0.228)

续表

变量名称	（1）	（2）	（3）	（4）	（5）	（6）
劳动力价格指数 （2003 = 1）						-1.024*** (0.197)
政策因素						
林业补贴						-0.001*** (0.000)
其他工程类补贴						-0.000 (0.000)

注：***、**和*分别代表估计结果在1%、5%和10%的统计水平上显著，括号中为标准差。

从控制变量估计结果来看，户主年龄对木材收入和竹类收入具有显著影响，可能的原因是随着年龄增大，户主对林地经营越有经验。户主的任职情况对木材收入和竹类收入具有显著影响，可能的原因是任职村干部能给户主带来更多的信息渠道等社会资本，而社会资本的积累会带动木材收入的提高。是否处于山区对木材收入和竹类收入具有显著的正向影响，可能的原因是木材一般生长于山区，位于山区的经营主体拥有更丰厚的自然资源条件和更低的经营成本，从而促进收入的增加。家庭劳动力转移、劳动力价格指数、村庄是否硬化路面对林业经营主体的木材收入具有显著的负向影响，农村劳动力价格的提高和劳动力转移会带来林业经营主体的劳动力投入减少，道路硬化也会在客观上促进劳动力的转移，从而对木材收入起到抑制作用，受教育年限、劳动力价格指数、距市场距离、村庄是否硬化路面对林业经营主体的竹类收入具有显著的负向影响，教育程度越高的人可能会倾向从事非农活动，从而林业经营主体的劳动力投入减少，农村劳动力价格的提高和劳动力转移也会抑制劳动力的投入，从而对竹类收入产生负向影响。竹子相对于木材不易保存，对防腐、防蛀要求比较高，因此农户离市场越远，其运输保存成本越高，农户的竹类收入也会减低，户主性别、家庭人口数、家庭劳动力总数、林地地块数量、政策因素等对林业经营主体木材收入和竹类收入的影响不显著。

二是集体林改对林业经营主体的资金投入与劳动力投入的中介效应检验。根据表3-19和表3-20第（1）列的回归结果可知，集体林改对林业经营主体的木材收入和竹类收入具有显著的正向促进作用，故中介效应的研究前提成立。资金投入中介效应的第一步检验结果如表 3-21 第（1）列所示，集体林改对林业经营主体的资金收入具有显著的促进作用，说明集体林改确实会提高林业经营主体的资金投入。表 3-21 的第（2）~（3）列的结果显示，中介变量资金投入对林业经营主体的木材收入与竹林收入的影响系数分别为 0.096 和 0.255，且均在 1% 的水平下显著。因此可直接进行第三步检验，结果如表 3-21 第（2）~（3）列所示，集体林改对林业经营主体的木材收入和竹类收入均存在显著的正向促进作用，且与 $\alpha_1 \times \theta_2$ 的符号一致。这说明资金投入存在部分中介效应。

表 3-21　　集体林改、资本投入对林业经营主体木材收入与竹类收入的影响效应

被解释变量	（1）	（2）	（3）
中介变量			
林业资本投入 Ln - kinput		0.096 *** （0.011）	0.255 *** （0.015）
核心解释变量			
林改 lingai - over - if	0.308 *** （0.050）	0.049 ** （0.063）	0.393 *** （0.084）
控制变量	已控制	已控制	已控制

三是集体林改、劳动力投入与林业经营主体的收入水平。劳动力投入中介效应的第一步检验结果如表 3-22 第（1）列所示，集体林改对林业经营主体的劳动力收入具有显著的促进作用，说明集体林改确实会提高林业经营主体的资金投入。表 3-22 的第（2）~（3）列的结果显示，中介变量劳动力投入对林业经营主体的木材收入与竹林收入的影响系数分别为 0.027 和 0.075，且均在 1% 的水平上显著。因此，可直接进行第三步检验，集体林改对林业经营主体的木材收入和竹类收入均存在显著的正向促进作用，且与 $\alpha_1 \times \theta_2$ 的符号一致，这说明，资金投入存在部分中介效应。

表 3-22　　　集体林改、劳动力投入对林业经营主体木材收入
与竹类收入的影响效应

被解释变量	（1）	（2）	（3）
中介变量			
林业劳动力投入		0.027*** （0.005）	0.075*** （0.007）
核心解释变量			
林改	1.578*** （0.105）	0.061** （0.064）	0.434*** （0.086）
控制变量	已控制	已控制	已控制

3.4.5　集体林权制度改革背景下新型林业经营主体投入影响因素的实证分析

（1）理论机制分析。在新一轮集体林权制度改革进一步深化的背景下，新型林业经营主体的投入也是森林资源进一步丰富的重要表征变量。而林地流转过程中契约特征是集体林权制度改革过程中政策变量的重要表征变量。因此，本小节重点分析契约特征对新型林业经营主体投入的影响。

不同于农户生产过程中按投资回收期长短来划分长期、短期投资（张建，2019），本节依据流入林地的新型经营主体实际经营情况，将附着在特定地块上的基础设施费用（含维修费用），例如林区道路、水利设施、电力设施、通信设施以及"三防费用"定义为长期投资。这一类型的长期投资资产专用性较强，往往也面临较高的交易成本和不确定性，受到契约特征的影响较大。主体实际生产过程中具体的生产费用和财务费用不在本研究的研究范围之内。

新型林业经营主体转入土地参与市场经营获得利润的同时也承担着较高的交易成本和市场风险。已有研究发现农地产权稳定有助于激励农户长期投资（仇焕广等，2017；应瑞瑶等，2018），然而契约特征对新型林业经营主体长期投资影响的研究还比较少。相比于农户生产经营行为实现自身效用最大化目标，流入林地的工商资本和新型林业经营主体等以实现利润最大化为林地经营的目标，其投资决策取决于成本与收益的比较，即林业生产要素边际

收益不低于所放弃的动态机会成本,新型林业经营主体把生产要素投入集体林经营之中的机会成本就是配置到其他产业的收益(刘璨,2020b)。本研究所指契约特征主要是三个方面:契约期限、契约形式和结构、契约达成的条件。契约特征影响新型林业经营主体的长期投资行为,其根本原因在于契约特征决定了其生产目标是长期利益最大化。

因此,本书构建了一个异质性的新型林业经营主体模型,不同主体面临着不同的流转契约特征,由于流转市场信息不对称普遍面临产权安全约束,流转过程中双方契约特征的不同情形会对主体的投资产生不同程度的影响,假设新型林业经营主体决定对林地进行投入,生产经营遵循利润最大化原则,最优投入策略为:

$$\pi = \max[f(X,K,R,Z) - C(X,K,R,N)] \qquad (3-23)$$

式(3-23)中,$f(X,K,R,Z)$ 为收益的净现值,X 为劳动力投入,K 为资本投入,R 为土地投入,土地投入与其产权结构和契约特征密切相关。Z 为主体负责人特征、新型林业经营主体特征、市场特征等,N 是其他可能的成本。根据 Besley(1995)的研究,设定 R 是非增函数,K 为增函数和凹函数。

①契约期限与长期投资。更长的租赁期限,有利于稳定经营者对土地长期投资的预期。如果契约期限很短,或者干脆不约定期限,随时可以索回土地。这使新型林业经营主体不敢在流转地上进行诸如修缮水利电力设施、维修道路等改善基础设施条件的长期投资。因为如果依附在土地上的资产归佃农所有,那么在解除租佃关系时,就会发生争议。这样足够长的合约就可能是较好的选择(张五常,1967)。国内外众多研究表明,稳定的土地权利将会促进农户对土地的长期投资(Besley,1995;姚洋,1998;Jacoby et al.,2002;部亮亮等,2011;黄季焜、冀县卿,2012;Goldstein et al.,2018)。产权稳定性的提升提高了土地使用的排他性并降低相应的保护成本(Galiani and Schargrodsky,2011);而不稳定的土地产权就如同对农户征收了一种随机税,还可能导致频繁的土地纠纷,影响农户的经营效率,这些不确定的因素大大挫伤了投资的积极性(姚洋,1998)。通过改善土地的交易性功能而产生财产性交易收益效应。安全、稳定的林地流转契约更有利于林地流转市场的发育,主体不用担心现期投资在未来的流转市场中贬值,这有利于增加经营主体对

第3章　集体林权制度改革及相关政策对投入和森林资源的影响

未来市场价值实现的信心，并因此增加长期投资。

基于上述理论分析和式（3-23），可以得出式（3-24），

$$\frac{\partial_K}{\partial_R} = -\frac{\pi_{KR}(K,R)}{\pi_{KK}(K,R)} \qquad (3-24)$$

由于最大值处 $\pi_{KK} > 0$，当产权稳定性上升且 $\pi_{KR} > 0$，则契约时长的上升，会增加新型林业经营主体的投资意愿。因此，本书认为流转契约长期化能提升产权稳定性，进而降低新型林业经营主体的土地成本从而增加其长期投资意愿。基于以上分析，提出 H9：

H9：流转契约中期限越长的林地占比越高，越容易促进新型林业经营主体进行长期投资。

②契约形式和结构与长期投资。本研究中的契约形式主要包括口头契约或者正式契约，契约结构主要是一次性支付合同、分次支付合同和分成合同等结构。契约形式不同，其租期、收益、法律保障效力均不同。因此，对于承租方，其使用权稳定性存在差异。

③契约形式对长期投资的影响。以口头协议为主要形式的关系型合约的实施依赖环境的变化，且不能由第三方（法庭或其他中介）来执行，因而契约的稳定性相对较差。推广书面合同的正式合约，将有效增强土地使用权稳定性，从而可能对土地长期投资行为产生以下两个方面影响。更宽的流转范围，有利于推动土地资源向资源优势方集中。口头协议流转往往发生于比较熟悉的亲邻之间，某种程度上类似于代种，流转的土地与自家土地往往并不相、无法形成规模，因此耕作效率较低、效益很难提高。签订纸质合约的正式流转方式适用范围从村内扩大至村外，流转对象从熟人扩大至陌生人，大量田块从老弱妇女手中流转到能人、专业大户、林业专业合作社甚至林业企业，这将有利于提升专业化、集约化、规模化水平，从而提高林地长期投资行为。

纸质合约往往拥有更长的租赁期限，有利于稳定经营者对土地长期投资的预期。口头协议流转的期限很短，或者干脆不约定期限，随时可以索回土地。这使转入户不敢在流转地上进行诸如修缮水利电力设施、维修道路等改善基础设施条件的长期投资。因为附着在土地上各类投资，可能在土地被索

回时面临难以获得补偿的风险。而正式规范的合约形式以书面形式明确规定了土地流转的期限、流转后的用途、双方违约的责任等,并有村委会作为第三方担保,这有助于稳定承租方流转期限内的投资收益预期,激励其加大对土地的投资,以改善经营条件,提高生产效率。一般而言,流转市场中的书面合约比口头合约更为正式,对租金形式、期限等规定更为详尽,土地经营权更稳定,这一结论暗含的假定条件是合约条款被完全执行。

假定在某个时间 $t+1$,口头合约会被撕毁,其概率为 $\tau(R_t+1)$,而 $\tau(R_t+1) \in [0,1]$,投资的期望回报 $f(X,K,R) = [1-\tau(R_{t+1})]F(k_t)$,$F(k_t)$ 是投资的实际回报率,结合式(3-23),可以得出:

$$f_{KR} = -\tau'(R_{t+1})F'(K_t) > 0 \qquad (3-25)$$

当其他成本独立于 R_{t+1},则 $f_{KR} > 0$。上述分析考虑了口头合约带来的产权不安全性,尤其是口头合同在流转期限、租金、违约条款等方面内容不完善,相较于书面合约并不规范,往往被认为是不稳定的合约关系(罗必良、刘茜,2013)。因此提出如下假设。

H10:流转契约中签订纸质合同的林地比例越高,越容易促进主体进行长期投资。

④契约结构对长期投资的影响。根据马克思的地租理论,级差地租分为级差地租Ⅰ和级差地租Ⅱ。级差地租Ⅰ是由于土地的等级差异(如地理位置、土地肥沃程度等),由较好土地提供的超额利润。级差地租Ⅱ是在同一块土地上连续追加投资,由于劳动生产率不同而获取的超额利润。林地经营者一次性支付给农户10年或20年的租金,在合约期内,追加的投资所获取的利润应当归林地经营者所有。一次性付清租金的形式增强了经营者预期收益的稳定性,因此一次性付清租金的经营者在追加投资(特别是长期投资)方面更具有积极性。

一次性支付合同和分成合同等契约结构影响土地成本,土地成本影响到主体是否流入土地以及土地使用的规模,进而影响到长期投资决策。假定单位土地成本为:

$$R(\theta,\delta) = (1-\theta)\bar{r} + \theta\delta py \qquad (3-26)$$

式(3-26)中 δ 为产品比例分成;当 $\theta = 0$ 是一次性支付合同,而 $\theta = 1$

意味着是产品分成合同。产品分成合同的土地成本是 δpy,而对于一次性支付合同的土地成本是 r。同时利润最大化函数 π 可以描述为价格函数、林地特征、主体特征、负责人特征以及 θ 和 δ 所代表的契约特征,如式(3-27)所示:

$$\pi = \pi(X, K, \theta, \delta, N) \quad (3-27)$$

基于 Hotelling 模型(Akram,2019),对不同契约特征下的新型林业经营主体的林业投入形式如下:

$$K = g_1(X, \theta, \delta, N) \quad (3-28)$$

$$R = g_2(X, \theta, \delta, N) \quad (3-29)$$

式(3-27)至式(3-29)描述了契约特征、主体特征和负责人个人特征以及投入和产出价格,影响着对投入和产出的利润和需求。林地经营者一次性支付给农户 10 年或 20 年的租金,在合约期内,追加的投资所获取的利润应当归林地经营者所有。一次性付清租金的形式增强了经营者预期收益的稳定性。因此,一次性付清租金的经营者在追加投资(特别是长期投资)方面更具有积极性。综上所述,提出 H11。

H11:流转契约中一次性支付合同的林地比例越高,越会促进主体进行长期投资。

⑤契约达成的条件与长期投资。本书所指契约达成的条件主要是指林地流转是否在第三方机构例如林权交易市场达成契约。2008 年,中央一号文件提出"农村土地承包合同管理部门要加强土地流转中介服务,完善土地流转合同、登记、备案等制度",从制度层面明确土地交易条件机构的重要性。本研究所指契约达成的条件主要是指是否在第三方机构例如林权交易市场达成契约。有第三方机构参与的契约有以下几个特点。一是适用范围更广。流转对象从本村熟悉的村民扩大至村外农民及农业企业、农民专业合作社和专业大户等。二是流转价格更高。流转土地的动机,不单纯是防止土地撂荒,也兼顾追求出租收益。三是流转期限更长。约定明确的流转期限,甚至更长时间。四是契约内容更细。在第三方见证下,流转双方签署流转合同,以书面形式明确承包期限、流转费用、支付方式和双方违约责任。第三方机构如林权交易市场相对于小农户具有信息优势,可以降低流转双方的信息搜寻费用;

在林权交易市场小农户和新型林业经营组织进行谈判和签约活动，可以避免新型林业经营主体与众多小农户签订合约，减少农地流转签订合约的费用；通过降低交易费用，更容易实现林地规模经营。转入林地有担保、获得批准地经过流转平台的交易形式保证了经营主体所经营林地受到了第三方机构的监督，这能有效降低主体长期投资行为中的不确定性，有利于主体开展长期投资。

假设投资收益是随机的，收益率为 $g(K)$，$g'(\cdot) > 0$，$g''(\cdot) < 0$，投资有回报的概率为 q。假定在中介机构达成的契约可以为新型经营主体带来更稳定的经营权，那么主体流入土地的成本更低（朱烈夫等，2017）。新型林业经营主体流入土地的成本为 $\rho(R_{t+1})$，且 $\rho' < 0$。此时的利润函数如式（3-30）所示。

$$\begin{aligned} \pi &= \max[f(X,K,R,Z) - C(X,K,R,N)] \\ &= \max[f(X,K,R,Z) - \varpi X - \rho R - rK - N] \end{aligned} \quad (3-30)$$

式（3-30）中，r_t 是新型林业经营主体投资林地的成本，用利率表示；函数 $f(\cdot)$ 是平滑的、递增的和凹的。此时，式（3-30）利润最大化的一阶条件为：

$$g'(k_t) = r_t \quad (3-31)$$

也就是说，资本的边际产出等于利率。

此时主体的利润为式（3-32）所示：

$$\pi(r_t, R_{t+1}) = q(r_t - \rho)g(r_t) + \{(1-q)[\rho(g'^{-1}(r_t)] \\ - \phi(R_{t+1}) - x - \rho g(r_t)\} \quad (3-32)$$

假设资本的固定成本为 C 和 $\prod \pi(r_t, R_{t+1}) < C$，均衡利率 r^* 是主体能够达到收支平衡的最小利率（高于资金的机会成本），即最低利率。因此，$\prod \pi(\cdot, R_{t+1})$ 必须在 R^* 处增加，但此时 $\prod \pi(r_t, \cdot)$ 也在增加。因此，R_{t+1} 的增加降低了均衡利率，而最优投资水平 k_t^* 在 R_{t+1} 中增加。这使 k_t 是 r_t 的递减函数。结合式（3-31）和式（3-32），R_{t+1} 的增加降低了均衡利率，最优投资水平 k^* 随着第三方市场信息透明化，产权不确定性和长期投资不确定的减少而增加。因此提出如下假设。

H12：流转契约中林权交易市场交易的林地比例越高，越容易促进主体进行长期投资。

⑥经营规模与长期投资。现有研究关于林地规模与投入的关系尚未达成一致结论，有一部分学者认为林地面积的增加能够提高农户的投入水平，规模化经营已成为必然选择（张寒等，2017；朱烈夫等，2017）。还有一部分学者持反对意见，认为林地规模经营会对农户投入及效率产生负向影响（李桦等，2015），片面追求林地经营规模的扩大会降低农户的投资水平从而降低土地效能的发挥，大范围推广规模经营不科学。

有学者进一步指出，现阶段林地分散经营具有合理性，因为分散经营条件下林农具有更高的经营热情和投入水平（高立英，2007）。还有一部学者持中性观点，认为林地规模和农户投入高低并不是呈简单的线性关系，林地领域的规模化经营并不一定会带来农户投入水平的提高（孔凡斌、廖文梅，2012）。造成结论不统一的原因可能在于经营主体之间具有异质性，其的地理区位、生计资本以及对未来的预期可能会影响经营者的投入水平。因此，在分析不同契约条件下的长期投资行为时要把林地经营规模因素纳入考虑。

不论是契约长期化、契约形式抑或林权交易市场交易比例，最终都会影响到新型林业经营主体流入土地的规模，而增加转入地面积、扩大经营规模，将可能激发经营者进行诸如修建林区道路、架设水泵等有规模经济特征的土地投资，以期获得规模收益。已有研究证明经营面积的扩大使长期投资行为中单位投入成本的降低，因此长期投资的规模效应明显。长期投资往往具有强烈的规模经济特征，林地合并和地块规模的扩大也将有利于土地投资。但不同于种苗、肥料等生产要素成本的投入，长期投资具备一定的公共物品属性，且随着经营规模的不断扩大，长期投资的公共物品溢出效应越强，公共物品"排他性"使经营者更乐于享受他人投资公共物品所带来的效益（顾天竹等，2017）。因此，在长期投资的规模效应显著之前，公共物品的溢出效应的存在会影响投资者总的长期投资行为，即经营者的长期投资行为会受到地块规模不断影响。由此，提出H13。

H13：林地经营规模越大，契约特征对主体长期投资行为的正向激励作用越强。

图 3-4 为本节的理论框架图，流转契约中经营期限影响长期投资行为的路径分为影响长期经营预期和主体经营成本两条。第一，流转契约中特征越稳定越有助于经营主体形成相对稳定的经营预期，使其能对生产过程有长远的安排，能在一定程度上避免前期投资无法收回现象的发生。第二，流转契约中各项特征通过影响土地成本来影响经营主体的长期投资行为。

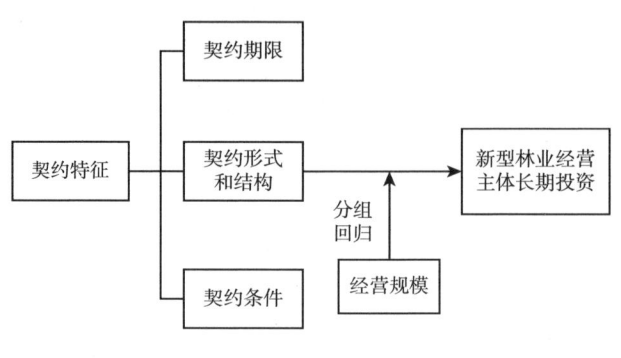

图 3-4　理论框架图

（2）实证结果分析。

①模型构建。基于上述理论分析逻辑，本书将选择与研究目标契合的研究方法。

2008 年以来，在全国范围内推行新一轮集体林地确权和配套改革。由于林业投资的体量大、周期长、风险高，与其他行业相比的相对收益低，因此目前新型林业经营主体的投资积极性不高，在国家林业和草原局发展研究中心对样本省份进行的实地调研中，观察到有一些新型林业经营主体尚未对林地进行长期投资，即主体的长期投资金额中存在较多零值，即"长期投资金额"在 0 处估计存在"左截尾"，左偏较严重。为避免 OLS 回归估计造成的不一致问题，因此本书采取 tobit 模型来进行回归。同时，为了进一步保障回归结果的稳定性，还将使用多元有序 logit 模型对分类后的长期投资额做进一步检验。

需要先检验契约特征对主体长期投资的影响，因此设置契约特征对主体长期投资影响的模型。

第3章 集体林权制度改革及相关政策对投入和森林资源的影响

$$Y = \beta_0 + \beta_1 Contract_1 + \beta_2 Contract_2 + \beta_3 Contract_3 + \beta_4 Contract_4 + \beta_5 E + \varepsilon \tag{3-33}$$

式（3-31）中，Y 表示主体的长期投资行为，$Contract_i$ 表示相关契约特征变量组成的矩阵，E 表示由控制变量组成的矩阵，包括负责人个人特征、林地规模特征和主体经营其他特征等变量。β_0 为常数项，β_1、β_2、β_3、β_4 和 β_5 分别为待估计系数，ε_i 为误差项，并假设满足标准正态分布。

上式对契约特征与长期投资行为之间的关系进行了基准回归分析，而主体的经营规模也会对两者之间的关系产生影响，因而有必要进行进一步异质性分析。因此，设置不同经营规模面积下契约特征对长期投资行为影响的回归模型。根据抽样调查主体的经营规模实际分布规律，将主体规模分为 1000 亩以上、1000~3000 亩、3000 亩及以上这三个类别，分别用 Y_1、Y_2、Y_3 表示。不同经营规模下的模型设置如式（3-34）至式（3-36）所示，接着分别对这三个规模类别下契约特征对长期投资行为进行回归，并将模型系数进行比较以区分规模异质性背景下契约特征对长期投资行为的影响。

$$Y_1 = \beta_0 + \beta_1 Contract_1 + \beta_2 Contract_2 + \beta_3 Contract_3 + \beta_4 Contract_4 + \beta_5 E + \varepsilon \tag{3-34}$$

$$Y_2 = \beta_0 + \beta_1 Contract_1 + \beta_2 Contract_2 + \beta_3 Contract_3 + \beta_4 Contract_4 + \beta_5 E + \varepsilon \tag{3-35}$$

$$Y_3 = \beta_0 + \beta_1 Contract_1 + \beta_2 Contract_2 + \beta_3 Contract_3 + \beta_4 Contract_4 + \beta_5 E + \varepsilon \tag{3-36}$$

②结果分析。在理论分析的基础上，本书使用 Stata15 对样本数据进行回归估计，对提出的假说进行验证。

a. 契约时长对长期投资的影响：基准回归。

本小节选取契约时长对长期投资行为理论分析为理论模型，选取主体长期投资金额作为因变量，以变量定义表中的契约时长以及各类控制变量作为自变量，具体回归结果如表 3-23 所示。其中，模型 1 是单独纳入林地转入比例的回归模型，模型 2 则重点关注契约时长特征变量，模型 3 则把所有变量一并纳入模型。系数的权重和符号在两种类型的模型中是一致的，表明研究结果是稳健的。

由模型1至模型3可知,林地租入比例对主体长期投资没有显著影响,这与现有研究中有关流转对土地投资影响的部分结论有些许不一致(杨柳等,2017),现有研究认为自有地上的长期投资会略高于转入地。与既有结论不一致的可能原因是与普通转入农户的土地流转比例偏低不同,主体的出现与发展都是建立在土地流转的基础之上,转入比例均偏高,因此转入比例对其长期投资行为没有影响。借鉴已有文献的思路(张建等,2019),在转入比例基础上的不同流转类型可能会对长期投资行为产生影响。

由模型2和模型3可知,契约时长对主体的长期投资行为具有显著的正向影响,并在1%的统计水平上显著。这与现有研究的结论具有一致性(邹宝玲等,2016;耿鹏鹏,2021),相比于短期合同,林地流转长期合同的规则变化较小,重新谈判的次数较少,后期履约过程中交易成本较低。长期的流转合同可以避免承租期内林农机会主义行为导致的"敲竹杠"问题,为主体经营土地提供稳定的预期,有利于主体经营者进行生产长期投资。这也符合契约理论中关于契约期限长短及其所决定的行为预期对稳定性产生重要影响。流转的长期契约是产权稳定性在时间维度上的反映,不确定的契约期限和过短的契约期限都会对主体的长期投资行为产生不利影响,容易造成主体在生产上的短期行为。由模型3可知,控制变量中林地细碎化对长期投资行为具有显著的负向影响。而政策补贴金额对长期投资行为有显著的正向影响。契约时长对长期投资的影响:基准回归见表3-23。

表3-23　　　　契约时长对长期投资的影响:基准回归

变量代码	模型1	模型2	模型3
rentrate	1.946 (0.708)	1.105 (0.733)	0.638 (0.735)
rentyear		0.049*** (0.013)	0.051*** (0.013)
duties			0.705 (0.806)

续表

变量代码	模型1	模型2	模型3
gender			0.118 (0.833)
age			0.029 (0.025)
edu			0.025 (0.102)
parcelization			-0.001*** (0.000)
eco			-0.003 (0.001)
C1			-2.891*** (1.041)
C2			-0.082 (1.337)
C3			0.728 (0.835)
asset			0.023 (0.294)
profit			0.972 (0.024)
policy			0.768 (0.591)
policycash			0.266** (0.131)
province			0.096 (0.112)
常数项	3.936** (0.415)	3.228** (0.449)	1.759 (1.944)
观测值	485	485	485
Adj R-squared	0.0133	0.0403	0.0904

注：***、**和*分别代表估计结果在1%、5%和10%的统计水平上显著，括号里为标准差。

b. 契约形式、条件对长期投资的影响：基准回归。

本小节选取契约形式、条件对长期投资行为理论分析为理论模型，选取主体长期投资金额作为因变量，以变量定义表中的契约形式、契约条件以及各类控制变量作为自变量，具体回归结果如表3-24所示。其中，模型4是单独纳入林地转入比例的回归模型，模型5至模型8重点关注契约形式、契约条件等特征变量对长期投资的影响。

模型5和模型6显示，契约特征中签订纸质合同的比例对林地长期投资行为具有显著的促进作用，且在10%的统计水平上显著。口头约定合同比例对林地长期投资行为具有显著的负向作用，且在1%的统计水平上显著。在实际林地流转过程中，在由血亲、熟人搭建的"乡土社会"中，口头约定往往是农村社会契约表达的主要形式，因为农户之间交易更注重人情，而非利益与效率。但相比于签订纸质合同，口头约定在流转期限、租金等方面没有明确规定，主体在经营过程中往往倾向于采取书面契约形式以稳定自己的经营权。因此，流转合约的纸质化能给予主体长期投资一颗"定心丸"，能显著促进主体在基础设施上的长期投资行为。

模型7显示契约特征中，林权交易市场比例对林地长期投资行为具有促进作用。这与现实调研情况一致，在林权交易市场的见证下，新型林业经营主体与林地承包方签署流转合同，以书面形式明确承包期限、流转费用、支付方式和双方违约责任。在此基础上，新型林业经营组织进行谈判和签约活动，可以避免新型林业经营主体与众多小农户签订合约，减少农地流转签订合约的费用；通过降低交易费用，更容易实现林地规模经营。转入林地有担保、获得批准地经过流转平台的交易形式保证了经营主体所经营林地受到了第三方机构的监督，这能有效降低主体长期投资行为中的不确定性，有利于主体开展长期投资。

模型8显示，契约特征中租金一次性支付比例对林地长期投资行为具有促进作用。新型林业经营主体一次性支付农户10年或20年的租金，一次性付清租金的形式增强了经营者预期收益的稳定性。因此，一次性付清租金的经营者在追加投资特别是长期投资方面更具有积极性。一次性支付合同和分成合同等契约结构影响土地成本，土地成本影响到主体是否流入土地以及土地使用的规模，进而影响到长期投资决策。

表 3-24　契约形式、条件对长期投资的影响：基准回归

变量代码	模型 4	模型 5	模型 6	模型 7	模型 8
$rentrate$	1.947 (0.711)	1.026 (0.959)	1.795 (0.716)	1.912 (0.862)	0.615 (0.985)
$Stabe1$		-2.383*** (0.786)			
$Stabe2$			1.544* (1.291)		
$Stabe3$				0.211* (0.129)	
$Stabe4$					0.036** (0.014)
$province$	0.031 (0.113)	0.032 (0.114)	0.096 (0.112)	0.016 (0.114)	0.077 (0.058)
控制变量	已控制	已控制	已控制	已控制	已控制
常数项	3.923*** (0.628)	5.737 (0.863)	1.759 (1.944)	3.931 (0.627)	0.503 (2.154)
观测值	485	485	485	485	485
Adj R-squared	0.0113	0.0278	0.0904	0.0141	0.0961

注：***、**和*分别代表估计结果在1%、5%和10%的统计水平上显著，括号里为标准差。

c. 契约特征对长期投资的影响：分组回归。

已有文献中在分析林地经营规模对经营行为的影响中，往往采用将林地面积分类后分组进行回归。以上部分对契约特征与长期投资行为之间的关系进行了基准回归分析，而主体的经营规模会对两者之间的关系产生影响，因此有必要做进一步异质性分析，因此设置不同经营规模面积下契约特征对长期投资行为影响的回归模型。模型9和模型10为经营规模在0—1000亩范围的主体回归结果，模型11和模型12为经营规模大于1000—3000亩范围内的主体回归结果，模型13、模型14为经营规模大于3000亩的主体回归结果。分别对以上三个规模类别下的契约特征对长期投资行为模型系数进行比较，以区分规模异质性背景下契约特征对长期投资行为的影响。

模型9中租期年限对长期投资行为的影响不显著，模型11和模型13中租期年限对长期投资行为在5%和10%的统计水平上显著。这意味着林地经营

规模的增长影响租期年限对长期投资行为的正向影响,规模越大,正向激励作用越显著。模型10、模型12和模型14中口头协议比例对长期投资行为的影响都呈现显著的负向影响,不受林地规模的异质性影响。

模型10中林权市场交易比例对长期投资行为没有显著影响,但模型12和模型14中其对长期投资行为呈显著正向影响,这意味着林地经营规模会增强林权交易市场比例对长期投资行为的正向投资激励效应,即林地实际经营规模会影响流转中契约交易条件对长期投资行为的影响。具体而言,面对交易过程中在林权市场交易的情况,如果主体的经营规模较大,会增强投资行为的预期收益,从而进一步促进主体的长期投资行为。模型10中租金一次性付清比例对长期投资行为没有显著影响,在模型12和模型14这一变量对长期投资有显著影响,林地经营从中发挥规模效应。契约特征对长期投资的影响:分组回归见表3-25。

表3-25 契约特征对长期投资的影响:分组回归

变量代码	模型9	模型10	模型11	模型12	模型13	模型14
$rentrate$	0.704 (1.241)		1.413 (2.819)		1.272 (1.475)	
$rentyear$	0.096 (0.992)		0.022** (0.015)		0.018* (0.137)	
$Stabe1$		-1.038* (1.136)		-3.509* (2.143)		-2.666** (1.081)
$Stabe3$		0.704 (1.429)		1.337* (0.820)		1.433* (1.175)
$Stabe4$		0.026 (0.134)		0.789** (2.213)		0.199* (0.591)
$province$	0.209 (0.142)	0.033 (0.068)	0.249 (0.304)	0.026 (0.283)	0.719 (1.238)	0.346 (0.396)
控制变量	已控制	已控制	已控制	已控制	已控制	已控制
常数项	4.840 (3.038)	0.723 (1.363)	4.840 (3.038)	1.328 (6.954)	3.263 (4.876)	0.701 (0.533)
观测值	304	304	82	82	99	99
Adj R-square	0.072	0.130	0.113	0.102	0.144	0.166

注:***、**和*分别代表估计结果在1%、5%和10%的统计水平上显著,括号里为标准差。

第 3 章　集体林权制度改革及相关政策对投入和森林资源的影响

d. 稳健性检验。

为了进一步保障回归结果的稳定性，表 3-26 使用多元有序 logit 模型对分类后的长期投资额做进一步的检验。按照长期投资额大小，将主体的长期投资金额划分为四个组别，分别为投资金额 0~10000 元、10001~50000 元、50001~100000 元和 100000 元及以上。如果表 3-26 中的相关核心自变量通过了显著性检验，即其促进了主体的长期投资，则提供了与上表拟合结果相对一致的证据。模型 16、模型 17 分别表示租期年限、口头协议比例对长期投资的影响，模型 18、模型 19 和模型 20 则把签订纸质合同的比例、林权市场交易比例、租金一次性付清比例分别与控制变量纳入模型中进行稳健性检验。模型 16 中租期年限通过了显著性检验，即正向促进了主体的长期投资。在模型 17 至模型 20 中，契约形式中其他特征也通过了显著性检验。

表 3-26　　　　　　　　稳健性检验：替换模型法

变量代码	模型 15	模型 16	模型 17	模型 18	模型 19	模型 20
$rentrate$	2.068 (0.242)	1.852 (0.249)	0.606 (0.299)	1.129 (0.264)	1.032 (0.348)	0.577 (0.349)
$rentyear$		0.018** (0.041)				
$Stabe1$			-2.195*** (0.277)			
$Stabe2$				1.083** (0.393)		
$Stabe3$					0.350* (0.306)	
$Stabe4$						0.946** (0.426)
地区变量	已控制	已控制	已控制	已控制	已控制	已控制
控制变量	已控制	已控制	已控制	已控制	已控制	已控制
观测值	485	485	485	485	485	485
Pseudo R^2	0.0697	0.0806	0.1303	0.0699	0.1736	0.1522

注：***、**和*分别代表估计结果在 1%、5% 和 10% 的统计水平上显著，括号里为标准差。

（3）结论与政策启示。新型林业经营的资金投入势必会对集体林区森林资源的影响起着积极的促进作用。因此，研究新型林业经营主体投入的影响因素对森林资源的丰富具有重要的政策意义和现实意义。本小节根据全国层面的 485 个新型林业经营主体调查数据，在国家提出加快培育新型林业经营主体发展背景下，基于契约特征视角，详细地描述了主体长期投资行为与林地经营结构，运用 tobit 模型从契约特征的三个维度分析其对长期投资行为的影响，同时关注林地总体经营规模对主体投资行为的异质性，并运用多元有序 logit 模型对分类后的长期投资额进稳健性检验。研究结论如下：样本主体 2015—2018 年长期投资呈年度上升趋势。林地租入比例对主体长期投资没有显著影响。契约特征中契约时长、签订纸质合同比例、林权交易市场比例、租金一次性支付比例对主体的长期投资行为具有显著的正向影响。口头约定合同比例对林地长期投资行为具有显著的负向作用。林地经营规模会增强租期年限、林权交易市场比例和租金一次性付清比例对长期投资行为的正向投资激励效应。使用多元有序 logit 模型对分类后的长期投资额回归通过了稳健性检验，提供了与上述拟合结果一致的证据。

第一，新一轮集体林权制度改革被视为维护林地产权稳定最为重要的制度安排，对于促进农户进行林地流转发挥了积极作用。林地的有序流转是新型林业经营主体实现规模化集约化经营的重要前提，实践中主体与农户流转土地的契约时长、契约结构等都会影响新型林业经营主体对产权稳定性的预期。短期契约、非正式契约易于产生毁约行为或需要对不完全合约进行多次反复谈判，这提高了新型林业经营主体的交易成本。因此，林业部门需要完善林地流转过程中的相关政策细节和奖补细则，保障集体林权流转各方的利益，通过提升预期收益刺激新型林业经营主体的长期投资。

第二，要继续完善规范林地流转市场，加强林业产权交易的规范管理，提高林地流转正规化程度，以稳定的契约形式保障转入林地的新型林业经营主体经营权产权预期，建立国家与市场之间必要的"法律—经济联系"，进而影响集体林权流转的收益。收益是林业经营主体从事林业的动力，是其开展林业长期投资的充分条件，影响投资收益的相关政策因素将直接作用于新型林业经营主体的长期投资行为。

第三，契约特征对不同林地规模的新型林业经营主体长期投资的作用不同。稳定长期的契约对大规模流入林地的新型经营主体的林业长期投资能产生较为显著的影响。由于林地规模较大，具有实现林业规模经济的潜力，因此更愿意在林区基础设施建设等方面进行更长期的投资，稳定的契约给他们带来的林地权属安全性更大。鼓励集体林权流入方参与集体林区基础设施建设，给予适当的财政补贴，并到期折价返还。将林区道路水电、通信等基础设施建设纳入各级政府经济社会发展规划，设立林区道路、水电财政补贴专项，大幅度提高林区综合生产条件和森林经营的效益。

第4章

新一轮集体林权制度改革对我国木材供给的影响分析

第4章 新一轮集体林权制度改革对我国木材供给的影响分析

4.1 前言

战略性资源的安全程度关系着国民经济的可持续发展。木材作为一种重要的战略性资源，对我国经济的长期稳定发展至关重要（魏僮等，2020）。我国经济在改革开放后进入了高速发展的阶段，由于木材是我国建筑业、造纸业和木材加工产业等主要产业的生产建设所需要的重要原材料，国内对木材的需求也在不断增长。然而，由于保护生态环境和实现森林资源可持续增长的目标，我国在1987年实施的"采伐限额制度"和1998年实施的"天然林保护"工程限制了木材的采伐量。在1998年以后，我国的木材产量显著下降，1998—2003年木材产量由5966.2万立方米下降到了2473.02万立方米，降幅为58.55%。虽然在这段时间内国内木材供给下降了，但是我国对木材的需求还在不断增加。这就意味着在国内供给不足的条件下，进口木材成为我国为满足日益增长需求的主要解决措施。然而，根据联合国粮食以及农业组织（FAO）的《全球森林资源评估报告》可知，全球森林面积从1990年的41.28亿公顷降低到了2015年的39.99亿公顷。这就意味着，在全球森林面积不断降低的大背景下，世界各国对于森林资源的重视程度也在不断地增加，主要木材出口国对出口木材的限制也在逐渐变得严格。在这样的背景下，我国的木材进口国主要集中于俄罗斯、美国、新西兰等国（苏蕾等，2017），对这些国家的木材进口依赖过深使我国的木材进口贸易容易受到波动，不利于我国的木材资源的安全保障。故而，我国面临的是国内木材供需不平衡，进口木材限制变多的处境。

考虑到木材安全保障问题以及国内日益严重的木材供需矛盾，如何提升我国的木材供给能力就成了我国林业政策制定的重点。提升木材供给的方法之一就是从改革林权制度的角度出发，通过明晰产权的方式增加木材供给。新中国成立以来，我国的集体林权制度改革先后经过三次改革，但还是存在着产权不明晰的问题。2003年，我国开始在福建、江西等地实施新一轮集体林权制度改革集体；到了2008年，此次集体林权制度改革开始向全国范围全面推进。截至2018年，我国已确权的集体林地面积达到1.80亿公顷；发放林权证1.01亿本，1亿多的林农因此受益。根据第九次全国森林资源清查结果可知，我国的森林面积达到了2.2亿公顷，森林蓄积量则为175.6亿立方米。相比于第六次森林资源清查时期，15年以来，我国的森林面积增加了4551.7万公顷，森林蓄积量增加了51.04亿立方米。新一轮集体林权制度改革实施以来，我国的森林面积稳步上升，木材的产量也呈一个稳定增长的趋势（尹航等，2010）。根据《中国林业统计年鉴》可知，木材产量由2003年的2473.02万立方米上升到了2018年的8810.86万立方米。自天然林保护工程实施以来，国有林和天然林逐渐不再为我国木材产量的主要来源，集体林区的人工林就成为我国木材供给的主力。同时，根据国家林业和草原最新估计，我国的木材产量的80%以上是由集体林区的商品材提供的（刘璨等，2020）。可见，在提升国内木材供给能力方面，集体林权制度改革起到了积极的作用。因此，当集体林权制度改革有效地促进了森林资源的增长和木材的供给增加后，我国对国外木材的进口需求也随之降低（蒋宏飞，2012），这有助于缓解我国的木材供需矛盾，减少对国外木材的过度依赖。

4.2 相关研究进展

由于气候变化、木材非法贸易等原因，我国木材进口日益成为国际社会向我国施压的工具（张寒等，2015）。集体林权制度改革及相关政策是政府解决木材供需矛盾的举措之一。集体林权制度改革会对中国的木材生产供给带来什么样的影响，成为了关系国家木材安全和国民经济健康稳定发展的重要课题。部分学者运用描述性统计的方法研究集体林权制度改革对森林资源的影响后发现，新一轮集体林权制度改革后农户获得了更加完备且稳定的集体林产权（Angelson，1999），森林砍伐量虽有增长，但造林管护强度也有所提高（陈永富，2011；黄全林，2011）。然而，描述性统计分析未能排除因素干扰，且缺乏一定的信服力。因此，多数文献在控制其他影响森林资源（变化量）因素基础上，利用计量模型进一步证实，新一轮集体林权制度改革的产权激励效应显著提升了农户造林管护积极性（张蕾等，2008），缓解了对森林的过度采伐，对森林资源与森林蓄积量产生了正向的促进作用（Horst Weyerhaeuser，2006），有效实现了林地面积与森林蓄积量双增长（新裘菊等，2007；陈永富等，2011；尹航等，2010），进而可以为提升木材供给提供了有力支撑。刘璨和于法稳（2007）、徐晋涛和姜雪梅（2015）等学者提出，集体林权制度改革的目标之一是增加林产品的有效供给，促使林产品市场的可持续发展，认为木材的有效供给是集体林产权制度变迁的核心。

从集体林权制度改革对木材供给作用的机制来看，主要归为集体林权制度改革及相关政策改变了林农生产经营行为、集体林权制度改革提高森林质量和蓄积水平等途径。尹航、徐晋涛（2010）运用双重差分模型和处理效应的方法分析集体林权制度改革对木材供给行为的影响，认为集体林权制度改革赋予林农更加完全和稳定的林地经营权和收益权，增加林产品的有效供给。张寒（2011）和张英（2012）分别采用省际数据和调研的农户数据，运用线性概率模型、Probit 模型、Logit 模型和 Tobit 模型等分析了集体林权制度改革与农户对用材林投入行为之间的关系，得出结论是集体林权制度改革提高了长期的木材供给能力。张英和宋维明（2012）采用省级集体林区调查数据，分别运用 Probit 模型、FE 模型和 RE 模型研究研究集体林权制度改革对农户采伐决策以及采伐量的影响，结果表明集体林权制度改革促进了集体林区的木材和竹材产量。陈光德（2017）、张虎（2019）认为，集体林权制度改革对木材生产的影响是通过木材生产方式改变、木材生产方式多元化、技术水平提高等方面促进了木材供给的提高。然而，学者们（张寒，2011；张英，2012）也指出，目前集体林权制度改革促进木材生产和供给的效应尚未充分发挥出来，森林采伐限额可能会阻碍农户对林地的投入，不利于长期木材供给能力提高。Zhang（2019）分析了集体林权制度改革及相关政策带来的森林资源增加也引致了木材供给的增长。

4.3 集体林权制度改革前后我国木材产量变化

本书整理了1998—2019年《中国林业统计年鉴》中我国木材产量的相关数据,得出木材产量变化趋势图4-1。1998—2003年,木材的产量呈下降的趋势,由1998年的5966.2万立方米降低到了2003年的2473.02万立方米,降幅为58.55%。这主要是由于1998年我国开始实施天然林保护工程,在全国范围采取木材禁伐和木材大量减产的措施以达到保护森林资源和生态环境的目的。2003—2008年,可以看到我国的木材产量开始呈一个急速上升的趋势,木材产量由2003年的2473.02万立方米增长到2008年的8108.34万立方米,增长率达到227.87%。在这段时期,我国刚开始在江西、福建等地开始进行集体林权制度改革的试点工作。集体林权制度改革主要是通过明晰产权的措施激励林农造林的意愿,从而达到增加森林面积缓解木材供需矛盾的目的。由木材产量的急剧上升可以看出我国集体林权制度改革制度的试点工作在增加木材产量方面颇具成效。需要指出的是,2009年木材产量为7068.29万立方米,比2008年降低1040.05万立方米。2008年木材产量达到的高峰受到了2008年发生的低温雨雪自然灾害和汶川大地震的影响。自然灾害对森林

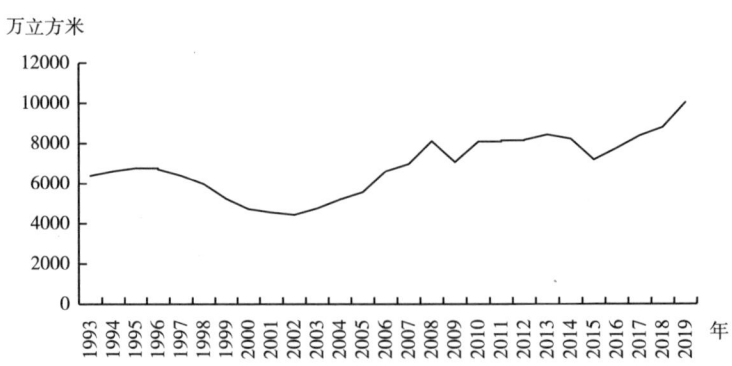

资料来源:《中国林业统计年鉴》整理所得。

图4-1　1998—2019年我国木材产量

资源造成了损害，受灾的林木需要清理，再加上灾后重建的需求，木材的产量由此变高。在经过快速增长的时期后，2009—2019 年木材产量开始呈一个平稳上涨的趋势，10 年间平均产量为 8216.53 万立方米。

此外，在国有林和天然林逐渐不再为我国木材产量的主要来源的情况下，集体林区的人工林就成为了我国木材供给的主力（刘璨等，2020）。2002 年，我国木材产量的 46% 就来自集体林区。其中，我国南方的林区的森林面积多以集体林为主，以浙江、安徽、福建、江西、湖北、湖南、广东、广西和贵州九省为例。这九个南方林区的集体林面积占全省森林面积的 90% 以上，也就是说南方九省的木材产量主要是由集体林提供的。根据图 4-2 可知，仅南方九省的木材产量占全国木材产量的占比就从 2001 年的 50.51% 达到了 2019 年的 59.76%。2003 年，江西、福建等地率先开始集体林权制度改革的试点。2004 年，江西的木材产量由 128.1 万立方米增长到 459.07 万立方米，增长率为 258.37%；福建的木材产量由 247.15 万立方米增长到 582.34 万立方米，增长率为 135.62%。可以看出，集体林权制度改革对我国木材产量的增加是起到了积极的促进作用的。目前，集体林的人工林已经成为我国木材供给的主要来源。据国家林业和草原局最新估计，我国集体林的商品材产量已经达到了全国木材产量的 80% 以上（刘璨等，2020）。

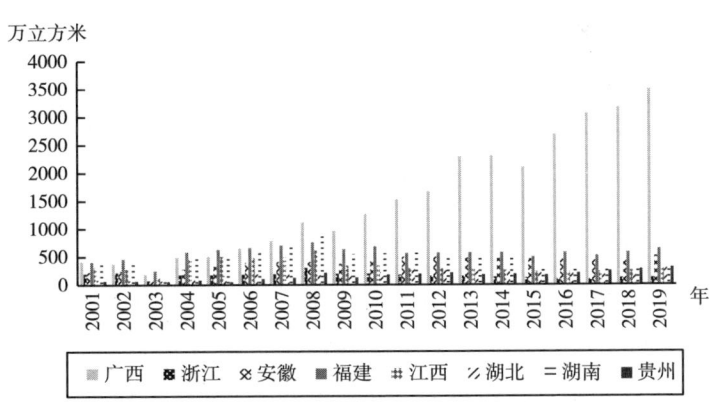

资料来源：《中国林业统计年鉴》整理所得。

图 4-2　2001—2019 年南方九省木材产量

4.4 我国木材供需及价格状况分析

木材是一个统称，主要包括原木和锯材，为更好地研究我国木材的供需及价格状况，现选取我国 1992—2018 年的木材总供给和木材总需求数据进行木材供需状况分析，具体如下。

4.4.1 国内木材供给分析

木材总供给，是指一定时期内一个国家或地区为社会提供的木材总量，具体包括我国国内的木材供给量和我国的木材进口量。根据《中国林业统计年鉴》可得，我国 1993—2019 年国内木材生产量的变化趋势，具体见图 4-3。

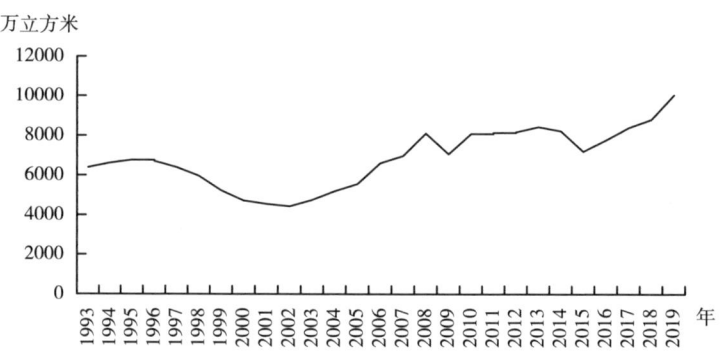

资料来源：《中国林业统计年鉴》。

图 4-3 木材生产量

可见，我国 1993—2019 年的木材生产量呈现波浪形的变化趋势。其中，1993—1995 年木材生产量呈现上升趋势，木材年平均产量上升比率为 3.11%，但在 1996—2002 年木材生产量呈现下降趋势，木材年平均产量下降比率为 5.78%，在 2003—2008 年木材生产量又呈现上升趋势，木材年平均产量上升比率为 10.69%，在 2009 年我国木材生产量相较于 2008 年下降了 12.83%，继而在 2010—2013 年我国木材生产量又呈上升趋势，木材年平均产量上升比率为 4.68%，在 2014 年和 2015 年我国木材生产量连续下降，平均下降率为 7.49%，在最近 3 年，即 2016—2019 年，我国木材生产量又呈上升趋势，木材年平均产量上升比率为 10.69%。1993—2019 年，我国木材生产量的具体涨幅见表 4-1。

表 4-1　　　　　1993—2019 年我国木材生产量的具体增幅

年份	1993	1994	1995	1996	1997	1998	1999	2000	2001
增幅（%）	3.54	3.49	2.29	-0.84	-4.70	-6.70	-12.23	-9.79	-3.64
年份	2002	2003	2004	2005	2006	2007	2008	2009	2010
增幅（%）	-2.55	7.28	9.21	6.99	18.91	5.52	16.22	-12.83	14.45
年份	2011	2012	2013	2014	2015	2016	2017	2018	2019
增幅（%）	0.70	0.36	3.22	-2.43	-12.55	7.99	8.00	4.91	14.02

1996 年，我国木材产量的下降主要是因为我国森林资源的匮乏，并且我国实施的天然林保护工程进一步降低了我国木材的生产量。1998 年，长江特大洪水后实施的禁伐和限伐措施进一步削减了木材产量，特别是对于一些木材蓄积相对较好的地区。2003 年后，我国木材产量有了明显上升，尤其是 2008 年我国木材产量涨幅高达 16.22%，这主要是因为 2008 年的冰雪灾害以及汶川大地震的影响，导致我国的木材供给增多。2008 年木材产量的异常增长导致 2009 年的木材产量呈下降趋势，此趋势是合理的。2009 年后，我国木材产量呈较为平稳的上升趋势。

受制于我国木材资源的数量限制，我国国内木材供给难以满足国内需求。因此，除我国国内的木材生产量，从国外进口的木材也是我国木材供给的重要组成部分。由于不同的统计库，其统计口径会有不同，因此，本书选取联合国的货物贸易数据库中的数据为依据，以此来统计我国木材进口量。根据数据库 HS 编码的规定，选取原木（HS：4403）和锯材（HS：4406 和 HS：4407）的进口量。1993—2019 年我国各年的木材进口量如表 4-2 所示。

表 4-2　　　　1992—2019 年我国各年的木材进口量及增幅　　　　单位：亿立方米

年份	1993	1994	1995	1996	1997	1998	1999	2000	2001	2002
进口量	0.059	0.064	0.061	0.058	0.067	0.069	0.123	0.157	0.169	0.244
增幅	-30.49%	8.09%	-4.01%	-4.31%	15.39%	2.32%	78.01%	28.24%	23.67%	44.66%

续表

年份	2003	2004	2005	2006	2007	2008	2009	2010	2011	2012
进口量	0.311	0.324	0.354	0.383	0.437	0.368	0.380	0.492	0.639	0.586
增幅	27.16%	4.21%	9.46%	8.14%	14.06%	-15.88%	3.38%	29.38%	30.05%	-8.39%
年份	2013	2014	2015	2016	2017	2018	2019			
进口量	0.692	0.768	0.823	0.802	0.928	0.965	0.987			
增幅	18.18%	10.97%	7.16%	-2.55%	15.71%	3.95%	2.32%			

我国木材进口量的变化趋势如图4-4所示。

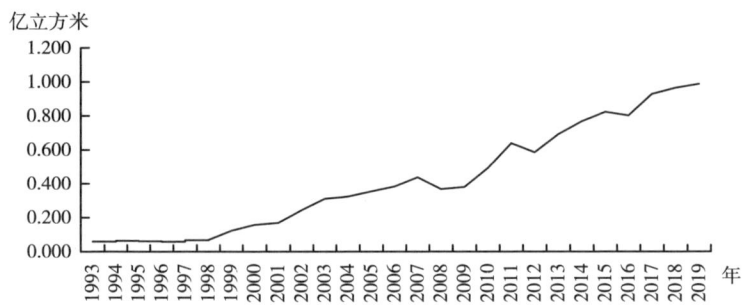

资料来源：UN CONTRADE 数据库。

图4-4 1993—2019年我国木材进口量

随着我国集体林权制度改革政策的制定、分点实施到逐步推行，2001—2019年我国的木材进口量总体上呈现上升趋势。如图4-4所示，我国在2008年、2012年和2016年的木材进口量呈下降趋势，其余年份为上升趋势，我国木材进口量的增幅呈现波动态势。由图4-4可知，我国木材进口量巨大。其中，2001—2009年，我国年均木材进口量为0.330亿立方米，2010—2019年，我国年均木材进口量为0.744亿立方米。可见，随着我国集体林权制度改革政策的实施，我国木材进口量上升明显。其中，我国于2001年加入世界贸易组织并遵守相应规则，降低关税水平，导致我国木材进口量的大幅上升，直至2008年，我国木材进口增幅一直为正且年均增幅为17.95%，表明我国对木材的需求量巨大。2008年金融危机的暴发，引起国际市场动荡，进而对我国木材进口产生影响，我国木材进口量下降。2010—2018年，我国木材进口量年均增幅为11.61%且增幅呈下降趋势。

以上为我国1992—2019年木材生产量和我国木材进口量的具体变化趋势,为更加清晰地对比进口量和生产量在我国木材总供给所占份额的大小,将1993—2019年我国木材生产量和木材进口量汇总为表4-3。

表4-3　　　　　　　1993—2019年进口量占总供给量的占比

年份	1993	1994	1995	1996	1997	1998	1999	2000	2001	2002
进口量占总供给量的占比	8.43%	8.77%	8.27%	8.01%	9.53%	10.36%	18.99%	24.99%	27.05%	35.51%
年份	2003	2004	2005	2006	2007	2008	2009	2010	2011	2012
进口量占总供给量的占比	39.49%	38.37%	38.91%	36.68%	38.51%	31.19%	34.96%	37.80%	43.97%	41.74%
年份	2013	2014	2015	2016	2017	2018	2019			
进口量占总供给量的占比	45.06%	48.26%	53.34%	50.77%	52.49%	52.26%	49.55%			

如表4-3所示,随着我国经济发展,我国的木材进口量占木材总供给较大的比重,说明我国对国外木材进口存在依赖性。1993—2019年我国木材消费量见图4-5。

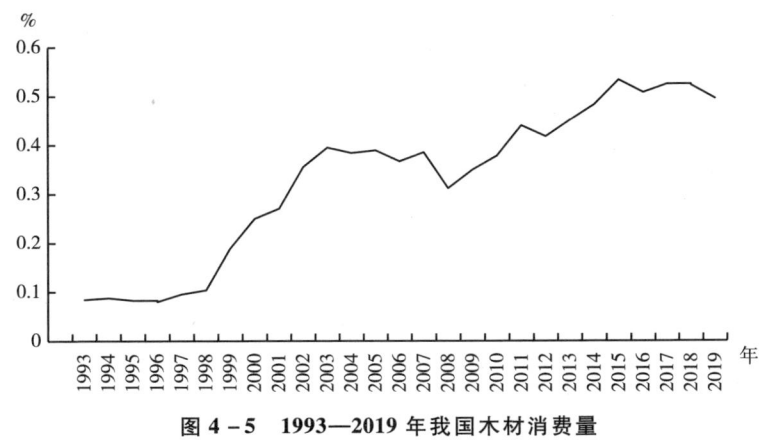

图4-5　1993—2019年我国木材消费量

综上所述，我国国内木材产量呈现稳步上升的趋势，我国木材进口量呈上升趋势，但增幅呈现下降趋势。表明，伴随着其他国家限制木材出口的政策制定，在我国集体林权制度改革政策下，国内木材供给量的增加使我国对国外木材进口量有所下降。

4.4.2 国内木材需求分析

木材的总需求是指在一定时期内，一个国家或地区对木材的购买量，主要是由国内的需求量和出口需求构成。通过历年粮农组织林产品年鉴汇总可得我国木材消费量，其具体变化趋势如图4-6所示。

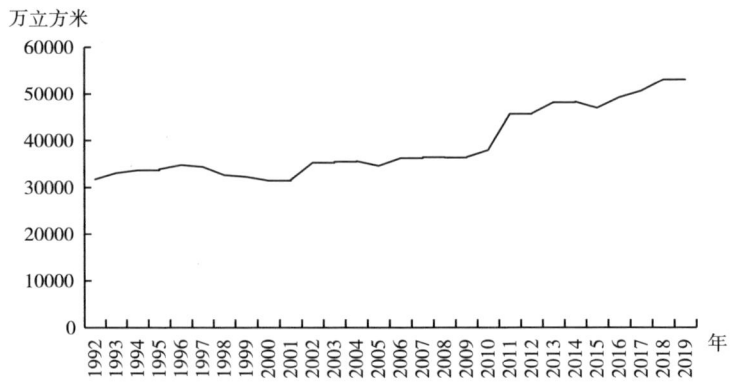

数据来源：《联合国粮食及农业组织林产品年鉴》汇总。

图4-6　1992—2019年我国木材消费量

根据图4-6可看出，1992—2019年我国木材消费量呈现较平缓的波动型，总体为上升趋势，具体变化情况如下：1992—1996年我国木材消费量呈现上升趋势，木材消费量年平均增幅为2.32%；1997—2000年我国木材消费量呈下降趋势，木材消费量年平均增幅为-2.46%；2001—2004年我国木材消费量呈上升趋势，木材消费量年平均增幅为3.26%；2005年我国木材消费量下降，下降幅度为2.81%；2006年和2007年又呈上升趋势；2008年木材消费量下降后，2009—2014年连续6年木材消费量上升，其年均上升幅度为5.07%；在经历2015年木材消费量的下降后，2016—2019年呈上升趋势，年均增幅为2.23%，其中2019年木材消费量增幅明显减缓。具体数据见表4-4。

表 4-4　　　　　　1992—2018 年我国木材消费量的具体增幅

年份	1993	1994	1995	1996	1997	1998	1999	2000	2001
增幅	4.18%	1.79%	0.74%	2.55%	-1.09%	-5.09%	-1.14%	-2.54%	0.59%
年份	2002	2003	2004	2005	2006	2007	2008	2009	2010
增幅	11.56%	0.54%	0.35%	-2.81%	4.73%	0.51%	-0.19%	0.25%	4.11%
年份	2011	2012	2013	2014	2015	2016	2017	2018	2019
增幅	20.34%	0.18%	5.22%	0.32%	-2.76%	4.81%	2.85%	4.81%	0.29%

我国经济的快速增长以及各行各业对木材的需求（如基础建设、房地产开发等），都对木材产生了更高的需求。从图 4-6 和表 4-4 的具体增幅可以看出，我国国内的木材消费量是上升的趋势，且其年增长幅度有所提高。

我国国内增加了木材的需求量，国外也存在向我国木材进口的需求。由于数据库中未统计我国部分年份的木材出口量，为更好地反映我国 1992—2019 年木材出口量的变化情况，本研究通过选取联合国粮食及农业组织（FAO）的林业统计数据库（FORSTAT）进行数据分析。可见，1992—2019 年，我国木材出口量呈波动型变化趋势，具体变动情况如图 4-7 所示。

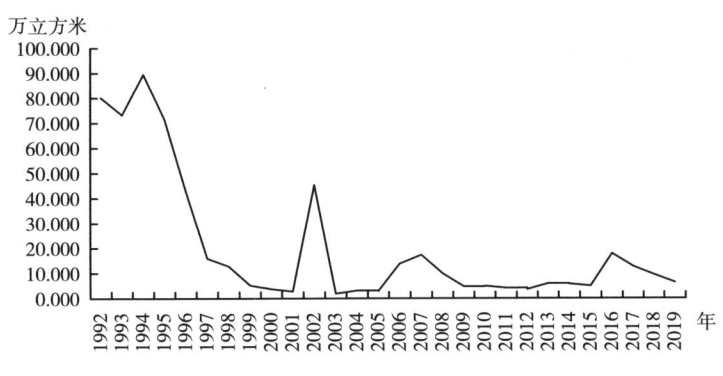

图 4-7　1992—2019 年我国木材出口量

由图 4-7 可看出，1992—2019 年，我国木材出口量的大趋势是下降的状态。1998 年以来，我国木材产品出口业快速发展。越来越多的进口木材以增值产品的形式出口。2003 年，我国出口的木材达到 3500 万立方米。2003 年后，我国木材出口量大幅减少，主要是我国自身森林资源的匮乏导致国内的木材产量不足以满足我国的木材需求。木材作为传统原材料之一，主要是经过国内较廉价劳动力的加工，做成木质林产品后再出口。因此，我国木材的出口量较少，更多的是以木质林产品的形式出口，木质林产品加工业的发展成为推动木材消耗的主要因素。

以上为我国 1992—2019 年木材消费量和我国木材出口量的具体变化趋势，对比我国国内的木材消费量与我国木材出口量可得出，我国的木材总需求主要是以国内消费为主，但存在将木材原材料加工为木质林产品出口的情况。

4.5　木材供需理论分析

4.5.1　木材供给的理论分析

一般而言，供给是指一定时期内生产者在各种可能的价格下愿意且可以提供的商品的数量。通常情况下，在其他条件不变时，一种物品价格的上升会导致该物品的供给量的增加。当价格很低时，一些卖者会选择停止营业，该物品的供给量为零。价格与供给量的这种关系被称为"供给定理"。供给曲线是根据供给定理，把价格与供给量联系在一起的曲线，在图像中表现为向右上方倾斜的曲线。

影响供给变化的主要因素包括商品的自身价格、生产成本、生产的技术水平、相关商品的价格、生产者对未来的预期和卖者的数量。商品自身价格的变化会导致供给曲线上点的移动，生产成本、生产的技术水平、相关商品的价格、生产者对未来的预期和卖者的数量会引起供给曲线的移动。其中，在商品自身价格不变的条件下，生产成本增加会导致供给者所得利润减少，从而会减少供给量，供给曲线向左移动。一般情况下，生产技术水平的提高会降低其生产成本，进而生产者获得更多利润，从而增加此商品的产量，供给曲线向右移动。相关商品价格的变动也会引起供给曲线的移动，具体要分替代品和互补品分别讨论。曼昆（2012）认为，若生产者预期商品未来价格会上升，企业会将目前生产的商品储存起来，从而减少当前的市场供给。高鸿业（2012）认为，若生产者对未来的预期看好（即预期商品在未来的价格会上升),则生产者会增加产量的供给。除了以上影响单个生产者的因素,市场中卖者的数量也会影响到市场的供给。例如,卖者数量减少时,市场供给将会减少,供给曲线向左移动。

木材供给主要来源包括原木、进口木质林产品及剩余物和其他。关于木材的供给,格雷戈里在1966年提出了"森林资源可获系数",即森林能被采伐利用的难易程度,通过用其表示木材的生产成本,从而决定木材供给。国内学者曹建华认为,我国木材的供给主要是受商品林的集约经营和粗放经营两个方面影响。为增加木材的供给,侯知正、王恺(1998)认为,应建立资源节约型的利用模式,提高木材的使用效率,即通过提高利用木材的技术水平从而增加木材供给,引起供给曲线向右移动。森林资源的状况决定了我国的木材储蓄量,森林资源状况越好意味着可以持续地提供更多的木材,从而增加木材的供给量。反之,若森林结构不合理、树种单一,随着树木的采伐,将会导致可采面积的减小,从而进一步降低我国木材供给量。速生树种使林木生产率由慢速增长向快速增长方向转变,林木采伐周期的缩短极大地增加了木材的供给量,木材的生产成本有所下降,供给曲线向右平移。国家通过颁布相应政策,鼓励农民愿意将更多的资本和劳动力以及其他生产资料投入林业,极大地提高林农的积极性,林农在优惠政策的支持下,其木材生产成本有所下降,同时投入的增长会带来木材供给的提升,引起木材供给曲线向右移动。综上所述,技术水平、树种变化和政府政策等会对木材的供给产生积极的影响,在供给曲线图中体现为供给曲线由 S1 右移至 S2,如图 4-8 所示,木材供给增加。

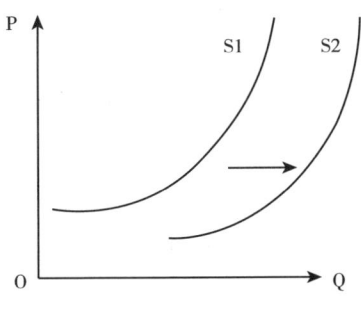

图 4-8 供给曲线右移

为防止出现"超额采伐"的现象,我国的采伐限额政策,在短时间内影响我国的木材供给,使木材供给曲线向左移动,但为符合树木的生长规律以及木材的长期供给,采伐限额政策对我国的长期木材供给是有利的。我国木材供给,除了国内的木材供给,还依赖国外的木材供给,但由于一些国家木材贸易政策的实施,限制对我国木材的出口量,如俄罗斯提高原木出口关税、东南亚部分国家限制原木出口,发达国家严厉打击木材非法采伐政策的实施。我国减少木材的进口量使得木材供给曲线左移。一些环保组织通过制定一套规则,规定森林所有者申请森林认证,提供规范合法的认证资料,这些会增加木材供应者的生产成本,降低木材供应量,引起供给曲线左移。综上,我国采伐限额政策、国外木材贸易政策和世界环保组织等会对木材供给产生消极影响,即木材的供给曲线会由 S1 左移至 S2,如图 4-9 所示,木材供给减少。

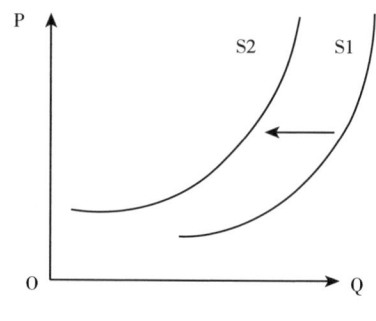

图 4-9 供给曲线左移

我国开展的集体林权制度改革主要是提升了我国国内的木材供给量。例如,通过确定农民经营林业的主体地位,进而极大地刺激农民生产积极性,使农民更加愿意投入较原来更多的时间、精力以及其他物质资料在林业生产经营中。这些必然带来木材供给在质量和数量上的提升。集体林权制度改革使农户可以在较长的时间内行使其经营决策的权力,从而使农户在长期内更有效率地安排生产经营,进而实现长期的经济利润最大化。与此同时,农户可以将其闲置或无力经营的林权以承包、转让等方式转给更具有规模经济或经营经验的主体,从而使林地产生更大的规模效益。这样的承包转让行为不仅使双方都得以获利,而且使我国的林业生产效率获得进一步地提升,进而扩大我国的木材供给。但我国木材供给除了受到集体林权制度改革的影响,还受到一些国外因素的影响。例如："中国威胁论"、贸易保护主义、绿色贸易壁垒、国外木材出口限制等。这些因素一定程度上使我国从国外获得的木材供给减少。因此，需要从国内木材供给变化和国外木材供给变化两个方面讨论我国最终的木材供给量的变化，即我国在实施集体林权制度改革后，对我国国内的木材供给产生的积极影响；与此同时，政府颁布的采伐限额政策对我国木材短期供给量的消极影响以及国外的政策限制和世界环保组织所制定的规则产生的消极影响。并且，进一步积极实施集体林权制度改革增加我国国内的木材供给，减少我国的木材对国外的依赖是十分必要的。

4.5.2 木材需求的理论分析

需求是指一定时期内消费者在各种可能的价格水平愿意且能够购买的商品的数量。通常情况下，在其他条件不变时，一种物品价格的上升会导致消费者对其需求量的减少；一种物品价格的下降会导致消费者对该物品需求量的增加。价格与需求量之间的关系在经济中的大部分商品都存在且普遍，经济学家将这种关系称为"需求定理"。需求曲线是有商品在不同价格下与其对应的需求量所构成的曲线。根据马歇尔的观点，在商品边际效用递减趋势和需求价格随商品的边际效用两个因素的影响下，需求曲线向右下方倾斜。

影响需求变化的因素主要包括商品自身的价格、消费者的收入水平、相关商品的价格、消费者偏好和消费者对商品的价格预期。通常情况下，商品自身的价格越高，该商品的需求量就越少；反之，价格越低，需求量越高，体现在需求曲线上点的移动。消费者收入水平提高时，会增加对商品的需求；相反，当消费者收入水平下降时，将减少对商品的需求，体现在需求曲线的移动。相关产品的价格变化也会影响商品的需求量，在需求曲线上体现为向左或向右平移。当消费者偏好于某种商品时，其需求量会增多，需求曲线会向右平移。当消费者预期某种产品的价格将在未来呈现上升趋势时，消费者就会在此时增加对此产品的需求，引起商品需求量的增加，需求曲线向右平移。

木材作为传统原材料之一，对经济和社会发展具有重要意义，是一种重要的国民经济发展的战略资源。我国木材主要消耗于造纸、人造板、实木地板、实木家具等行业。随着我国经济的快速发展，各行各业的发展（如基建和房地产投资的增加),使我国对木材需求量日益增加,木材需求曲线右移。同时,木材材料在部分行业存在不可替代的特性,难以找到替代材料,导致我国对木材的需求处于高位。我国实行量化宽松的货币政策,稳步推进基建建设、旧小区改造,这些现实因素都会对木材市场提出更多的需求,使木材需求曲线右移。除了我国经济发展带来的木材需求量激增,国外也对我国的木制产品存在需求,加大了我国对木材的需求,如亚洲、北美洲和欧洲因我国木制产品价格低廉、质量优质而从我国大量进口木制品。这些都会使我国对木材需求量的增加,从而导致木材需求曲线右移(即木材的需求曲线会由D1右移至D2),木材需求增加,具体如图4-10所示。受自然灾害的影响,木材出口量会有所下降,如2008年我国地震、雪灾等自然灾害,从而引起木材需求曲线左移。国际贸易争端与摩擦、贸易政策的转变会影响我国林产品的出口,从而影响木材的需求。这些消极因素会引起我国对木材需求的减少,即木材的需求曲线会由D1左移至D2,木材需求减少,具体变动如图4-11所示。

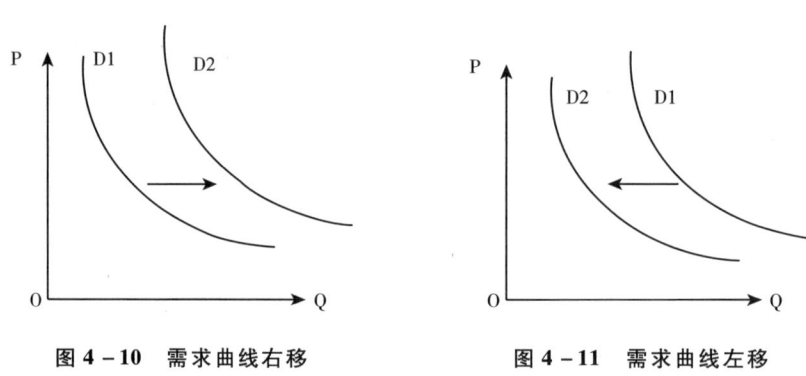

图4-10 需求曲线右移　　　　图4-11 需求曲线左移

由于集体林权制度改革也使农户可以在较长的时间内行使其经营决策的权力,进而提升农户的经营效率,从而使其个人可支配收入也获得提升。对于农户,个人可支配收入的提高,使农户的需求水平也随之提高。与此同时,经营权的流转使承包人的经营范围及规模得到扩大,有经验的经营者会再获得更大的规模效应,从而比集体林权制度改革前获得了更多的收入,使社会的总体财富规模得以扩大,从而提升社会的总体需求。我国木材的需求不仅受到集体林权制度改革的影响,还受到我国经济持续发展这一客观因素的影响,我国经济持续发展导致我国国内木材的需求仍然会上升。

4.5.3 木材价格的理论分析

价格理论是揭示商品价格的形成过程以及其变动规律的理论。价格理论随着人们的实践过程逐步发展形成诸多学派,并从学派划分进行划分,可将经济学史上的价格理论分为劳动价值论学派、边际效用价值论学派、供求均衡学派和斯拉法价格论学派等四个学派。这里的分析主要使用的是以马歇尔等人为代表的供求均衡学派的价格理论,即供求双方在竞争过程中自发形成的,是一个价格自发决定的过程。

在价格不变的前提下,如果其他因素变动,将会导致某种商品的供给和需求发生变动,而这些变动会对均衡价格和均衡数量产生影响。在需求不变的情况下,供给增加,则会使新的均衡价格下降的同时均衡数量增多;供给减少,则会使新的均衡价格上升的同时均衡数量减少。在供给不变的情况下,需求增加,则会使新的均衡价格上升的同时均衡数量增多;需求减少,则会使新的均衡价格下降的同时均衡数量减少。而当需求和供给同时发生变化时,均衡价格和均衡数量的如何变化将由需求和供给变动的方向和程度决定。当需求和供给同时增加时,均衡数量增加,但是均衡价格的增减还要具体看需求和供给变动的幅度;同理,当需求和供给同时减少时,均衡价格的增减仍然无法确定。当需求增加而供给减少时,均衡价格上升;当需求减少而供给增加时,均衡价格下降。

从上述有关供给和需求的分析可知,在供给方面,技术水平、树种变化和政府政策等会对木材的供给产生积极的影响,在供给曲线图中体现为供给曲线向右移动,表示木材供给增加。我国采伐限额政策、国外木材贸易政策和世界环保组织等会对木材供给产生消极影响,在供给曲线图中体现为供给曲线向左移动,表示木材供给减少。木材供给最终的增减取决于这两种影响因素作用力的大小。在需求方面,随着我国改革开放程度不断加深以及经济的快速增长,各行各业的发展促使我国对木材需求量日益增加,在需求曲线图中体现为需求曲线向右移动,表示对木材的需求增加,同时木材在一些行业中是不可替代的,导致我国对木材的需求处于高位。此外,国外对我国的木制产品的需求，也加大了我国对木材的需求。国际贸易争端与摩擦，例如中美贸易战等会影响我国林产品的出口，从而影响国外对我国木材的需求。这些消极因素会引起我国对木材需求的减少，在需求曲线图中体现为需求曲线向左移动，表示对木材的需求减少。当木材的需求和供给都增加时，如图 4-12 所示，价格的变化方向难以确定；当木材的需求增加，供给减少时，如图 4-13 所示，木材的价格上升；当木材的需求减少，供给增加时，如图 4-14 所示，木材的价格下降。

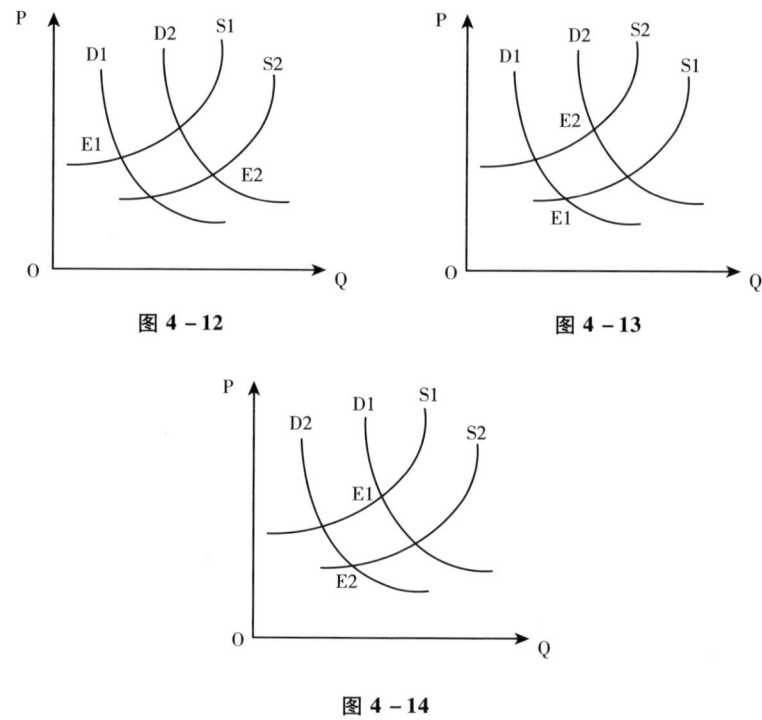

图 4-12

图 4-13

图 4-14

4.5.4 集体林权制度改革对木材供给的影响机制

我国开展的集体林权制度改革由于确定农民经营林业的主体地位，进而极大地刺激了农民的生产积极性，使农民愿意投入更多的时间、精力以及其他物质资料等在森林资源的生产经营中。这些必然会导致我国林农的木材供给在质量和数量上的提升。集体林权制度改革对农户的林地承包期的延长使得农户在长期内合理安排速生树种和慢生树种的组合，进而实现长期的稳定

第4章 新一轮集体林权制度改革对我国木材供给的影响分析

收益。与此同时，农户可以将不愿经营或难以经营的林地以承包、转让等方式转给更具有经营能力或创新水平的主体，从而使林地通过聚集产生规模经济。经营权的流转不仅使得林农和经营主体都得以获利，而且促使我国的林业生产效率的提升，进而扩大我国的木材供给。

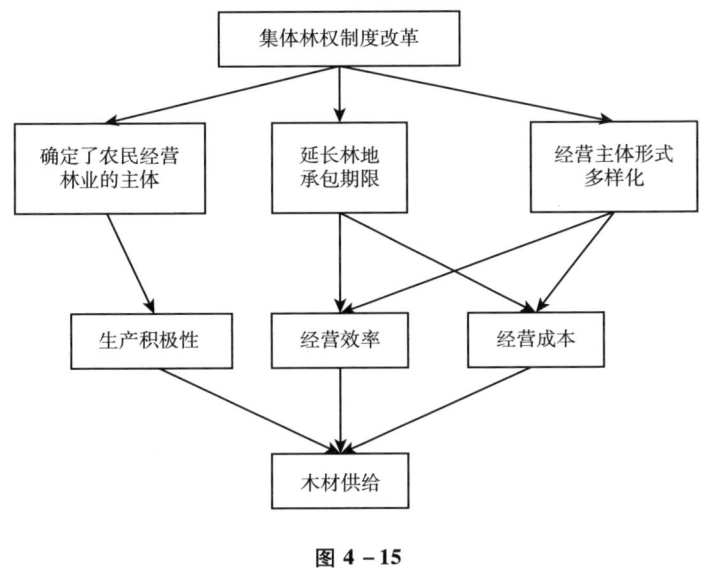

图 4-15

4.6 集体林权制度改革对木材供给及木材价格影响的实证分析

4.6.1 集体林权制度改革对木材供给的影响

1. 研究对象选取及来源

（1）样本省份的选取。考虑到集体林权制度改革是在 2003 年开始实施，在 2008 年开始向全国全面铺开的，并在 2011 年基本在全国完成推进改革，全国 25 个省份基本完成集体林地的确权工作，确权集体林地的面积占集体林地总面积已经达到 92.23%。2004—2010 年，全国各省开始集中进行集体林权制度改革。到了2011年，明晰产权、确权到户的任务已经基本完成。因此，本书将研究范围设为2004年以来参与集体林权制度改革的各省份。福建省作为2003年第一批参与集体林权制度改革的省份，考虑到集体林权制度改革的完成需要一定的时间，将福建省归入2004年参与集体林权制度改革，而新疆在2009年刚开始进行改革，从开始到完成的时间也较长，因而将新疆认为在2010年未完成改革。此外，出于样本数据的可获得性，本书最终选取的省份有福建、江西、内蒙古、江苏、浙江、辽宁、河北、安徽、云南、吉林、黑龙江、河南、湖北、湖南、广西、贵州、陕西、四川、重庆、广东、山西、新疆、甘肃、山东、海南共25个省份。这25个省份的木材产量约为全国木材产量的97%以上，因此省份的选取具有一定的合理性。

表4-5　　　　　　各省实施集体林权制度改革时间

编号	省份	实施时间	编号	省份	实施时间
1	河北	2006年	14	湖北	2007年
2	山西	2008年	15	湖南	2007年
3	内蒙古	2004年	16	广东	2008年
4	辽宁	2005年	17	广西	2007年
5	吉林	2007年	18	海南	2008年
6	黑龙江	2007年	19	重庆	2008年
7	江苏	2004年	20	四川	2008年
8	浙江	2004年	21	贵州	2007年
9	安徽	2006年	22	云南	2006年
10	福建	2004年	23	陕西	2007年
11	江西	2004年	24	甘肃	2009年
12	山东	2009年	25	新疆	2009年（试点）
13	河南	2007年			

资料来源：国家林草局和各省（市）林草部门整理所得。

（2）变量选取。

被解释变量：各地区木材产量。从国内木材供给的角度看，当林农砍伐的木材越多，木材的产量越多，国内木材的供给也就越多。因此，本书采取木材产量这一指标用以直接衡量国内木材供给的情况。

核心解释变量：新一轮集体林权制度改革政策。主要措施为确权到户、明晰产权，这可以保障林农的各项权益，促使林农参与改革。因此，集体林权制度改革这一政策作为虚拟变量来验证其对国内木材供给方面的影响。集体林权制度改革实施前取 0，集体林权制度改革实施后取 1。

控制变量：森林资源状况、林业投资、林农数量。从国内供给方面看，丰富的林地条件有益于木材的生产，从而对国内木材供给产生一定的影响。集体林权制度改革实施后，林农被稳定的产权所激励，开始对集体林地进行更多投入，这通常直接反映在森林蓄积量上（尹航等，2010；田明华等，2016）。考虑到森林增长的特殊性以及用材林多以人工造林为主，本书以造林面积和森林蓄积量来衡量森林资源状况。此外，林业资本和劳动力的投入通常会促进林农营林造林的意愿（李卓等，2019），那么木材的产量也会随之发生变化。故而，本书用林业固定资产投资额衡量林业投资。国家对林业的大力扶持也必然会使林业相关从业人数增加，当林农受到更多的专业人员帮助和培训时，林农对生产经营越加熟练，投入意愿也会增强。因此采用林业工作人员数量这一控制变量。

（3）数据来源及处理。根据上文分析，本书选取 2003—2018 年的全国 25 个省份的样本数据，数据主要来源于《中国林业统计年鉴》和国家统计局。其中，各地区木材产量、造林面积、林业从业人数、林业固定资产投资额、森林蓄积量均源自《中国林业统计年鉴》。由于我国每五年进行一次森林资源清查，因此对于森林蓄积量的处理采取每五年的平均增长率进行处理；对林业固定资产投资额则通过采用各省固定资产投资价格指数（2003 年不变价格）进行平减得到，固定资产投资价格指数则源自《中国林业统计年鉴》。

2. 模型的设定

普通的 DID 模型通常以一个时间点以区分实验组和对照组，而集体林权制度改革作为一个先试点再逐渐铺开的政策，各省进行集体林权制度改革的时间不同。因此，为了更好地验证集体林权制度改革对我国木材供给的影响，本书参考 Beck（2010）构建多时点 DID 模型，以参与改革的省份作为实验组，没有参与改革的省份作为对照组，得到模型如下：

$$Y_{it} = \alpha_0 + \beta_1 Treat_i * Period_{i,t} + \beta_2 X_{it} + \gamma_i + \psi_t + \omega_{it} \quad (4-1)$$

式（4-1）中，Y是被解释变量，即木材产量；$Period_{i,t}$表示处理期的时间t随着省份i变化而变化，$Treat_i * Period_{i,t}$为政策分组变量和政策时间变量的交互项；γ_i表示个体固定效应，用以反映个体特征；ψ_t表示时间效应，用以反映时间固定效应；X_{it}为随时间和省份发生变化的控制变量；ω_{it}表示误差项。

为了更好地理解不同时间点政策分组变量和时间分组变量的交互项的意义，本研究将$Treat_i * Period_{i,t}$替换为FR_{it}，得到模型如下：

$$Y_{it} = \alpha_0 + \beta_1 FR_{it} + \beta_2 X_{it} + \gamma_i + \psi_t + \omega_{it} \quad (4-2)$$

式（4-2）中，$FR_{it} = Treat_i * Period_{i,t}$，$FR$表示虚拟变量集体林权制度改革。若$i$省在$t$年进行了集体林权制度改革，$FR$取值为1；若$i$省在$t$年未进行集体林权制度改革，$FR$取值为0。系数$\beta_1$表示处理效应，即DID的估计量，为本书最为关键的系数，主要衡量了集体林权制度改革政策对木材供给方面的影响。假如β_1系数显著为正，那么可以得到，集体林权制度改革这一政策能够有效促进产量增加。

3. 研究结果

（1）描述性统计。本书将变量木材产量、造林面积、森林蓄积量、林业固定资产投资额以及林业从业人数选取自然对数，得到 lnTP、lnFA、lnFV、lnFI、lnFN。根据表4-6可知，木材产量对数的范围为-1.309～8.063，标准差为1.497，林业固定资产投资额对数以及林业从业人数对数的平均值分别为11.854和1.227，标准差则分别为1.6和0.801，可以看出中国各地区的木材产量、林业投资及林业从业人数的差异也较为明显。

表4-6 变量解释及描述性统计

变量	统计指标	符号	观测值	平均值	标准差	最小值	最大值
木材供给	木材产量（10^4立方米）	lnTP	400	4.919	1.497	-1.309	8.063
政策	集体林权制度改革	FR	400	0.768	0.423	0	1

续表

变量	统计指标	符号	观测值	平均值	标准差	最小值	最大值
森林资源状况	造林面积（10^4公顷）	lnFA	400	2.655	1.042	-1.078	4.457
	森林蓄积量（10^4立方米）	lnFV	400	10.157	1.101	6.764	12.192
林业投资	林业固定资产投资额（10^4元）	lnFI	400	11.854	1.600	6.825	16.305
林业投入	林业从业人数（10^4人）	lnFN	400	1.227	0.801	-0.582	3.634

（2）回归结果分析。为了更好地控制省份和年份即个体效应和时间效应，本研究采取双向固定效应模型来进行回归估计。此外，出于解决由于遗漏变量而产生的内生性问题，本书还选择加入造林面积、森林蓄积量、林业固定资产投资额、林业从业人数4个控制变量以观察估计结果。根据表4-7所得到的DID估计结果可知，在没有加入控制变量前，FR的估计系数β_1为0.371，结果显著为正，达到了5%的显著性水平；加入4个控制变量后，FR的估计系数β_1为0.436，结果依旧显著，在1%的显著性水平下，表示林改对木材产量的影响是正向的。此外，森林蓄积量对木材产量的影响也是较为明显的。自2003年集体林权制度改革进行试点以来，我国的森林蓄积量呈快速增长的趋势，可以认为，森林资源的改善有效地促进我国木材产量增加。根据上述结果，可以得到，自集体林改开始试点以来，木材产量得到了明显的提升。也就是说，集体林权制度改革能够有效地促进我国木材产量的提升，改善我国木材供给能力。

表4-7　　　　　　　　　　　DID基准回归结果

VARIABLES	(1) lnTP	(2) lnTP
FR	0.371** (2.17)	0.436*** (3.41)
lnFA	—	-0.008 (-0.13)

续表

VARIABLES	(1) lnTP	(2) lnTP
lnFV	—	1.305*** (3.92)
lnFI	—	-0.113 (-1.47)
lnFN	—	-0.037 (-0.11)
Constant	4.253*** (22.32)	-7.076* (-1.90)
Observations	400	400
province	YES	YES
year	YES	YES
Number of province	25	25
R-squared	0.220	0.416

注：*** $p<0.01$，** $p<0.05$，* $p<0.1$。

（3）平行趋势检验。进行 DID 估计的前提是通过平行趋势检验（见图 4-16），即实验组和对照组在集体林权制度改革政策发生前必须具有可比性。因此，本书选择绘多期 DID 模型的平行趋势图以确保回归结果的合理性。根据图 4-16 可知，在集体林权制度改革政策冲击之间的年份估计值都在 0 附近，且 95% 的置信区间也包含 0，可以得到集体林权制度改革政策冲击前估计值系数不显著，而集体林权制度改革政策发生后估计值系数显著为正，符合平行趋势检验。

（4）稳健性检验。为了进一步验证结果的有效性，本研究采取两种方法对模型进行稳健性检验。

第一，剔除确权率较低的省份的样本。考虑到一些省份确权进程较慢，导致集体林地的确权率较低，这可能会对本书的回归结果产生一定的影响。因此，本书参考张寒（2011）所整理的 2009 年集体林权制度改革全面铺开后全国各地的确权率，剔除确权率不满 15% 的省份（即广东、甘肃、新疆）以保证回归结果的准确性，得到表 4-8。根据表 4-8 可知，剔除确权率低

第 4 章　新一轮集体林权制度改革对我国木材供给的影响分析

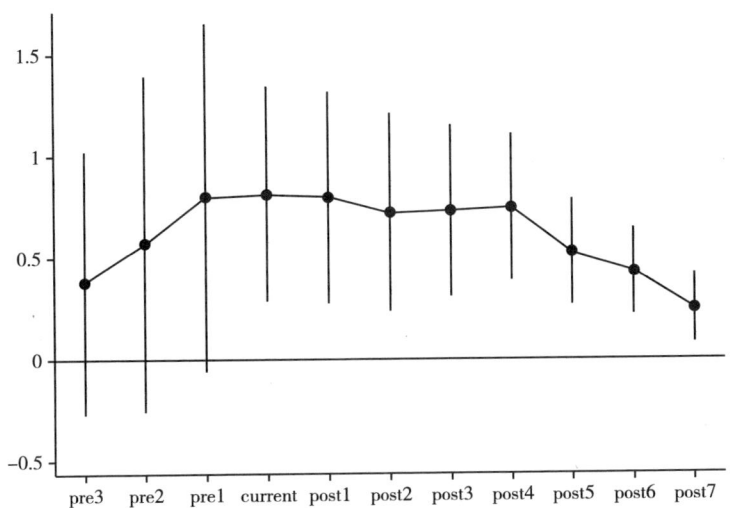

图 4-16　平行趋势检验图

的各地后，DID 的估计结果在 5% 的显著性水平下；在加入四个控制变量后，DID 估计结果仍然为正，即林改对木材产量的影响是正向的，与上文结果一致。

表 4-8　剔除样本期内确权率较低的地区的稳健性检验

VARIABLES	(1) lnTP	(2) lnTP
FR	0.499** (2.75)	0.502*** (3.64)
lnFA	—	-0.036 (-0.51)
lnFV	—	1.336*** (3.77)
lnFI	—	-0.113 (-1.36)
lnFN	—	-0.037 (-0.11)

续表

VARIABLES	(1) lnTP	(2) lnTP
Constant	4.431*** (20.75)	-7.072* (-1.82)
Observations	352	352
province	YES	YES
year	YES	YES
Number of province	22	22
R-squared	0.225	0.427

注：*** $p<0.01$，** $p<0.05$，* $p<0.1$。

第二，替换被解释变量。上文的木材产量直接反映了我国木材的供给水平。通常来说，当林农对森林进行砍伐的意愿越强烈，木材的产出也就越多。为了更好地反映我国木材的产出水平，本书选择森林采伐率这一指标来替代木材产量作为被解释变量进行稳健性检验。森林采伐率的计算为木材产量和森林蓄积量的比值，本书用 R 表示。回归结果如表 4-9 所示，可以看出，以砍伐率作为被解释变量时，在加入控制变量后和未加入控制变量时，估计值在 5% 和 1% 的显著性水平下，集体林权制度改革对砍伐率的影响也是正向的，即集体林权制度改革促进了森林采伐率的增长，从而增加了我国木材的产量，与上文分析相符合。

表 4-9　　　　　　基于砍伐率的稳健性检验

VARIABLES	(1) R	(2) R
FR	0.006*** (2.97)	0.006** (2.58)
lnFA	—	-0.001 (-0.71)
lnFI	—	0.000 (0.01)
lnFN	—	-0.001 (-0.28)

续表

VARIABLES	(1)	(2)
	R	R
Constant	0.011*** (8.15)	0.014 (1.14)
Observations	400	400
province	YES	YES
year	YES	YES
Number of province	25	25
R-squared	0.172	0.176

注：*** $p<0.01$，** $p<0.05$，* $p<0.1$。

（5）安慰剂检验。本书采取随机选取个体作为处理组的方法进行安慰剂检验。本书将数据按照省份分组，在每个省份组内的年份变量中随机抽取一个年份作为其政策时间，生成伪政策虚拟变量。根据图4-17可知，大多数估计值的p值都大于0.05，在5%的显著性水平上不显著。因此，本书的估计结果不太可能是偶然得到的，排除了受到其他政策或者随机性因素的影响。这表明木材产出的增加的确是由集体林权制度改革这一政策带来的，结果是稳健的。

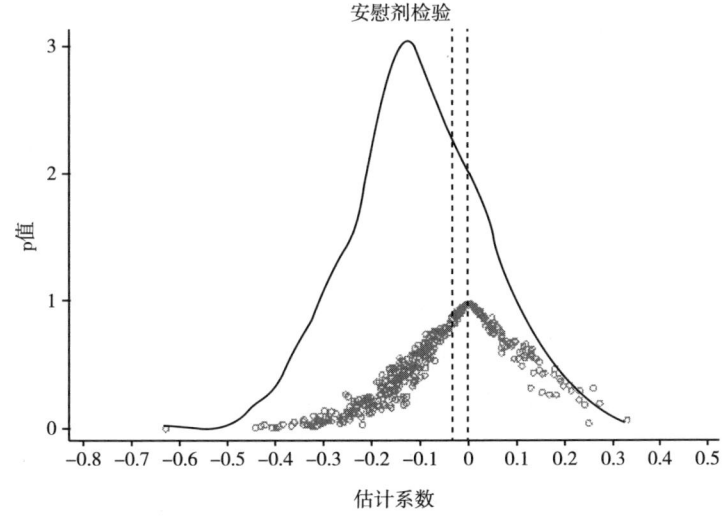

图4-17　安慰剂检验

4. 研究结论

自 2003 年集体林权制度改革开始试点以来，我国的森林蓄积、人工林面积和木材产量都发生了显著的变化。为了验证集体林权制度改革对木材产出的影响，本书通过建立多期 DID 模型，验证了集体林权制度改革对我国的木材供给呈积极的影响，这与尹航（2010）、张寒（2012）、张英（2012）得到的结论是一致的。也就是说，集体林权制度改革在一定程度上有效地促进了我国木材产量的增长。此外，由于集体林权制度改革是一项先试点再铺开的政策，各地实施集体林权制度改革的时间和程度都有所不同，本研究还发现确权率越高的地区，集体林权制度改革对其木材产出的作用越明显。集体林权制度改革对森林采伐率的作用也较为明显，这可能是由于集体林权制度改革给予林农更稳定的产权，其促进了林农对森林的砍伐程度意愿以得到更高的收入。总而言之，通过上述分析，本研究得到集体林权制度改革有效地提升了我国的木材供给能力，其确权程度越高，对木材产出的影响能力也就越强。

4.6.2 集体林权制度改革对木材价格的影响

集体林权制度改革主要是影响了木材的供给，进而影响木材价格。我国开展的集体林权改革通过确定农民经营林业的主体地位，进而极大地刺激农户生产积极性，促使农民更加愿意投入较原来更多的时间、精力以及其他物质资料在林业生产经营中。这些必然带来木材供给在质量和数量上的提升。集体林权制度改革也使农户可以在较长的时间内行使其经营决策的权力，从而使农户在长期内更有效率地安排生产经营，进而实现长期的经济利润最大化。与此同时，农户可以将其闲置或无力经营的林权以承包、转让等方式转给更具有规模经济或经营经验的主体，从而使得林地产生更大地规模效益。这样的承包转让行为不仅使双方都得以获利，而且促使我国的林业生产效率获得进一步地提升，进而扩大我国的木材供给。我国自 2008 年开始全面推行新一轮集体林权制度改革，此次林改确定了农民经营林业的主体地位，并通过影响成本、供给和需求，最终对木材价格产生作用。林业的成本可分为生产性成本和非生产性成本，生产性成本包括买种苗、造林、施肥以及抚育管理、防灾投入等。集体林权制度

第4章 新一轮集体林权制度改革对我国木材供给的影响分析

改革使林农的经营行为趋于持久化，使单位时间内生产性成本降低。同时，集体林权制度改革促进规模经济效益，单位面积的生产性成本也将下降。非生产性成本主要指交易成本。科斯认为，产权完整能降低不确定性，进而降低交易成本。新一轮集体林权制度改革降低了农民在林业经营中的不确定性，减少了产权交易者之间的摩擦，降低交易费用的同时也带来了成本的下降。生产性成本和交易成本的共同下降，必将对木材的最终价格产生影响。

集体林权制度改革带来的产权完整性变动为农民提供了强大的生产激励，农民意愿投入更多资本、劳动力以及其他生产资料。根据道格拉斯函数，这种投入的增长将带来供给的提升。产权变动不仅带来了这些客观存在的投入增长，更从效率上推动供给的提升。集体林权制度改革后，农民可以在长期内完整的行使其经济决策权，实现经济效益的最大化。同时，农民可以通过承包、转让的方式将林权给予更有育林经验、更能产生规模效用的经营主体，在实现买卖双方效益最大化的同时促进林业生产效率的提升。因此，无论是从直接的资本、劳动力投入，还是从制度带来的效率提升来看，集体林权制度改革都对木材供给造成了影响。价格取决于成本，并在供给和需求的影响下波动，影响需求的最重要的因素就是社会的财富分配。本轮集体林权制度改革确立了产权的归属，这种产权安排产生两种效应，一是通过短周期树种的种植和林下经济作物的栽培，林农比过去更科学地安排生产以尽量多地获得财富收入；二是规模经济效应正逐步凸显，无论是农民还是林权的获得者，都通过林业经营获取了比之前更多的财富。在社会总财富增长的条件下，个人财富的增加则会带来全社会购买水平的提升；社会需求总水平的提升则意味着需求曲线的右向移动，在其他条件不变的情况下导致价格的上升，我国木材供给除了受到集体林权制度改革的影响以外，还受到一些国外因素的影响，例如："中国威胁论"、贸易保护主义、绿色贸易壁垒、国外木材出口限制等。这些因素一定程度上使我国从国外获得的木材供给减少，为了能使我国的木材能够减少对国外的依赖，进一步积极实施集体林权制度改革是十分必要的。

具体如图4-18所示：

为了研究集体林权制度改革背景下对我国木材价格的影响，本研究选取2001—2018年的数据进行具体的实证分析，并结合上述的理论分析，得出以下模型：

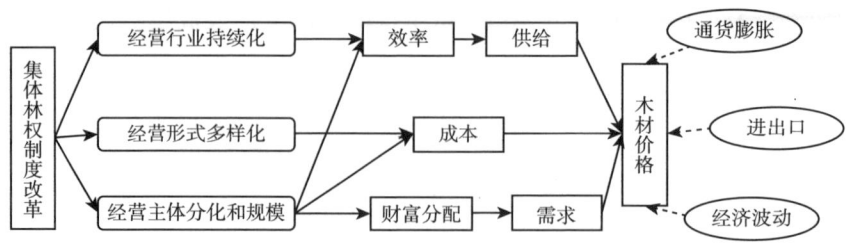

图4-18 集体林权制度改革对木材价格的作用机制图

$$p = \alpha_1 GDP + \alpha_2 PRO + \alpha_3 EXIM + D + C_0 \quad (4-3)$$

式(4-3)中，p 为我国木材价格水平，我国对于木材的需求量主要来源于我国经济发展的客观需要，因此用 GDP 来表示对木材的需求，PRO 表示我国木材的产量，$EXIM$ 表示我国木材的净进口量，D 为虚拟变量（在2008年实施集体林权制度改革之前为0，实施集体林权制度改革之后设为1），C_0 为常数，α_1、α_2、α_3 为参数。

通过对方程进行简单的多元回归得出以下结论：我国木材产量 PRO、GDP 以及净进口量 $EXIM$ 在10%的显著水平下显著。通过进行DW检验，发现DW的值为1.4，则模型存在自相关。对变量进行格兰杰因果检验，得出如下结果：我国木材的价格与净进口量互为格兰杰原因；我国的GDP、集体林权制度改革政策的实施以及木材的产量是木材价格的格兰杰原因，但木材价格并非这些变量的格兰杰原因。因此，可以认为，净进口量、GDP、集体林权制度改革政策的实施以及木材的产量都对木材价格的波动产生了影响，并在此基础上使用VAR模型做进一步分析。

通过信息准则确定VAR模型的阶数为二阶后，进行二阶向量自回归模型进行计量分析，可以得出以下结论：前一期的我国木材产量，对于木材价格有正向影响，但是系数较小；以前年份的GDP对本期价格有正向影响，即之前年份GDP的上升将造成本期木材价格的上升，这一点符合我国实际情况，即GDP的增加带动我国对于木材需求量的上升，使木材价格有所上升；前一期的木材净进口对于本期的木材价格有正向影响，但影响程度也较小。林改政策对于木材价格的影响有正有负，但结合我国木材价格增速放缓的实际情况，认为集体林权制度改革政策存在着积极影响。

第 4 章　新一轮集体林权制度改革对我国木材供给的影响分析

木材价格的传导机制包括供给变化带来的木材价格变化（前向传导方式）和需求变化带来的木材价格变化（后向传导方式）。为进一步分析实证中集体林权制度改革政策、GDP 和木材净进口量对木材价格产生的影响，通过利用脉冲函数研究各个影响因素对木材价格产生的正负影响，并通过方差分析研究各个影响因素不同时期对木材价格变动所产生的影响。

通过 STATA 软件绘制出各个影响因素对木材价格的脉冲反应图，主要包括前一期木材价格对当期木材价格的影响、木材净进口对木材价格的影响、GDP 对木材价格的影响以及集体林权制度改革对木材价格的影响，各部分脉冲图见图 4-19 至图 4-23。

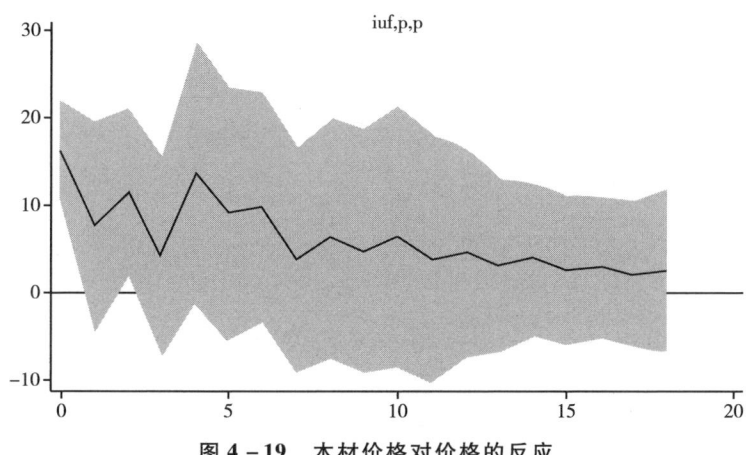

图 4-19　木材价格对价格的反应

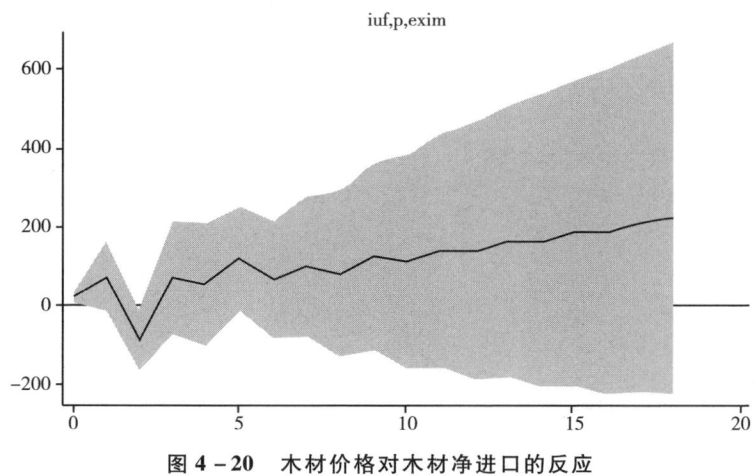

图 4-20　木材价格对木材净进口的反应

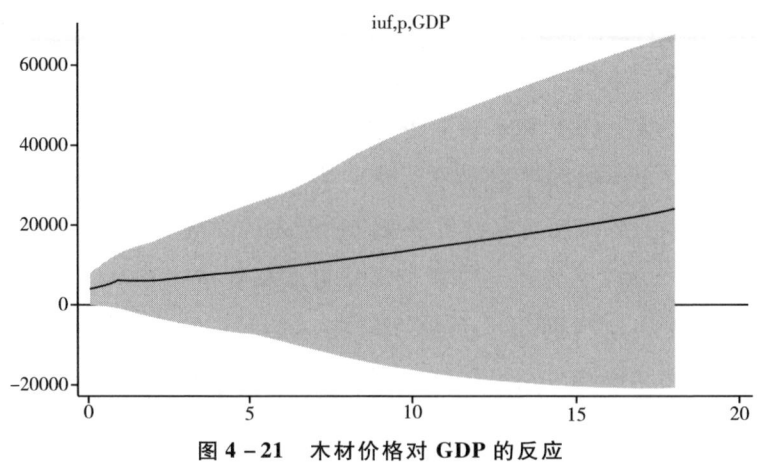

图 4-21　木材价格对 GDP 的反应

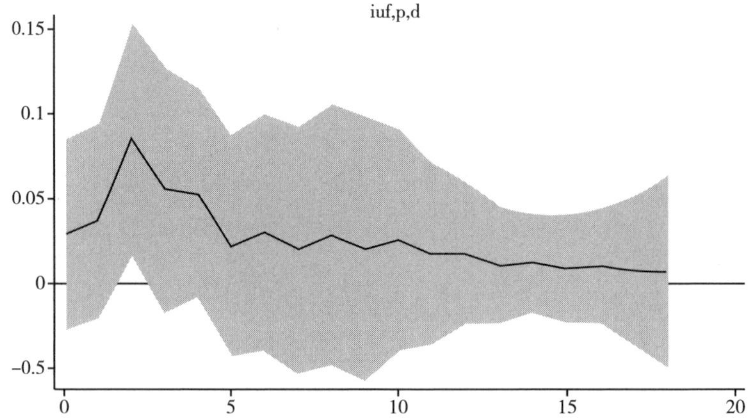

图 4-22　木材价格对集体林权制度改革政策的反应

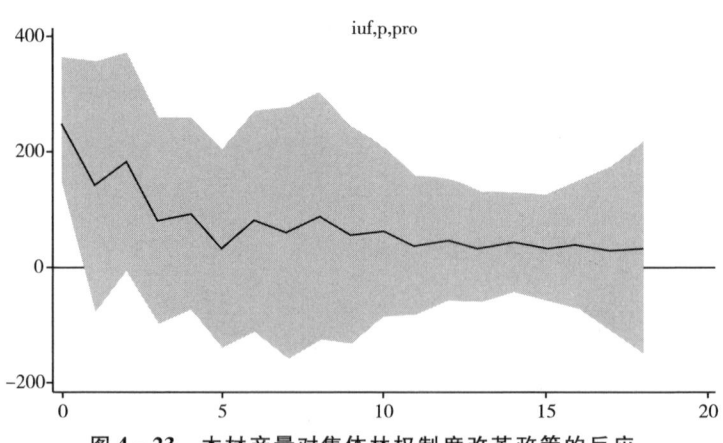

图 4-23　木材产量对集体林权制度改革政策的反应

第 4 章　新一轮集体林权制度改革对我国木材供给的影响分析

通过以上 4 个脉冲图，可分析得出，前一期的木材价格对当期的木材价格有一个正向冲击，并在对前十期木材价格影响较大，其影响呈现出波动态势，在十期后，这种冲击逐步减小并趋于平稳；木材的净进口量对木材价格整体呈现正向冲击，在第二期呈现负向冲击，但之后上升，呈现为正向冲击，并出现上升的趋势；GDP 对木材价格产生正向冲击，且呈现稳步上升趋势；集体林权制度改革政策对木材价格整体呈现正向冲击，并于第二期出现峰值，但之后迅速下降并逐步平缓，趋于临界线；木材产量对木材价格整体体现为正向冲击，并为下降趋势，且后期平缓。

为研究各个影响因素在不同时期对木材价格变动所产生的影响，本部分通过方差分解对其进行分析，具体结果见图 4 - 24 至图 4 - 28。

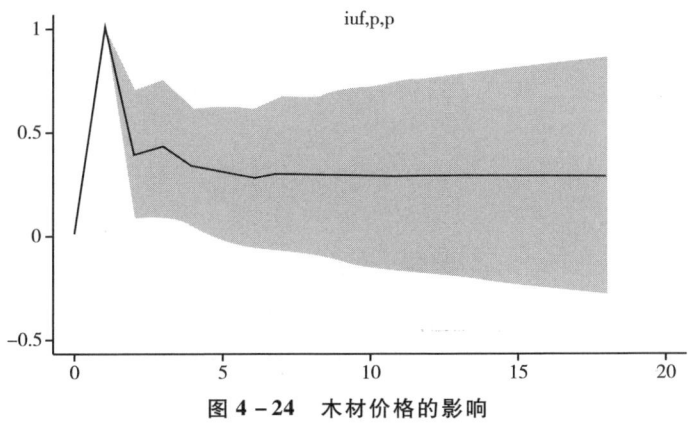

图 4 - 24　木材价格的影响

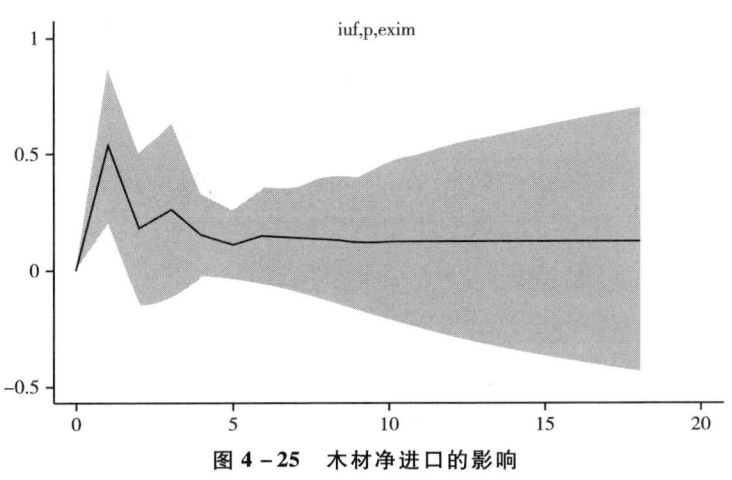

图 4 - 25　木材净进口的影响

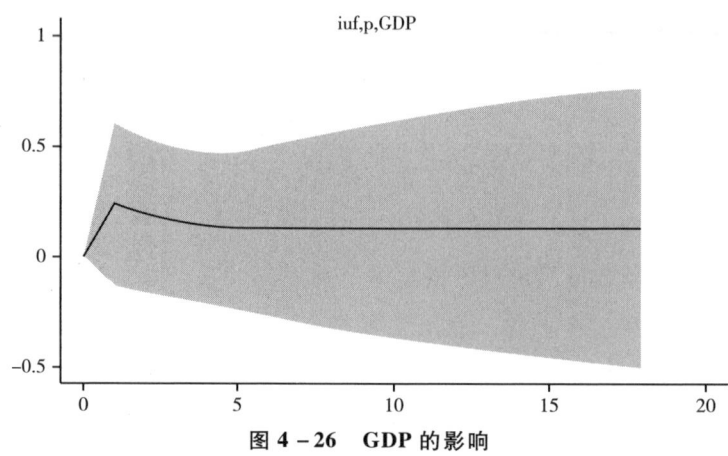

图 4-26 GDP 的影响

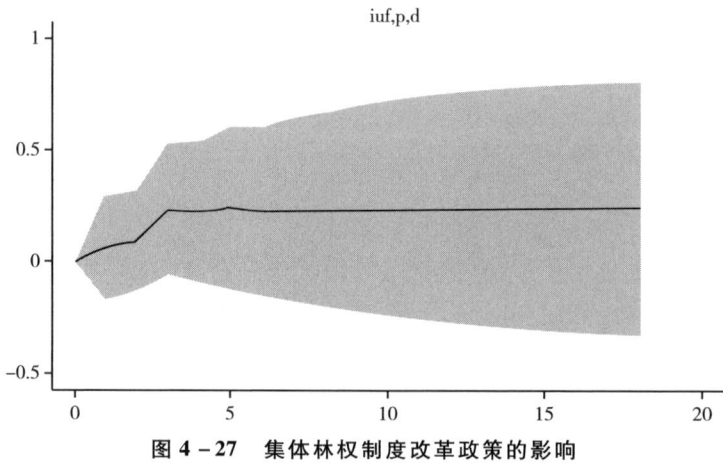

图 4-27 集体林权制度改革政策的影响

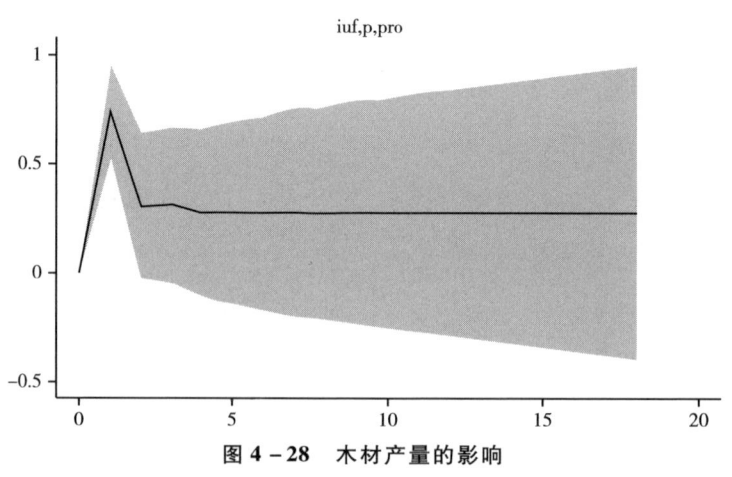

图 4-28 木材产量的影响

第4章 新一轮集体林权制度改革对我国木材供给的影响分析

由图4-28可知,前一期的木材价格对当期的木材价格有较大影响,在第二期下降到50%以下,之后平稳在30%左右;木材净进口量在第一期对木材价格影响最大,高达50%以上,之后有较大幅度下降,最终平稳于10%左右;GDP对木材价格的影响平稳于10%左右;集体林权改革政策对木材价格的影响在第三期达到最大,最大值为25%,之后趋于平稳;木材产量对第一期的木材价格产生极大影响,高达85%左右,之后下降并平稳于30%左右。

4.7 小结

我国的集体林权制度改革的主要措施是明晰产权。当林农得到更稳定的林地产权时,这会促使林农自愿投入资本和劳动力成本进行营林造林的活动。新一轮集体林权制度改革实施以来,我国的森林资源得到有效的提升,森林蓄积量和人工林面积呈快速增长的趋势。为了验证集体林改对木材产出的影响,本研究通过建立多期DID模型,验证了集体林权制度改革的确对我国的木材供给呈积极的影响,也就是说,集体林权制度改革在一定程度上有效地促进了我国木材产量的增长。此外,由于集体林权制度改革是一项先试点再铺开的政策,各地实施集体林权制度改革的时间和程度都有所不同,本书还发现确权率越高的地区,集体林权制度改革对其木材产出的作用越明显。集体林权制度改革对森林采伐率的作用也较为明显,这可能是由于集体林权制度改革给予林农更稳定的产权,其提高林农对森林的砍伐程度意愿以得到更高的收入。

集体林权制度改革对木材产出的有效激励提升了我国的木材供给能力。我国对木材的需求往往通过国内木材供给和国外木材进口来完成。当我国的木材供给能力得到提升,相应地对进口木材的依赖性也会随着降低。为了更好地验证集体林权制度改革对我国木材进口的影响,本研究通过构建VAR模型来验证集体林权制度改革、木材价格、林业投资增长率和森林采伐率等因素对木材进口量增速的影响。首先,集体林权制度改革对我国木材进口量增速具有显著的负向作用,短期内较为明显。其次,集体林权制度改革能够在短期内提升国内木材的价格,从而刺激林农的砍伐意愿(孔繁斌,2008)。当林农的砍伐意愿上升,那么木材的产出也随之上升。因此,木材价格在集体林权制度改革初期抑制了木材进口量的增速,但是考虑到木材的价格还会受到市场因素的影响,所以从长期来看,木材价格对进口量的影响仍会趋于平稳。再次,集体林权制度改革以来,林业投资的增长也较为迅速,其在一定程度上也抑制了木材进口量的快速增长。但是,林业投资不会无节制地快速增加且林业固定资产的投资增加有时会使得我国需要更多的木材原材料,其对于木材进口量的增速的影响程度也会随着林业投资增长的稳定而稳定。因此,仅仅依靠林业补贴等资金投入并不能长时间地平稳木材进口量的增长,要从更长远的角度来考虑林业政策的影响。最后,集体林权制度改革实施后,森林采伐率可以较为直观地体现出木材的产出水平。根据上文分析,随着木材产量和森林蓄积量的快速上升,森林采伐率也越来越高。而在集体林权制度改革实施后,森林采伐率对木材产量的冲击较为剧烈,在一定程度上快速地抑制了木材进口量的增长。这可能是因为集体林权制度改革导致我国森林资源变得丰富起来,但当我国的木材供给变得稳定后,森林采伐率的增长对木材进口量的增速的影响也趋于稳定。从长远来看,木材产出的稳步增长可以有效地缓解我国木材进口的压力。在木材产出对不同种类的木材进口的影响方面,本书通过构建原木和锯材多元回归模型发现,木材产出的增加能够有效抑制木材的进口,且相比于锯材进口,原木进口更易受到木材产出的变化的影响。

第 5 章

新一轮集体林权制度改革对我国林产品进口贸易和木材安全的影响

第 5 章　新一轮集体林权制度改革对我国林产品进口贸易和木材安全的影响

5.1　前言

我国作为世界第一大木材进口国和第二大木材消耗国，对木材的需求量巨大，但由于我国人均森林储蓄量不高，供需结构性矛盾愈发突出，只能依靠贸易填补持续扩大的供需缺口。而近些年国际贸易环境动荡，贸易保护主义抬头上升至贸易战，使中国依靠进口平衡木材需求的难度不断增加，威胁着我国的木材进口安全。我国要想维护自身木材安全，应着力改革国内供给侧，增加国内木材供给，2008 年在全国范围内开展的新一轮集体林权制度改革正是实现此目标的重要举措。我国的木材安全现状如何？集体林权制度改革是否提升了我国的木材安全，提升效果如何？这些问题值得深入探讨。

5.2　相关研究进展

5.2.1　国际林产品贸易的研究进展

国际林产品贸易的研究主要集中在林产品进出口贸易的成因、贸易自由化与国际林产品贸易之间的关系、贸易摩擦对国际贸易和国际林产品贸易可能带来的影响等方面。Zhang 和 Li（2009）采用贸易引力模型分析了影响我国林产品出口规模的因素，结果显示，进口国 GDP、进口国人均 GDP、两国地理距离和汇率波动等都对我国林产品出口具有显著影响。张寒、聂影（2010）在提出修正的恒定市场份额模型的基础上，运用该模型从动态的视角分析了 1997—2008 年我国林产品出口的变化情况、原因和内在机理。Nasrullah 等（2020）使用 2001—2018 年的面板数据分析影响我国林产品贸易的基本因素，结果表明，GDP 对贸易产生积极影响，而距离对贸易则产生相反的影响。美国和其他国家对我国施加反补贴、反倾销税以及 APEC 和 OECD 对我国林产品双边贸易也有重大影响，并建议增加对经济大国或短途国家的进出口，并通过向合作伙伴国家推广汉语以增加我国林产品的贸易量。刘艺卓等（2006）从产业内贸易的角度对我国林产品出口结构形成的成因进行了补充。

陈勇等（2019）分析新一轮贸易战将对中美林业产业、林产品贸易、就业等的影响，并认为贸易摩擦短期内对我国传统优势产品出口冲击较大，贸易摩擦不仅会直接损害美国消费者利益，还会加速其木材产业的萎缩。

5.2.2 世界主要林业国家的国内林业政策对国际林产品贸易影响研究进展

世界各国的资源禀赋和比较优势形成了不同的贸易格局，在林产品贸易发展过程中，各国林产品贸易政策起到了很大的作用。

加入世界贸易组织以来，我国林产品贸易进一步趋向自由化，进口关税大幅度降低，并逐步取消非关税贸易壁垒。林产品出口退税不断调低，连续几次的进出口税率调整体现了相同的一个原则，就是节约木材资源、促进林业产业结构的升级（田明华等，2008）。我国对林产品出口政策主要包括出口限制政策和以出口退税为主体的出口鼓励政策。近年来，采取的主要措施有指定地区为进口原木加工锯材复出指定口岸、调整部分出口商品出口退税率政策活动、对部分资源密集型木材产品加征出口关税以及对所有出口木制品和木制家具生产企业实施出口质量许可准入制度等（钱一武等，2010）。林产品出口限制政策方面主要涉及的是木材资源型的初级产品。例如，对于原木和锯材的出口，我国实行严格控制，受配额限制（霍忻，2015）。除此之外，我国还通过一系列措施增加合法木材进口并简化贸易手续：修改森林法实施条例，突出强调木材合法来源；禁止进口木废料等32种固体废物等若干措施（王登举，2019）。

目前，木材贸易政策中两个方面引起了学界的关注：一是出口国限制原木出口，例如俄罗斯、澳大利亚等国家出台了限制原木出口的法案（宿海颖，2016）。Lin and Zhang（2017）指出俄罗斯自2012年8月起实施的新关税配额制度，以限制了原木出口。Tachibana等（1999）指出东南亚国家的原木出口禁令政策导致其胶合板的出口增加，减少了对日本的原木出口。二是木材贸易的合法性认定。欧盟木材法案要求所有进入欧盟市场的木材和木质产品接

第 5 章　新一轮集体林权制度改革对我国林产品进口贸易和木材安全的影响

受尽职调查，确定木材来源的合法性，通过是否经过第三方森林认证作为判断依据，这将增加中国出口的木质林产品成本，间接获取中国林产工业的商业机密，减少了中国木材进口来源（董加云等，2013；李晓燕，2014）。

另外，Sun 等（2010）发现与关税相比，非关税壁垒对全球林产品贸易的总体影响更大。Luo 等（2015）发现美国对从中国进口的木制卧室家具征收反倾销税会抑制我国对美国的出口，并转移美国从其他国家的进口。贸易自由化对国际林产品贸易的影响因国家而异。例如，Gan 和 Ganguli（2003）发现在世界贸易组织（WTO）的影响下，美国林产品的出口受到了激励，而亚洲和拉丁美洲的新兴市场已成为美国出口扩大的主要目标；Gan（2004）认为，我国加入世界贸易组织大大增加了其林业生产所需的中间品进口，并促进了在我国加工的最终林产品的再出口；除此之外，一些政治因素也可能对林产品贸易造成影响，例如欧盟东扩及海岸线等因素对我国与欧盟木质林产品贸易具有显著的促进作用（郑洁、时小琳、戴永务，2014）。

5.2.3　集体林权制度改革及相关配套政策对中国林产品贸易的影响

我国森林资源十分匮乏，仍需要进口大量木材原料以满足国内消费和对外贸易（李剑泉等，2016）。蒋宏飞（2012）研究表明，我国放宽采伐限额、取消原木增值税等集体林权制度改革配套措施会有效地促进我国原木产量的增加，减少原木进口。张寒（2011）认为，集体林权制度改革会促使我国原木产量和需求量上升，但我国原木产量的增加百分比将小于其供给曲线移动的百分比，最终导致我国原木净贸易量下降。相似的研究还有刘菲、胡明形等（2015），在建立林产品供给和需求方程的基础上，将集体林权制度改革作为虚拟变量引入 CGTM 模型，结论是集体林权制度改革政策对原木供给有积极促进作用。总的来看，上述研究探讨了集体林权制度改革促进我国木材生产的作用渠道和经济学机理，并采用不同的数据来源和方法进行了实证研究，得出的结论基本上都是中国政府试图通过集体林权制度改革来缓解木材供需缺口的思路是可行的。另外，在集体林权制度改革背景下，研究林产品的价格与进出口贸易关系的研究较多。陈星霖（2017）认为，随着集体林权制度改革深化，林产品价格开始受市场价格机制主导，并通过因子分析和回归分析，认为生产成本、生产原料需求和原木进口量三个影响因素对价格波动影响显著。同时，原木进口量变动与木材价格为同方向变动的，即原木进口量的增加会引起木材价格上涨，这一有悖于理论的结果表明国内原木进出口贸易调节作用并不明显。石榴红（2014）同样实证分析了集体林权制度改革条件下木材价格波动机制，认为随着集体林权制度改革政策的推行，木材价格呈现下降趋势，并且木材净进口量对木材价格有显著的负向影响，这种影响在第二期达到最大，之后将有所回落。

5.2.4 林产品国际贸易对中国森林资源的影响研究进展

Kastnera 等（2011）通过将 1997—2007 年期间的森林蓄积变化与木材产品的净贸易额建立联系，并定位特定国家消耗的木材的原产地，分析对国际木材产品贸易如何影响被观测的森林变化；并认为，中国正通过进口其他国家的木材来解决国内木材供不应求的矛盾，这种进口被视为破坏了其他国家的森林。与这种观点相反，Katsigris 等（2004）认为，在中国进口的林产品中，至少有一半被加工后复出口，进口国从中国低廉的制造成本中获得了收益，因此，国外需求才是世界森林减少的真正原因。Gan（2004）认为，由于替代效应，中国出口的增加意味着别国生产的减少，所以，中国林产品出口对世界森林可能有保护作用。

曹玉昆等（2008）分析了 1990—2006 年国外林产品国际贸易与环境关系问题的各种研究观点和研究方法，并对相关问题的研究趋势进行了预测。牛利民等（2011）曾对关于林产品贸易对森林资源的影响的研究文献进行总结，把林产品贸易规模扩大对森林资源与生态的影响分为两种观点，但不够全面。国外部分研究者认为，我国木材的大量进口导致亚太地区乃至世界森林资源急剧减少（沈文星等，2010），如 Dieter（2009）提出了一个分析非法采伐木材贸易的模型，在每种情况下，国际贸易都会使全球非法采伐木材的国内供应量增加 70% 以上。吴国春等（2008）则认为，国际上此种对我国的指责缺乏依据。也有人认为，林产品贸易对森林资源的影响较小或不确定。例如，Brooks（2003）认为，加速关税自由化倡议（ATL）可能会改变几个国家的木材收成，但在世界范围内，净影响可能很小。王群（2007）认为，林产品贸易对

第5章　新一轮集体林权制度改革对我国林产品进口贸易和木材安全的影响

森林资源既有正面效应又有负面效应，当林产品的价格能够适当地反映环境资源的价值，林产品的自由贸易就可以优化资源配置，提高森林资源的利用率；当环境价值和环境成本不能在市场中自我实现和得到补偿，林产品的自由贸易就会使生产和消费超出环境承受能力，导致对森林资源的过度开发、环境退化，从而对环境产生负面效应。田明华等（2018）则运用多元线性回归模型进行实证分析得出，林产品出口贸易有利于降低人均木材消耗量，进口贸易促进人均木材消耗量，木材产量是影响人均木材消耗的最为显著的因素，而林产品贸易规模的影响不显著的结论（田明华等，2018）。还有研究者从优化林产品贸易结构的角度提出保护森林资源和改善森林生态的有关建议。沈文星等运用耦合理论研究我国木质林产品贸易和森林生态安全之间的协调问题，认为培育优质木材有利于改善森林生态（沈文星等，2013）。赵龙珠等对中美木质林产品贸易要素禀赋优势进行比较，得出中国的产品生产属于劳动密集型生产，这样的出口结构与经济的快速发展促进了林产品贸易规模迅速增长，也导致了对木材的巨大需求和森林资源大量损耗（赵龙珠等，2020）。

5.2.5　木材安全研究进展

对于木材安全的概念，不同学者的界定核心趋同，多用木材资源供给不受影响的一种状态或能力来表示。陈勇（2008）认为，木材安全是指一个国家和地区可以持续、稳定、及时、足量和经济地获得经济和社会发展所需的木材资源，使经济和社会发展不受资源供给的影响的一种状态或能力，包括木材的供给安全、产业安全和生态安全。杨红强（2011）基于价值论对资源安全进行了概括，即在国家或区域经济与社会发展的一定时期内，要求保障资源的持续、稳定、充分的供给，以达到与资源需求相对均衡的条件与状态，而这样的均衡不仅是指市场体系的价格均衡，更体现在资源能够持续、稳定、及时、足量地满足国民经济和社会发展的需要。程宝栋（2012）认为，木材安全可以理解为一国或地区通过各种手段降低或消除其生产、贸易、环境等方面的危险，以合理的价格提供能够保证其社会、政治、经济协调发展，特别是满足经济发展需求的充足木材资源。李秋娟（2018）将木材安全定义为一国或地区能够以合理价格和方式，持续、稳定、足量地获得经济和社会发展所需的木材资源，同时保障木材加工产业健康持续发展所需的木材原料供需平衡的一种状态或能力，包括国内木材供给安全、木材加工产业安全和木材贸易安全，三者相互联系、互相影响。

对于木材安全的评价，不同学者方法不一，使用较广泛的是通过对外依存度分析我国木材安全状况。陈勇（2008）计算发现1996—2005年我国与国际的林产品对外依存度不断升高，但此时中国的对外依存度水平还较低，而通过建立木材安全评估体系发现中国木材安全处于不安全状况的。于豪谅（2018）根据原木折算法利用改进的依存度的算法测算2002—2014年我国木材资源供给进口依存度和木材消费净进口依存度均呈先下降再上升的趋势。另外，程宝栋（2012）运用主成分分析法，选取若干指标实证评价了我国木材安全状态，发现木材安全度呈倒U形。李秋娟（2018）利用PSR概念模型和熵值法，发现内我国木材安全方面的压力和状态分别呈波浪式上升和先下降后上升的趋势，主要影响因素是木材国际贸易、国内木材供给和森林资源状况。

结合以上概念，本书认为木材安全是指保证一国木材市场供需平衡的一种状态，并通过测算木材对外依存度和进口市场集中度来分析我国木材安全状况。就我国而言，随着消费者对木家具和木地板的需求增加引致木材加工业对木材的需求扩张，同时在回归自然、崇尚绿色和低碳生活的新形势下，作为天然、绿色、无污染的木材产品备受欢迎，需求将更加旺盛，必须提高木材的有效供给才能维持我国的木材安全。木材供给分为国内生产和国际进口，有必要先从这两个角度整体把握我国木材供给所处的市场环境。

5.3 我国木材安全的国内外环境分析

5.3.1 我国林产品对外贸易发展阶段分析

1978年以来，我国林产品贸易额由1978年的18亿美元增长到2019年的

第5章 新一轮集体林权制度改革对我国林产品进口贸易和木材安全的影响

1700亿美元,对外贸易规模扩大了近95倍。随着国内经济状况、国家经济政策的发展和变化,我国对外贸易的政策目标、发展方向和发展情况也曾进行多次调整,呈现出不同的阶段性发展特征,对外贸易的实际增速及增幅在此期间根据环境背景及供需情况发生了阶段性的动态变化。由于林业资源与生态环境的特殊关系,林业产业发展及贸易规模会受到国家政策及经济形势的深刻影响。总的来看,改革开放以来的对外贸易发展经历了1978年改革开放政策确定、1992年改革开放进入新阶段、2001年加入世界贸易组织、2008年应对金融危机和2013年进入全面深化改革新时期五个标志性事件节点(余振,2019),林产品贸易作为我国对外贸易的其中一部分,也经历了同样的政策阶段和背景环境,本研究也将以此作为划分标准将我国林产品贸易的发展阶段进行梳理和介绍。

(1)探索尝试发展阶段(1978—1992年)。改革开放初期,我国正逢经济建设落后、资金技术不足、市场需求短缺、资源价值低廉的窘境,急需寻求经济改革与汲取经验的万全之策。1978年12月,党的十一届三中全会正是解决这一局面的关键转折点,会议明确了新的国家经济体制,自此我国从计划经济转向商品经济,对外贸易政策也从国家统治型的封闭式贸易保护政策转向了有管制的开放式贸易保护政策,并在该阶段实施出口导向战略及较严格的传统进口限制措施,鼓励和扶持出口型产业,依据产业类型采取推行不同的对外贸易战略,融合全球优势要素,增强国际竞争力。结合我国国情及林业产业特征,在"对内改革"和"对外开放"的双重作用机制下,我国这一时期的林产品贸易也处于尝试探索、发展转变的形势。这一时期,我国的经济体制仍以计划经济为主,这一阶段主要可分为1978—1986年以行政和计划手段为主的宏观调控阶段,1987—1991年尝试性引入现代意义上的财政、货币政策的宏观调控阶段和1992年社会主义市场经济体制的建立。在这个过程中,进出口贸易大量采用许可证和配额经营,林产品贸易迅速发展,国家财政安排专项资金用于林产品进口,并指定公司专营林产品进口业务。改革开放之初,我国经济与技术尚处于起步阶段,几乎没有具备优势的林产品及专业化生产加工设备,因此只能借助出口原木等无需加工的初级林产品打开国际市场的大门。而1984—1991年是中国加强森林的保护时期,农村广泛实行了林业"三定"政策，林业建设实行以营林为基础，普遍护林，在普遍护林、大力造林的措施推动下，大力造林，林业产值得以迅速增长，但出口份额并没有明显提升。

这个时期"进口替代＋出口导向"外贸体制改革的同步推行，促进了我国各个产业贸易的发展，林产品贸易作为其中一个产业也迎来了飞跃发展的黄金时期，尤其是木材进口显著提升，极大地满足了我国木材供需缺口，促进了我国林业产业的发展。国民经济的高速发展必然导致我国的木材需求急剧攀升以匹配基本建设的正常运行，进口所占比例最大的为原木（其次为胶合板），这与我国缺乏森林资源及经济建设需求增长的现状相符。加之在此阶段内我国尚不具备基本的技术优势，寻觅摸索提升生产销售技术及管理水平的方法策略需要时间的检验以及生产制造能力的匹配，因此我国木材出口额始终处于较低的水平。1978—1992 年，中国的林产品进出口总额增长至 328.8 亿美元，其中进口额为 241.5 亿美元，出口额为 89.29 亿美元，进口额与出口额差距较为悬殊，贸易逆差的现象使得我国在此期间虽然贸易额在稳步提升但也存在较为严重的依赖性问题，因此找到合适的出口林产品类型以及形成全面覆盖、自主稳定的贸易结构是此阶段的目标。截至 1992 年，林产品对外贸易在中国货物贸易的占比提升至 3.04%，为我国下一阶段的扩大开放奠定了坚实的基础。

（2）稳步扩大开放阶段（1992—2001 年）。1992 年邓小平南方谈话推动改革开放进入了深化时期，该阶段实行有自由化倾向的贸易保护政策，通过调整关税政策、规范非关税措施、完善涉外法律体系、发展出口援助等举措更大范围地发挥市场调节的作用，逐步形成"全方位、跨领域、多层次"的对外开放格局。伴随着经济运转加速，我国于 1993 年完全取消了计划内林产品进口，并多次大幅度降低进口关税，我国林产品贸易呈现出了勃勃生机和广阔前景，越来越趋向于自由化。1992—1997 年为我国向可持续发展的转变时期，国家重点关注林地保护工作，提高森林覆盖率。1998 年，林业发展进入以生态建设为主的新阶段，《中共中央国务院关于加快林业发展的决定》出台确定了生态建设的发展战略。尤其是这些年间林业六大工程的实施，例如，1998 年开展的"天然林保护工程"对划入生态公益林的森林实行严格管护，

第5章 新一轮集体林权制度改革对我国林产品进口贸易和木材安全的影响

坚决停止采伐，对划入一般生态公益林的森林，大幅度调减森林采伐量，减少了国内的木材供给；1999 年开展的"退耕还林还草工程"将易造成水土流失的坡耕地有计划、有步骤地停止耕种，按照适地适树的原则，因地制宜地植树造林，恢复森林植被，"重点防护林体系建设工程""野生动植物保护及自然保护区建设工程""京津风沙源治理工程"等林业工程的开展均减少了国内的木材供给；加之 1999 年进口木材零关税政策的实施，促使我国木材进口量提升到一个新高度。

20 世纪 90 年代中期后，原木等初级林产品带来的优势越来越小，国家将发展重点转变为木浆、纸和纸制品等资本技术密集型林产品的制造。1992—2001 年我国木材进口额连年高速增长，我国 1992 年木材进口数量折合成原木当量为 3115 万立方米（FAO，1994），进口额为 241.5 亿美元（中国林业统计年鉴，1994）。入世后林产品进口量迅速增加，2001 年林产品净进口量达到 4109.58 万立方米，进口额为 844.9 亿美元，10 年间进口总额增长了 3.5 倍。此时林产品进口主要仍以原木、锯材、木浆为主，由完全的进口粗放式木材产品到逐步进口半成品、成品；出口则以人造板、木制品、木家具为主，在这段时间内我国利用了劳动力优势制造中间产品及产品并大量销往海外，处于林产品商品链中的生产加工的中间环节，出口总额也在稳步增长，由 1978 年的 32.67 亿美元增长至 2001 年的 46.32 亿美元。对于上述木质林产品，虽然供需缺口仍较大，但我国林产品贸易进出口渠道都在逐步拓展深化，贸易环境更趋于稳定。非木质林产品进口额由 1.24 亿美元提升至 4.91 亿美元，出口额由 13.48 亿美元增长至 18.87 亿美元，都处于有条不紊的增长态势之中。

（3）持续变革创新阶段（2002—2007 年）。2001 年 11 月中国正式世界贸易组织标志着中国进入全方位宽领域的对外开放时期，实行 WTO 规则下的有管理的自由贸易政策。在顺应世贸规则的同时不断完善中国市场化改革，深入推进贸易投资自由化、便利化，与各成员国多边开放、互利共惠，保持对外贸易稳定增长，反对贸易保护主义，扩大对外开放。这一阶段我国进一步深化改革以便适应加入世界贸易组织的新要求，主张促进高新技术出口和提升商品附加值，放开林产品进口的步伐，推动进口产品多元化。自 2001 年加入世界贸易组织后，中国严格遵守入世承诺，降低了249种林产品关税，非关税措施也随之取消，林产品整体贸易发展特征表现为贸易总量扩大且增幅加快、加工贸易占比增大、贸易伙伴相对集中，整体比较优势不够明显但发展形势较好；从贸易类型上看，主要依靠人造板、木制品、木家具等拉动出口贸易，并日益突显出木浆、木家具的比较优势，在经济全球化的背景下全面促进高新技术研发的林产品的出口。

该阶段我国林产品对外贸易总量进一步高速增长。2003年，新一轮集体林权制度改革的开展极大地解放了我国的林业生产力，加之同年对所有木质林产品实行出口退税的政策，进出口总额于2007年达到442.6万亿美元。2006年9月15日起，国家调整部分出口林产品出口退税率政策。2006年11月1日起，我国对部分高能耗、高污染、资源型的出口商品加征出口关税，其中涉及林产品的包括木片、实木地板和一次性筷子。2006年11月22日起，加工贸易企业以国产木材或以珍贵材作原料生产的板材、家具、木制品等不允许出口。2007年1月1日起，取消实木复合地板出口退税。2007年7月1日起，濒危动物、植物及其制品和部分木板及一次性木制品取消出口退税；纸制品和部分木制品出口退税率下调至5%；木家具出口退税率下调至9%。2007年4月26日起，以国产木材生产的木浆、纸制品等不允许出口。这五年间我国非木质林产品进出口贸易增长较快，尤其是在2003年以后，进出口贸易发展迅速，从2006年开始我国非木质林产品进口额已经开始超过出口额，出现贸易逆差。

（4）应对金融危机阶段（2008—2012年）。2008年金融危机爆发，我国对外贸易遭受严重影响，此后几年的危机重振期贸易政策经历了从"保市场、保份额、稳外需"到"拓市场、调结构、促平衡"再到经济新常态下化"被动式适应"为"主动式参与"，实施多项新政以推动对外贸易转型升级。为打破金融危机过后的市场低迷状态，我国从多方面切入实施举措以促进林业产业和林产品贸易，例如2008年三次提高林产品出口退税，加强与林产品主要出口国的协商合作，增加林产品出口贸易渠道，减少林产品出口贸易壁垒。

2008年的金融危机给林产品贸易带来了一定的冲击，木质林产品进口额

2018年为257.80亿美元，2019年下滑至231.22亿美元，出口额则由307.44亿美元降至297.69亿美元，降幅虽然不大，但也体现了林产品贸易与全球性格局变动的相互关系。非木质林产品的进口额没有受到明显影响，2008年进口额为17.23亿美元，2009年为21.85亿美元；出口额则由63.50亿美元降为61.69亿美元。2008年木质林产品的出口额为306.98亿美元，占比由2007的94.7%下滑到85.5%；非木质林产品出口额上升到52.25亿美元所占比重由12.1%上升至14.5%。我国实施的进出口贸易政策在应对金融危机、充分调动市场资源、强化国际交流上具有效果显著，2010年开始我国林产品贸易便呈现稳定增长态势，2010年木质林产品进口额一跃攀升至316.75亿美元，相比2008年增长了22.86%，出口额增长至382.22亿美元，增长率为24.32%；非木质林产品的进口额提高到27.71亿美元，出口额跃升至74.02亿美元。自此之后，林产品贸易额实现了跨越式的进展，木质林产品贸易额便由2010年的698.97亿美元提高为2011年的864.90亿美元，增幅为23.73%，非木质林产品贸易额由101.74亿美元增长至130.63亿美元，增长幅度为28.4%。但不同林产品贸易额变化的差距较大，例如原木进口大幅减少，进口额由2008年的51.83亿美元降至2009年的40.86亿美元，后又由2010年的60.73亿美元增长至2011年的82.74亿美元，波动幅度较大；锯材进口额由2008年的20.39亿美元增长至2011年的57.22亿美元，这几年间始终呈现出大幅度增长趋势；木浆的进口额由2008年的67.03亿美元增长至2011年的119.39亿美元，进口额增长率为78.11%；纸和纸制品则在金融危机的影响下进口额由107.41亿美元下滑至87.25亿美元，但在2010年后恢复至112.35亿美元，并在2011年继续增长至134.35亿美元。传统大宗出口林产品（如木家具、人造板、纸及纸制品）出现了出口增幅大幅度下滑的现象，由高标准的增幅转变为降幅分别为14.4%、17.9%和9.9%，这主要是由于国际市场需求萎缩及出口市场集中造成的林产品出口受阻。

这一阶段里我国林产品贸易虽然承受了经济问题与国际关系等方面的压力，但整体发展是较为平稳的。2008年全面推进集体林权制度改革，在所有权不变的前提下，依法将林地承包经营权和林木所有权，通过家庭承包方式落实到农户，确立农民作为林地承包经营权人的主体地位。完善林木采伐管理机制，加强林地、林木流转制度建设，进一步激发了农户营林造林的积极性，也增加了我国的木材供给。2010年严格的以采伐人工林代替天然林的采伐限额政策的实施，导致我国对进口原木的依赖增强。但在金融危机过后，我国林产品贸易的增长速度加快，超过中国整体贸易的发展水平，出口额也呈明显增长的积极态势。根据海关统计数据汇总分析，2010年全国林产品进出口贸易总额为962.7亿美元，比2009年增长37.1%，与我国进出口贸易总额34.7%的增幅相比，高出2.4个百分点。其中，出口额为487.8亿美元，比2009年增长34.3%；进口额为474.9亿美元，比2009年增长40.1%。伴随着技术进步与产业升级，我国林产品贸易结构也越来越完善，进出口额差距逐渐缩小，林产品供需趋向平衡。从林产品结构看，推动我国林产品进口额显著攀升的进口林产品主要为原木、锯材、纸及纸板纸制品、纸浆、废纸、天然橡胶和棕榈油等，这些林产品进口额达到391.1亿美元，占林产品进口总额的82.3%；带动中国林产品出口的主要产品为木家具、纸及纸板纸制品、木制品和胶合板等，这部分林产品出口额达到329.5亿美元，占出口额的67.5%。2012年我国林产品贸易再次遭遇下滑，进出口总额为1188.3亿美元，下降幅度为1.1%，其中出口额为575.70亿美元，进口额为612.6亿美元。且2012年我国林产品对外贸易市场结构发生变化，对美出口增长11.2%，对欧盟、日本、东盟出口分别降低1.3%、4.4%、0.6%，而对南非、巴西等新兴市场国家的出口额增长率均超过10%，这意味着我国的出口市场更加多元化。

（5）深度嵌入全球贸易体系阶段（2013年至今）。党的十八大以来，国内外形势和中国对外贸易环境都发生了深刻变化，我国深化市场在资源配置中起决定性作用的经济体制改革，我国经济发展模式的重心转向高质量发展。贸易政策将更大程度地激发了对外贸易的市场活力和积极性，更深层次地提高开放程度和市场竞争力，更高水平地完善经济建设新常态，加快转变经济发展模式。在坚定不移贯彻创新、协调、绿色、开放、共享的新发展理念的推动下，我国林业产业的发展进入深入全面贸易体系阶段。2013年以来，我国大力发展林业产业，积极培育及扶持各地多样化的林业产业，逐步形成以东南沿海地区、南方用材林区、黄淮海平原地区等为主导的用材林产业带；以华北平原、西北、东南沿海地区为主导的重点干鲜果品经济林产业带；以

第5章 新一轮集体林权制度改革对我国林产品进口贸易和木材安全的影响

南方和西南地区竹资源集中分布区为依托的竹产业带；促进以华北平原、东南沿海地区、南方用材林区、东北林区的林产品精深加工产业集群发展的发展。2013年，我国林业产业总产值达4.46万亿元，林产品进出口贸易额达到1250亿美元，分别较2012年增长13%和5.2%。在此期间，国家深化集体林业产权制度改革及综合配套改革，逐步建立起"产权归属清晰、经营主体落实、权责划分明确、利益保障严格、流转顺畅规范、监管服务到位"的现代林业产权制度，逐步推进林业产权结构的优化。为保障森林资源的生态屏障作用，国家重点扶持天然林资源保护、退耕还林和京津风沙源治理等生态工程以及国有林场产业发展。大力发展相关木本粮油、森林药材、森林食品等森林种植业，森林养殖业和森林采集业。2019年我国重新修订了《中华人民共和国森林法》。在组织政策上，扶植培育林业产业经济合作组织发展，提高林农进入市场的组织化程度；引入国际先进的林业技术和管理经验，提升我国林业产业技术和管理水平，提高林业产业质量；采取联合、兼并、股份制等形式组建跨地区的林业产业实体，发展混合所有制经济，获取规模经济效益。与此同时，国际环境的瞬息万变也让我国林产品的发展面临着较大的挑战，具体如表5-1所示。

表5-1　　　　　　　　　2013年以来我国林产品政策及其影响

时间	我国林产品贸易政策冲击	影响
2013年	中央一号文件提出"加强国家木材战略储备基地建设"方针	国内木材供给量减少，进口木材量加大
2014年	试点实施国有林区全面停伐政策	国内木材供给量大幅缩减，进口依赖度明显增加
2015年	中央一号文件提出"建立国家用材林储备制度"方针	国内木材供给量减少，进口木材量加大
2017年	中央一号文件提出"加强国家储备林基地建设"方针	国内木材供给量减少，进口木材量加大
2018年	美国把我国针叶材（软木）胶合板产品加入500亿清单，加征25%进口关税	木材进口市场结构转变，短期内产品出口受阻
2020年	非洲一些国家陆续出台木材出口禁令，自2022年起俄罗斯禁止出口针叶原木和珍贵硬木木材	国际木材供应数量短缺，市场供求矛盾进一步加大

2013年，木质林产品在房地产建设增长和出口拉动下，我国木材产量、消费量、进口量都有大幅增长，累计进口木质林产品为412.89亿美元，占全部林产品进口总额的比重为65.09%。其中，纸浆进口额所占比重最大，进口额为113.74亿美元，占比27.55%；原木进口额为93.17亿美元，占比22.57%；锯材、废纸、纸和纸制品进口额分别为68.30亿、59.30亿、43.74亿美元，所占比重依次为16.54%、14.36%、10.59%，上述这些林产品构成了我国木质林产品进口的核心来源。2013年，各类非木质林产品进口总额为221.43亿美元，约占全部林产品进口总额的34.91%，非木质林产品进口以天然橡胶和棕榈油为主，进口额为63.93亿美元和49.04亿美元，占非木质林产品进口总额的28.87%和22.14%。虽然国际市场的竞争日益激烈，但是我国林产品的出口形势仍处在有利地位，出口金额有在增长之中，带动出口增长的主要林产品类别为木家具、纸、纸板和纸制品、胶合板、木制品、干鲜水果和坚果、干鲜菌菇。在这段时间，产业结构和资源配置的调整越来越完善，出口市场不仅涵盖传统的美国、欧盟、日本、东盟地区市场，而且新兴市场如南非、墨西哥的市场需求稳步提升。现阶段，我国大批量进出口林产品是经济全球化进程中的重要组成部分，国家会结合整体特点及发展方向调整贸易发展方式，形成更加稳定合理的架构。并且我国越来越重视环境保护及可持续发展，坚持走资源节约型及环境友好型道路，更加重视科技进步与自主创新，也会促进林业产业的转型升级，加大资源利用效率、减少能源消耗，朝着贸易多元化、生产科技化的方向进取。

5.3.2 我国木材供给环境分析

（1）国内供给环境。我国国内木材供给主要是由我国森林资源禀赋决定，并由政府部门的林业政策影响，林业政策主要包括森林采伐限额、木材储备战略、天然林保护政策和集体林权制度改革等。

①森林资源禀赋。根据2018年《中国林业和草原统计年鉴》，我国森林覆盖率为22.96%，林地面积和森林面积分别为32591.12万公顷和22044.62万公顷，活立木总蓄积和森林蓄积分别为1900713.20万立方米和1756022.99万立方米。我国森林资源总量丰富，根据2020年联合国粮食及农业组织全球

第5章 新一轮集体林权制度改革对我国林产品进口贸易和木材安全的影响

森林资源评估，我国森林面积世界排名第五，占世界森林总面积5%，位居俄罗斯、巴西、加拿大和美国之后；但人均森林资源占有量小，远低于世界平均水平，长期以来森林资源经营粗放，总量不足的同时质量低下，木材自给能力弱。且资源分布极不均衡，从空间上看，现有的森林资源主要分布在东北、西南和南部林区，而我国较为发达的木材加工业却集中在东南沿海，区域分布不均衡意味着我国有限的森林资源无法达到最优的利用。

②森林采伐限额制度。1985年，我国颁布的《中华人民共和国森林法》中明确提出对森林实行限额采伐。1987年，中共中央、国务院《关于加强南方集体林区森林资源管理，坚决制止乱砍滥伐的指示》颁布以后，标志着森林采伐额制度开始正式运行。森林采伐限额制度按照采伐量低于生长量的总原则，根据森林资源消长状况和经营管理情况，采伐量每年为一个计划期进行调整，分别按省（区、市）编制。森林采伐限额制度是我国森林管理中一项非常重要的制度，其设立的目的是保护森林资源、改善生态环境。

森林限额采伐制度自开始实施至今，经过了多次的修改完善。最初的采伐限额制度仅仅是从总量上对森林采伐进行控制，分别对各省、自治区、直辖市的采伐数量给出具体的指标，要求采伐量不得超过规定的采伐限额总量。此后，在总量上控制之外，按照各类分项限额指标，对国营林业企业和国有林场也分项列出了采伐限额指标。之后，森林采伐限额不仅按照森林的消耗结构进行分类，而且进一步从采伐类型上进行分类。

森林采伐限额制度对森林资源的作用，一直是学术界争论的热点话题。这种争论主要集中于两个方面：一方面森林采伐限额制度在总量上控制了木材的采伐量，对森林资源的增长和保护以及其生态效益的发挥起着重要的作用；另一方面由于采伐限额制度高昂的执行成本和这项制度自身与林业经济的发展存在的矛盾，导致其严重阻碍了林业经营效率的提高。随着我国集体林权制度改革的开展和深入，采伐限额制度与集体林权制度改革后的林业经营也产生了一定的矛盾。

③木材储备战略。2013年、2015年、2017年中央一号文件针对我国生态资源本底不足、人多地少、缺林少绿、木材安全和生态安全问题，分别提出"加强国家木材战略储备基地建设""建立国家用材林储备制度""加强国家

储备林基地建设"方针,将国家储备林建设写入国家"十三五"规划纲要和《生态文明体制改革总体方案》中。木材作为国家重要的战略资源,建设好木材储备基地,对于保护生态环境、维持国内木材供需平衡、保障国家木材安全具有重要的战略意义。我国出台木材资源储备战略在很大程度上减少了木材的国内供给量,但是国民对木材的需求并未减少,因此出现国内木材供需不平衡的现象,国内供给和需求间的差额需要利用进口木材加以补充。

④天然林保护政策。自从1998年,我国实行天然林保护政策后,原木的供给量大大降低,根据历次发布的森林采伐限额可知,天然林采伐呈逐年递减趋势。"十一五"期间,天然林采伐限额占总采伐限额的比重为36.76%。"十二五"期间,这一比重降为30.53%。由于2014年开始在黑龙江大兴安岭试点实行天然林全面禁伐,导致天然林采伐量大幅降低,试点区天然林不允许进行主伐,只能进行抚育性采伐。"十三五"期间,天然林采伐限额占总采伐限额的比重为19.49%,并且主要为抚育采伐、低产林改造和其他采伐。

随着人工林逐渐替代天然林成为原木主要的供给来源,2002年后木材的供给又呈现上升的趋势,但总体上仍无法满足我国日益增长的木材需求,存在较大的需求缺口。陶以明(2016)提出,木材是社会公认的四大建材之一,木材消费与森林和生态保护息息相关,其过度采伐会导致生态失衡。目前,随着我国人口的增长,对木材的需求逐渐增加,但同时由于天然林保护工程等一系列防护林工程的实施,使我国的木材供给逐渐减少,国内木材供需矛盾将更加凸显。若要保障国家生态和木材安全,必须从我国国情出发,坚持大力发展优质用材林,适度发展木材进口,深入发展木材节约代用的三大发展战略。李秋娟(2018)提出,我国森林资源总量不足且结构失衡,加之停伐天然林,严重制约了国内的木材供给;国内木材加工产业整体上技术落后于发达国家,处于产业链的低端,且因为停伐面临困境。

综上可见,在我国森林资源不足的基础上,国家限制性的林业政策更加抑制了国内的木材供给,日益扩大的供需缺口不得不依靠国外进口来填补,这为我国的木材安全埋下了隐患,因此,有必要分析我国的木材进口环境如何。

(2)国际进口环境。随着中国成为世界第一大木材进口国和第二大木材

第5章　新一轮集体林权制度改革对我国林产品进口贸易和木材安全的影响

消耗国，我国木材对外依存度不断增高，逐渐逼近50%的警戒线且还在不断增加，国家木材安全面临巨大挑战。大量依赖木材进口不免受制于出口国的贸易政策和国际贸易规则，在我国迫切"想买"木材的需求下也时常面临着国外"不卖"的情形，这对我国林业产业安全和木材进口安全日益形成威胁，下面描述我国的木材贸易所面临的国际环境以分析木材安全形式。

①木材贸易保护。我国在国际上面临的典型木材贸易保护如俄罗斯原木出口限制。俄罗斯是世界木材储量最大的国家。据联合国资料显示俄森林面积为8.09亿公顷，木材储量是850亿立方米，但其利用率较低，因此俄罗斯认为应该发展本国的木材加工业，而不是廉价销售木材资源。俄罗斯于2006年颁布《森林法》，提高现行原木出口关税，并在此后的3年内逐步提高征税标准，以限制本国原木的出口，打击非法采伐，并在2019年提议在2035年之前完全限制原木出口。我国是俄罗斯木材市场上的主要进口国，俄罗斯是向我国出口木材的第一大国，约占我国木材和锯材进口的30%，两国贸易依存度很高。

加拿大木材出口限制政策的实施毫无疑问对中加两国之间的林产品贸易尤其是木材贸易存在显著的负面影响，陈妍（2018）认为，加拿大限制木材出口政策在某种程度上表现为增加了加拿大木材出口成本，这些成本包括时间成本、费用成本等，使中加两国的林产品贸易额会减少0.263个百分点。

近年来，随着贸易保护主义抬头，中美贸易关系也渐趋紧张，2017年8月，美国以贸易失衡为由对我国发起"301调查"并升级至贸易摩擦。就林产品而言，美国加征关税涉及产品清单包括原木、锯材、人造板、地板材、家具、木制品、竹藤制品、木片、木浆、纸及纸板、纸浆和纸制品等，涵盖了我国出口美国除了印刷品的所有木质林产品种类。同样，我国也针对美清单进行了有力反击，对来自美国的原木等林产品提高关税至25%。我国是美国木材出口大国，木材贸易往来频繁，与俄罗斯增税限制出口相同，中美贸易战也势必减少我国对美国的木材进口。但美国并不是不可替代的木材来源国，因此即使在美国进口市场受阻，我国也可以调整对俄罗斯、新西兰、加拿大等国原有的进口木材计划，寻求美国木材的进口替代来源国。而对美国而言，中东欧进口市场的木家具、木制品和人造板等在产品技术和品质质量上也与从我国进口的林产品相当，我国进口市场同样是可替代的。

②绿色贸易壁垒。在环境污染日益严重、生态环境遭到极大破坏的背景下，人们的环境消费心理逐步增强，越来越认同绿色保护措施。根据碳排放交易网，2018年我国已成为全球最大的碳排放国，美国位居第二，被指责为"毁林"的罪魁祸首和"世界森林资源的黑洞"，我国面临着巨大的国际舆论压力。在木材进口时也常常受到环境保护和气候变暖的约束。各出口国也针对此建立了不同的非关税贸易壁垒（如绿色贸易壁垒、技术性贸易壁垒等）以及一些其他的国际性环保政策。林产品贸易壁垒的形式多样，贾祥翔（2011）、唐帅（2013）、田康（2014）在研究中将我国林产品主要面临的国际贸易壁垒分为以下几类：知识产权壁垒；贸易救济措施，具体指反倾销、反补贴；技术壁垒，具体指有害物质含量，安全性能、防火性能的要求，强制认证制度（CE认证、EN71认证、美国ASTM认证等）；绿色壁垒，具体指最常见的森林认证和环境标志认证；原料来源合法性壁垒，具体是指《雷斯法案》和欧盟2003年实行的《森林执法、施政与贸易行动计划法案》、2009年《新木材法案》带来的壁垒。宋阳（2015）在其研究中提出了绿色贸易壁垒判定的三条标准，判定并证明了以《雷斯法案》修正案和欧盟木材法规为代表的一系列以打击非法采伐为主要立法理由的贸易限制措施实质上是绿色贸易壁垒的新形式，违背了国际贸易的公平原则，产生了巨大的效率损失，通过增加贸易成本的方式极大地损失了消费者及生产者的福利，打着环境保护的名义设置较高的技术贸易壁垒，旨在减少技术难以达标的发展中国家价格低廉的林产品进口，从而保护本国工业。该研究也强调了政府的作用，行业、企业也要形成良性互动，由此构建以政府为关键主体的林产品新绿色贸易壁垒应对策略体系。王婧（2020）提出，我国木材贸易依然存在一些问题，例如贸易逆差逐步扩大化；木材市场主要在美国、日本、英国、澳大利亚等国家集中度过高，这意味着一旦其中某一个国家贸易政策发生变化，也会波及我国的市场；木材产品结构不合理，人造板、锯材等初加工产品占比超过70%，出口贸易壁垒影响大。

总的来说，我国面临着随着经济和生产的发展而日益增长的木材需求，以及护林政策的推行而减少的木材供给；木材进口也因为各国重视对森林资源的保护、出于保护本国木材加工业的需要及西方媒体甚嚣尘上的"中国威胁论"而大大减少。基于以上讨论,可以发现我国依靠国际贸易平衡木材需求的难度越来越大,我国木材安全的形势也因此而日益严峻,木材安全逐渐成为一项重要议题提上日程,我国于2008年在全国范围内推行了集体林权制度改革以解放国内木材生产力,以期减少对原木的对外依存度。集体林权制度改革如何改善我国木材安全下面以具体数据展开分析。

5.3.3 我国木材进口依存度分析

改革开放的进程促进了我国的经济建设的进展,各个行业的进步都有目共睹,由此带动原材料需求连年攀升,以保持与基础设施建设及多元产业拓展相匹配的发展模式。木材作为我国基建、房地产、物流行业的主要需求对象,需求量由1978年的6026.15万立方米增长到2019年的16156.6179万立方米,增长了168%,且中国木材消费在1998—2019年间增长速度明显加快,我国国内木材产量不能有效满足日益增长的需求。尤其是我国自2000年实施天然林保护工程,全面停止天然林商品性采伐,木材产量急剧降低,使我国木材供给受限,对国外进口木材的依赖程度进一步加深。木材原产地各国对木材出口的管控力度加强、限制木材出口量、人工成本增加和环保政策实施等条件致使木材价攀升,多重影响作用导致国内木材供应缺口差距增大,对外依存度持续增加,因此有必要详细分析木材进口依存度以便全面了解我国木材在国内外需求上的均衡程度。

根据FAO林产品年鉴中我国木材对外依存度算法横线比较公式:进口木质产品折合原木量÷(原木产量+进口木质林产品折合原木量)×100%,则中国木材进口依存度=木材进口量÷(原木产量+原木进口量)×100%=原木进口量÷供给量×100%。

我国木材对外贸易依存度在40年间呈现总体上升趋势,屡创新高。理论上15%以内的进口依存度是较为安全的。历史数据显示,1978—1998年处于8%—20%的波动区间,整体变化幅度不大,处于较为安全的状态,基本上国内产量能够满足需求。但从1998年即第二阶段开始,木材进口依存度急剧增长飙升,从10.36%增长至40%以上,远远超过15%的底线,甚至朝着接近

50%的水平发展，我国木材进口面临依存度过高的风险。由图5-1可知，2011年以来，我国木材进口依存度不断攀升，2019年已经达到峰值58.78%，进口依存度明显偏高。实践表明，一个国家的对外依存度超过60%时，将面临较大的贸易风险。这说明我国目前市场木材主要依靠进口，国内木材市场供求形势非常严峻，行业部门应抓紧制定减少木材进口的措施，加大国内用材林培育力度，提高国内木材供应产量，解决国内木材市场供需矛盾刻不容缓。

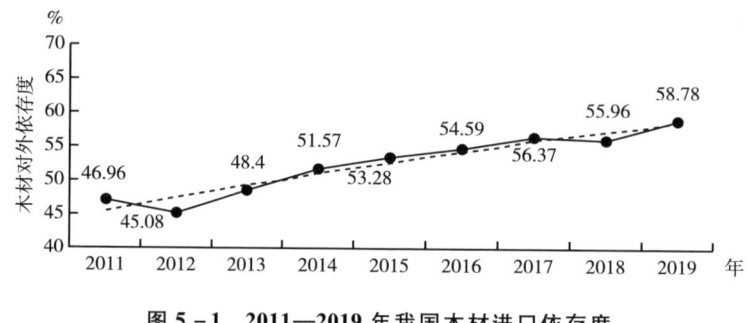

图5-1 2011—2019年我国木材进口依存度

5.3.4 我国木材进口市场集中度分析

近年来，我国木材主要进口来源国及所占比重有所改变，如表5-2所示。我国木材主要来源国包括新西兰、俄罗斯、美国、巴布亚新几内亚、澳大利亚、加拿大。其中，新西兰的进口占比呈显著的递增状态，从1997年的1.59%增长至2019年的24.1%，成为我国木材进口的主要来源国。俄罗斯始终是我国木材的重要供应国，一直在我国的木材进口格局中占据着关键地位，尤其是在1998—2012年，俄罗斯是我国木材进口来源国的第一位，在2007年甚至达到了50%以上的供应占比，可见其对我国木材供应的影响程度之深，虽然近些年来我国从俄罗斯进口的木材数量有所下降，但是其影响作用是不可否认的。我国从美国进口的木材贸易额占比是在逐渐上升的，但其在我国木材进口市场的占比低于15%，其对我国的影响越来越深但也有所限制。巴布亚新几内亚在我国木材进口市场的地位始终比较稳定，进口贸易额有所提升但整体浮动不大。澳大利亚和加拿大从2010年开始成为我国木材进口的重要贸易伙伴，我国进口木材来源分布逐渐分散。

第5章 新一轮集体林权制度改革对我国林产品进口贸易和木材安全的影响

表5-2 木材进口前十来源国及其进口额占比

排名	1997年		1999年		2001年		2003年		2005年		2007年		2009年		2011年		2013年		2015年		2017年		2019年	
1	加蓬	32.20%	俄罗斯	21.66%	俄罗斯	32.58%	俄罗斯	39.60%	俄罗斯	49.99%	俄罗斯	50.52%	俄罗斯	42.50%	俄罗斯	25.56%	新西兰	18.08%	俄罗斯	15.89%	新西兰	19.32%	新西兰	24.14%
2	马来西亚	14.85%	马来西亚	19.69%	加蓬	12.32%	马来西亚	16.18%	巴布亚新几内亚	8.34%	巴布亚新几内亚	7.74%	新西兰	10.47%	新西兰	14.18%	俄罗斯	15.11%	新西兰	15.09%	俄罗斯	14.09%	俄罗斯	9.64%
3	俄罗斯	13.50%	加蓬	14.63%	印度尼西亚	10.09%	加蓬	8.41%	马来西亚	8.29%	加蓬	7.39%	加蓬	9.19%	美国	12.42%	美国	13.34%	美国	10.24%	美国	13.36%	美国	7.82%
4	喀麦隆	9.11%	德国	8.96%	马来西亚	9.01%	巴布亚新几内亚	6.33%	加蓬	7.17%	马来西亚	4.66%	巴布亚新几内亚	6.72%	巴布亚新几内亚	7.05%	巴布亚新几内亚	6.70%	巴布亚新几内亚	8.20%	巴布亚新几内亚	6.00%	巴布亚新几内亚	6.42%
5	巴布亚新几内亚	4.05%	印度尼西亚	5.58%	德国	6.70%	新西兰	5.23%	缅甸	3.98%	新西兰	2.88%	美国	4.12%	加拿大	5.39%	加拿大	5.76%	加拿大	4.60%	澳大利亚	5.99%	澳大利亚	6.22%
6	朝鲜	3.88%	巴布亚新几内亚	5.05%	巴布亚新几内亚	5.89%	刚果	3.17%	刚果	3.65%	美国	2.79%	刚果	3.24%	刚果	3.43%	缅甸	5.74%	尼日利亚	4.33%	加拿大	5.75%	德国	5.93%
7	美国	3.08%	喀麦隆	3.56%	缅甸	3.42%	缅甸	3.15%	美国	3.10%	缅甸	2.63%	马来西亚	3.14%	越南	3.06%	澳大利亚	2.38%	莫桑比克	3.58%	尼日利亚	3.54%	加拿大	4.97%
8	缅甸	2.89%	缅甸	3.08%	新西兰	3.08%	德国	2.36%	德国	2.43%	越南	2.43%	缅甸	3.04%	澳大利亚	2.57%	刚果	2.14%	澳大利亚	3.56%	莫桑比克	2.95%	捷克	2.96%
9	新西兰	1.59%	法国	2.13%	法国	1.92%	美国	1.87%	新西兰	1.98%	刚果	2.33%	喀麦隆	2.14%	缅甸	2.54%	乌克兰	1.95%	喀麦隆	2.29%	刚果	2.28%	莫桑比克	2.52%
10	几内亚	1.16%	新西兰	1.36%	利比里亚	1.70%	利比里亚	1.71%	莫桑比克	1.25%	德国	2.07%	澳大利亚	1.58%	马来西亚	2.07%	莫桑比克	1.80%	刚果	2.20%	喀麦隆	1.43%	刚果	2.27%

数据来源：FAO。

我国木材进口来源的变化以及来源国的进口额占比排名，从国际贸易角度反映了我国木材进口在20年来的动态变化。第一进口来源国由加蓬变为俄罗斯最后又转变为新西兰，1998年前，加蓬和马来西亚是我国木材来源的最主要供应国，两国进口额总比重接近50%；1998—2012年，木材进口量在急剧增长的情况下，俄罗斯一跃成为我国木材的最主要来源国并远远超过了我国从其他国家的进口量，直接占领了我国木材进口市场的半壁江山。2013年开始，我国从新西兰的木材进口贸易更加活跃，2019年，新西兰在我国木材进口额的占比为24.14%，在很大程度上超越了俄罗斯的9.64%。2013年来逐渐形成了新西兰、俄罗斯、美国、巴布亚新几内亚四国排名前四的稳定格局，澳大利亚、加拿大的进口地位也逐步提升并交替居于在第五位。

通过上述对我国木材进口来源的分析，对木材进口的整体发展趋势有了一定的了解，接下来运用进口来源国集中度（CR_n）和赫芬达尔—赫希曼（HHI）来测算我国木材进口集中度，并以此为基础分析我国木材安全性。

进口来源国集中度（CR_n）表示我国木材进口来源国排名前n位的国家占我国木材进口市场的份额。计算公式为：

$$CR_n = \sum_{i=1}^{n} x_i \Big/ \sum_{i=1}^{N} x_i \qquad (5-1)$$

式（5-1）中：X_i为我木材进口来源国中进口规模排在第i位的规模；n为我国木材进口来源国中进口规模排在前面的国家数；N为我国木材进口来源国的国家总数。依据计算结果并参照贝恩市场结构分类标准，可以更进一步清晰的探索我国木材进口市场的结构类型。

赫芬达尔—赫希曼（HHI）用各个进口来源国所占进口份额的平方和来表示，更全面准确地展现市场集中度。计算公式为：

$$HHI = \sum_{i=1}^{N} (X_i/X)^2 \qquad (5-2)$$

式（5-2）中：X_i为我国木材进口来源国中规模排在第i位的规模；X为我国木材进口市场总规模；S_i为我国木材来源国中进口规模排在第i位的占有率；N为我国木材进口来源国的国家总数。HHI取值介于0与1之间，通常计算法是扩大10000倍后按照以HHI值为基准的分类标准划分市场结构。

第5章 新一轮集体林权制度改革对我国林产品进口贸易和木材安全的影响

根据测算得出的 CR_4、CR_8、HHI 结果如下表所示。根据表 5-2 数据可知，CR_4、CR_8 整体呈现下降趋势，以 CR_4 值为 0.75、0.65 作为分界点可以此划分为极高寡占型、高寡占型和中集中寡占型；CR_8 的分界点值 0.85、0.75 是划分极高寡占型、高寡占型和中集中寡占型的依据。1992 年时 CR_4 超过 0.75 以及 CR_8 超过 0.85，属于极高集中寡占型，前八位进口来源国对我国木材进口的影响具有巨大的作用，尤其是对马来西亚、美国的依赖性较强。但 1992 年之后，CR_4、CR_8 都有所下降，我国木材进口市场结构逐渐由高集中寡占型过渡到中集中寡占型，排名前几位的进口来源国的垄断地位逐渐减弱，说明我国木材进口来源国集中程度渐渐下降，进口安全性缓慢提高。再参考 HHI 指数的变化发现，1992—2019 年间我国木材进口集中程度经历了较大的波动，变动幅度非常显著，但整体结果是下浮降低的趋势，20 多年来由高寡占型逐步向低寡占型转变，在 2002—2010 年间经历了较大的涨幅，但 2011—2019 年明显下降始终低于 1000，变化成为竞争型市场结构。两者结合看来，可以看出我国木材进口来源国集中程度和垄断程度有所下降，进口渠道逐渐增加。随着进口数量和进口额的增长，我国木材也在逐步分散进口来源，木材安全性有所提升。我国木材 CR_n 和 HHI 指数见表 5-3。

表 5-3 　　　　　　　我国木材 CR_n 和 HHI 指数

年份	CR_4	CR_8	HHI
1992	0.866	0.961	2616
1993	0.747	0.916	1837
1994	0.603	0.886	1185
1995	0.692	0.884	1501
1996	0.713	0.878	1666
1997	0.697	0.878	1630
1998	0.793	0.842	1357
1999	0.649	0.848	1274
2000	0.610	0.819	1146
2001	0.640	0.847	1532
2002	0.714	0.847	2388
2003	0.705	0.860	2022

续表

年份	CR_4	CR_8	HHI
2004	0.736	0.869	2540
2005	0.738	0.875	2755
2006	0.720	0.839	2733
2007	0.703	0.820	2753
2008	0.701	0.839	2662
2009	0.689	0.837	2124
2010	0.605	0.772	1332
2011	0.592	0.752	1160
2012	0.544	0.721	977
2013	0.532	0.724	909
2014	0.458	0.667	721
2015	0.494	0.680	796
2016	0.531	0.712	897
2017	0.528	0.729	927
2018	0.541	0.723	973
2019	0.480	0.694	938

根据图 5-2 我国木材进口的 CR_n 及 HHI 指数的趋势走向，进一步综合分析我国木材进口集中度。在 1992—2019 年间，我国木材集中度先上升后下降，在 2005 年时木材集中度达到上升的最高点，后来逐步下降，进口集中程度慢慢分散，这是由于 2005 年后俄罗斯实施了限制原木出口及加征木材出口关税的政策，我国逐渐减少来源于俄罗斯的进口木材，转而从其他国家进口木材。虽然两个指数都显示了我国木材进口集中度的下降趋势，但是并不能完全显示出进口风险的变动。因为风险的影响因素是多重的，不仅体现在进口来源国的多样性上，还受到来源国的政治因素、法律制度、经济发展水平、社会环境变化等的作用。从目前形势上看，森林资源的减少及国际政治压力的冲击对我国木材进口的影响相对较大。

在发展初期，我国木材进口市场集中度较高，对外依存程度大，对木材来源国中排名前八位的国家依赖程度很高，进口来源风险高。但从长远的趋势来看，我国木材进口市场结构由极高寡占型向中集中寡占型转变，市场结构的配置处于不断优化的过程中。我国木材进口集中度降低的很大一部分原因是俄罗斯的原木出口限额所影响,迫使我国进口其他国家的木材,说明我国对来源国的前几名的依赖程度还是很明显。因此,新西兰、俄罗斯对我国的木材供应影响仍然是重中之重,来自这两个国家的进口木材数量是超过其余国家的,表明进口来源结构对我国木材进口是极为重要的因素,也间接影响着我国木材安全。

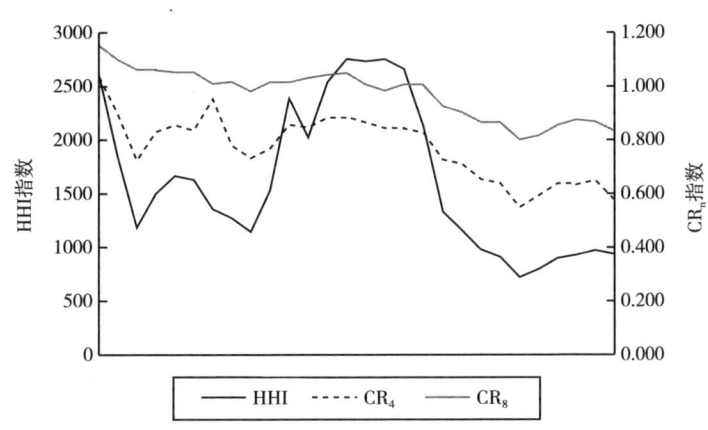

图 5-2 我国木材进口的 CR_n 及 HHI 指数

5.3.5 木材价格安全性分析

在界定木材安全的概念时,学者都首先强调木材供给的"持续"和"稳定"两个方面,"持续"保证源源不断的木材供给,"稳定"避免木材供给量和供给价格的大幅波动,只有在价格稳定的前提下分析数量的变化才是有意义的。然而,不难发现,多数研究在关注木材供给数量和结构的时候,忽视了对木材价格的研究。在国际国内木材市场供应日益紧张,原木市场价格不断上涨的背景下,价格问题在当前木材安全研究中有着突出的重要性与紧迫性。

影响木材安全的因素有很多,包括经济因素、社会因素、政治因素、生态因素等,而将价格因素考虑入内的研究不多。程宝栋(2012)选取具有代表性的储采比、对外依存度、进口集中度、原木价格及单位 GDP 能耗五项指标来评价木材安全状况。其中,木材价格作为获取木材资源的代价,与进口量呈反向变动关系，木材价格越高，进口量越少，我国从国际的进口便越受制于人，从而威胁我国木材贸易安全。

图5-3反映了2001年以来我国木材国内市场价格和进口价格，可以看出，我国国内木材市场价格与国际木材进口价格总体上呈现相同的变化趋势。在2001年我国入世后，我国面临的木材价格不断上涨，国内平均价格从450元/立方米增加至2014年的峰值822元/立方米，进口平均价格从107美元/立方米增加至2014年的峰值235美元/立方米，期间只有在2009年受金融危机影响价格下降较大。2014年后，国内国际木材价格均开始下降，2019年国内木材平均价格为747元/立方米，进口平均价格为182.65美元/立方米。这与前文木材对外依存度分析相对应，自进入21世纪后，随着平均价格的升高，我国木材对外依存度也从10%左右剧增至58%，并面临着继续攀升的风险。以木材价格角度来看，价格持续上涨的背后反映了木材供给的安全隐患，需求量和供给量齐升引致市场价格的攀升，而我国因自身供给不足产生的供需缺口而失去国际市场的议价能力，木材进口价格的上涨还会带动国内木材销售价格的上升（王术华，2013），形成价格攀升的恶性循环，威胁着国内国际市场的木材安全。可见，通过增加国内木材供给提升我国木材市场的国际议价能力仍是保证我国木材安全的根本方案。

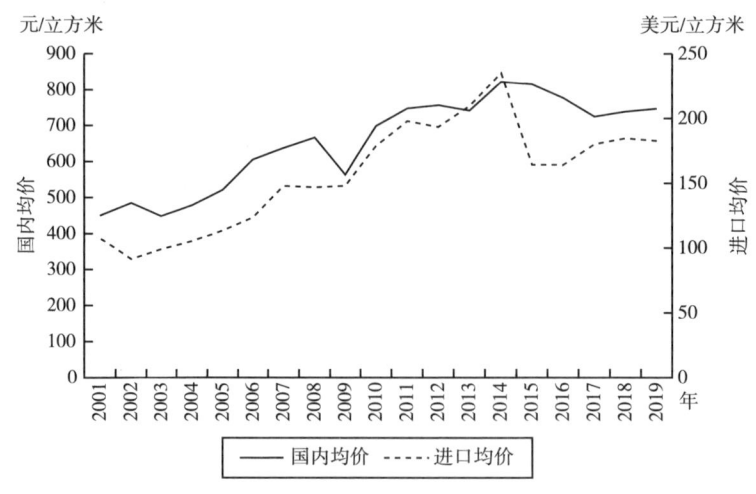

资料来源：《中国林业统计年鉴》。

图5-3 2001—2019年我国国内国际木材价格

第 5 章　新一轮集体林权制度改革对我国林产品进口贸易和木材安全的影响

基于以上讨论，为维护我国木材安全应从以下两个方面着手。

（1）扩大进口来源。我国木材需求是持续上升的趋势，虽然对外依存度和进口集中度都显示为下降的趋势，但我国木材对排名靠前的来源国的依赖程度还是较大，来源国的波动会对我国木材进口及供应造成极大的影响，进口安全性略显不足，因此可以进一步扩大与其他国家的贸易往来与合作，寻找森林资源丰富、进口风险低的国家纳入进口来源渠道，实现进口区域多元化，提升进口安全水平。

（2）提升国内木材供给能力木材供应一方面来自国外进口，另一方面则源于国内供给。既要保障国内木材产量能够稳定的生产输出，又要站在可持续战略的角度考量木材的未来发展。科学、有效的管理提升已有森林资源的质量，发展速生丰产用材林及人工用材林，以提升木材产量及供应水平。集体林权制度改革使林农获得了更稳定、完整的经营权和收益权，因此木材采伐量更加活跃，木材供应程度有所上升，但是供需缺口仍然较大，因此需要更加积极有效的政策调整供需关系。

5.3.6　我国木材进口贸易现状

（1）木材进口量。本书根据 FAO 的历年林产品年鉴整理出了我国 1998—2019 年的木材进口量。由图 5-4 可以看出，我国的木材进口量总体上呈上升的趋势，在 2008 年、2012 年和 2015 年有所下降。1998 年以后由于天保工程的实施，我国对于天然林实施了禁止砍伐的规定，木材进口量也因此呈快速增长的趋势。此外，2001 年我国加入世界贸易组织，这也有可能促进了这两年木材的进口，1998—2002 年的增长率为 189.52%，平均增速为 30.8%，平均每年增加 467.92 万立方米；到了 2003 年开始增速开始放缓，平均增速为 8.1%，平均每年增加 476.68 万立方米。这有可能是由于 2003 年以后我国的集体林权制度改革开始试点，在一定程度上增加了国内木材的供给，故而木材进口量的增速开始放缓，不再急剧增长。2008 年木材进口量的下降还有可能是由于全球金融危机导致的全球贸易量的下降；后续木材进口放缓还受到主要木材进口来源国（如俄罗斯、泰国、越南等国）开始实施的木材限制出口的政策。

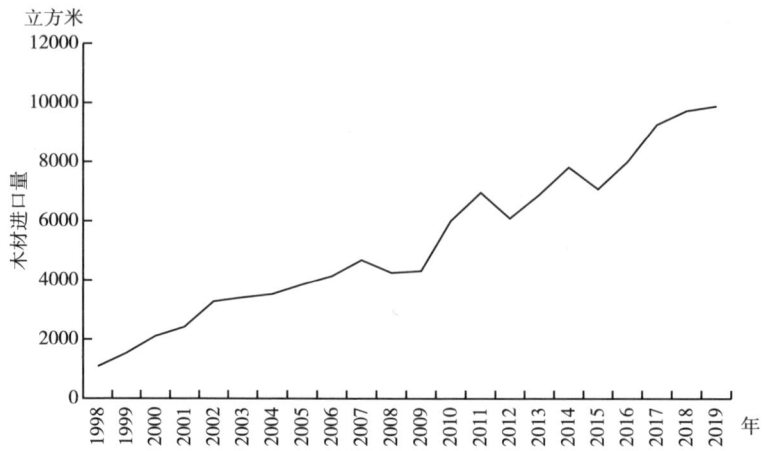

资料来源：FAO 数据库。

图 5-4 1998—2019 年我国木材进口量

此外，根据表 5-4 可知，1998—2002 年我国原木和锯材的进口量均呈快速增长的趋势，增长率分别为 252.8% 和 96.98%，主要以原木进口量的增加为主。2003 年以后，原木进口量的增速开始放缓，平均增长率为 6.18%；锯材的平均增长率则为 12.01%。可以看出，2003 年以后锯材进口的增长速度要比原木进口高，这主要可能是我国在 2008 年全面铺开的集体林权制度改革政策使我国原木供给上升，以及我国主要木材进口来源国的限制原木出口的政策也促使作为原木替代品——锯材的进口的增加。另外，由于 2008 年由于全球金融危机的缘故，国内对木材的需求和出口需求变小，故而在 2008 年木材的进口量较 2007 年的进口量的降幅达到了 13.07%。

表 5-4　　　　　　　1998—2019 年我国木材进口量

年份	原木进口量（万立方米）	增长率（%）	锯材进口量（万立方米）	增长率（%）
1998	733.1	—	351	—
1999	1188.2	62.08	346.7	-1.23
2000	1567	31.88	537.6	55.06
2001	1846.8	17.86	572.4	6.47
2002	2586.4	40.05	691.4	20.79

续表

年份	原木进口量（万立方米）	增长率（%）	锯材进口量（万立方米）	增长率（%）
2003	2698.6	4.34	713.4	3.18
2004	2764.9	2.46	762.8	6.92
2005	3094.3	11.91	760	-0.37
2006	3372.1	8.98	769.6	1.26
2007	3869.4	14.75	813.1	5.65
2008	3363.7	-13.07	891.7	9.67
2009	3130.4	-6.94	1186.1	33.02
2010	4236.8	35.34	1774.2	49.58
2011	4638.8	9.49	2325.1	31.05
2012	3883.2	-16.29	2211.9	-4.87
2013	4493.9	15.73	2401.8	8.59
2014	5120.9	13.95	2697.5	12.31
2015	4425.1	-13.59	2656.8	-1.51
2016	4854.2	9.70	3149.4	18.54
2017	5526	13.84	3740.1	18.76
2018	5979.9	8.21	3755.3	0.41
2019	6011.2	0.52	3877.1	0.32

资料来源：《联合国粮食及农业组织林产品年鉴》。

（2）木材价格。本研究的进口木材平均价格是由木材进口金额除以木材进口量得到的。根据图5-5可知，1998—2019年原木平均进口价格与锯材平均进口价格的波动存在相关性，其变动方向大体一致。1998年，我国的原木平均进口价格为144美元/立方米，锯材平均进口价格为285美元/立方米；2001年我国加入世界贸易组织以后，进口木材价格有所下降。2003—2007年，进口木材的价格总体上呈持续上升的状态，其中原木进口平均价格的平均增长率为8.29%，锯材进口平均价格的平均增长率为3.9%；2008年以后，由于全球金融危机的影响，木材价格达到低谷，原木的平均进口价格为125美元/立方米，锯材的进口价格为211美元/立方米。随后木材的价格一路上升,原木和锯材的平均进口价格均在 2014 年达到了顶峰,分别为 232 美元/立方米和 325 美元/立方米,相比于 2010 年增长率分别为 75.76% 和 39.48%。2015 年后我国的木材平均进口价格趋于一个平稳的状态,到了 2019 年,原木和锯材的平均进口价格分别为 188 美元/立方米和 272 美元/立方米。

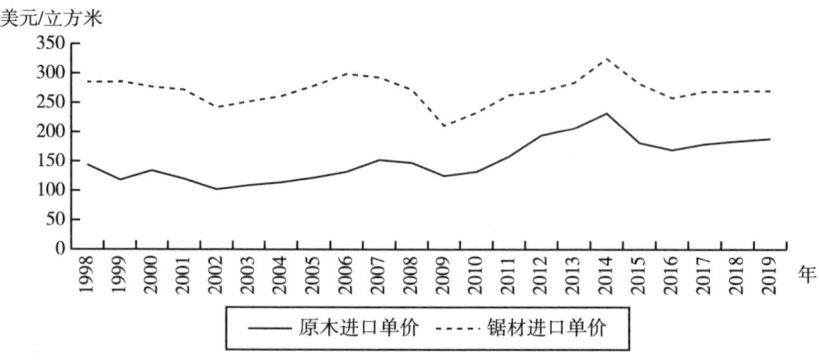

资料来源:FAO。

图 5-5 1998—2019 年我国木材进口单价

此外,不同种类的木材进口平均价格存在差异,本书将原木分为针叶原木和阔叶原木,锯材分为针叶锯材和非针叶锯材,将这四类木材 1998—2019 年的平均进口价格整理得到图 5-6。在原木进口这方面可以看出,阔

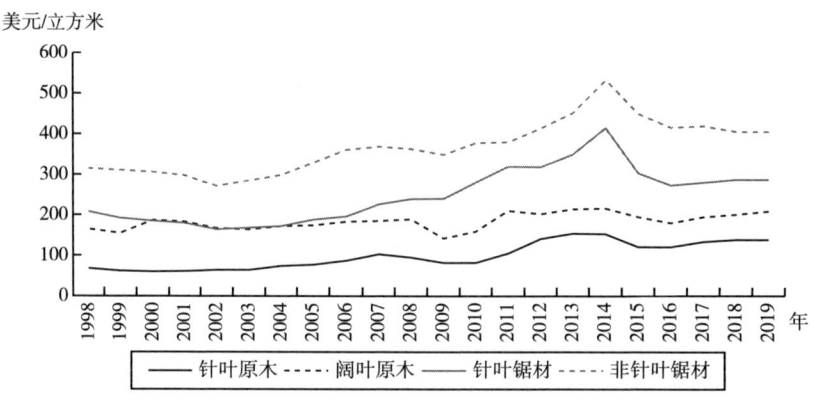

资料来源:FAO。

图 5-6 我国各类木材进口平均价格

第5章　新一轮集体林权制度改革对我国林产品进口贸易和木材安全的影响

叶原木的平均进口价格要高于针叶原木的平均进口价格，前者大约是后者的2倍，2019年针叶原木平均进口价格为142美元/立方米，阔叶原木平均进口价格为209美元/立方米；而且针叶原木的进口价格波动较阔叶原木的进口价格较平稳。在锯材进口这方面可以看出，其针叶锯材进口价格的变动趋势与针叶原木进口价格的变动趋势相似，非针叶锯材进口价格的变动趋势也与阔叶原木进口价格的变动趋势相似。总而言之，针叶木材的平均进口单价要比阔叶木材的平均进口单价要低，其价格的变动趋势也更为平稳。

（3）木材进口种类。在木材进口种类方面，根据表5-5可知，1998—2000年我国原木进口以阔叶原木为主。2001年以后，针叶木材成为进口原木的主要构成部分，针叶木材进口量占木材进口量的占比从2001年的50.27%上升到2018年的69.67%。1998—2002年针叶原木进口量的增长速度较快，平均增长率86.33%；2003年集体林权制度改革开始试点后，针叶原木进口量增长速度开始放缓，进口量在2003年、2008年、2012年和2014年有所下降，总体平均增长率为7.18%。在进口锯材的方面，锯材的进口种类与原木呈相似的趋势，1998—2007年，锯材进口以非针叶锯材为主；2008—2019年锯材进口以针叶锯材为主，针叶锯材的进口量占锯材进口量的比重由1998年的28.12%上升到2019年的65.99%。考虑到我国的天然林多为针叶树木，因此在天然林保护工程的实施后，国内针叶木材的产量呈下降的趋势。而国内对针叶木材的需求仍然在上升，且相比于阔叶原木，针叶原木的价格更加低一些，因此，从国外进口针叶木材的数量随之呈上升的趋势。在针叶锯材进口方面，我国的主要木材进口国俄罗斯虽然限制了原木的出口，但是对于针叶锯材方面的出口则没有加以限制。因而，目前我国的木材进口是以针叶林为主，阔叶林为辅的进口结构。总体而言，集体林权制度改革前，由于天然林保护工程的实施以及基础设施建设对于针叶木材的需求，我国针叶木材的进口量快速增长；而在集体林权制度改革后，由于我国木材产量的增加，我国木材的进口量增速呈一个平稳增长的状态。

表 5-5　　1998—2019 年中国不同种类木材进口量　　（单位：万立方米）

年份	针叶原木	阔叶原木	针叶锯材	非针叶锯材
1998	160.4	572.4	98.7	252.3
1999	468.9	719.0	72.5	274.1
2000	649.8	916.9	109.3	428.3
2001	928.4	917.5	110.4	461.9
2002	1592.7	993.0	175.2	516.2
2003	1516.3	1181.6	193.6	519.8
2004	1619.2	1145.0	226.4	536.4
2005	1845.9	1247.8	244.6	515.4
2006	1989.7	1381.5	267.1	502.5
2007	2342.7	1524.2	336.7	476.5
2008	2141.8	1220.6	466.6	425.0
2009	2291.3	838.7	790.1	395.9
2010	3150.6	1085.7	1175.4	598.8
2011	3482.0	1156.3	1589.8	735.3
2012	2708.9	1173.7	1518.1	693.8
2013	3293.2	1200.0	1691.0	710.8
2014	3578.5	1541.5	1770.0	927.5
2015	2973.3	1450.9	1746.6	910.2
2016	3335.8	1518.3	2107.5	1041.9
2017	3823.7	1702.3	2505.5	1234.7
2018	4165.9	1814.0	2489.3	1266.0
2019	4464.8	1935.0	2535.5	1306.0

资料来源：联合国粮食及农业组织数据。

（4）我国木材进口来源国。除了木材种类的变化，考虑到集体林权制度改革是在 2003 年试点和 2008 年全面铺开的，本书将 1998—2019 年我国木材进口来源国的变化整理成图表，更为清晰地体现集体林权制度改革前后我国木材进口市场结构的变化。

根据表 5-6、表 5-7 可知，1998—2002 年，我国的原木进口国主要为俄罗斯、马来西亚、加蓬等国，其中以俄罗斯和马来西亚为主，1998 年我国从这两国的原木进口量分别占原木总进口量的 22.62% 和 19.51%。在针叶原木的进口市场上，俄罗斯、朝鲜、马来西亚、新西兰占据了针叶原木进口量的

87%以上;在阔叶原木的进口市场上,马来西亚、加蓬、俄罗斯、喀麦隆、缅甸占据了我国阔叶原木进口量的一半左右。相比于针叶原木的进口更多集中于俄罗斯,阔叶原木的进口则更为分散一些。1998—2002 年,我国的锯材进口国主要为马来西亚、印度尼西亚、美国、加拿大等国,其中以马来西亚、印度尼西亚和美国为主。不过,相比于 1998 年,可以看出,到了 2002 年,马来西亚、美国两国的占比开始降低,而俄罗斯、泰国、加拿大等国开始逐渐有了一席之地。

表 5-6　1998—2019 年我国主要原木进口来源国在总进口额中占比

年份	俄罗斯	新西兰	马来西亚	美国	加拿大	加蓬	巴布亚新几内亚	澳大利亚
1998	22.62%	2.03%	19.51%	1.63%	0.18%	9.98%	3.24%	0.06%
1999	34.89%	1.90%	18.59%	0.59%	0.04%	8.06%	3.55%	0.01%
2000	37.53%	2.74%	15.04%	0.54%	0.08%	7.71%	4.49%	0.08%
2001	47.21%	4.56%	9.63%	0.75%	0.10%	6.40%	4.63%	0.33%
2002	55.15%	7.03%	5.23%	0.63%	0.14%	4.25%	2.16%	0.50%
2003	52.73%	7.91%	8.31%	0.70%	0.52%	2.71%	3.89%	1.20%
2004	59.48%	2.85%	12.52%	2.75%	0.47%	5.04%	8.27%	1.02%
2005	59.23%	2.59%	9.87%	4.23%	0.41%	4.32%	6.89%	0.60%
2006	70.34%	3.76%	7.90%	1.98%	0.42%	3.25%	5.43%	0.86%
2007	57.69%	4.31%	10.25%	1.33%	0.87%	4.03%	5.21%	1.12%
2008	56.18%	6.37%	11.77%	4.96%	1.13%	3.54%	7.76%	1.46%
2009	41.31%	21.70%	12.05%	5.84%	2.16%	1.38%	5.98%	2.48%
2010	39.89%	17.81%	5.31%	7.84%	3.25%	1.70%	14.76%	2.85%
2011	34.03%	17.98%	1.33%	12.49%	5.72%	0.05%	6.46%	3.74%
2012	24.34%	23.28%	3.16%	11.77%	6.38%	0.09%	13.04%	3.66%
2013	23.34%	27.56%	3.69%	12.59%	6.70%	0.03%	11.56%	2.60%
2014	21.35%	25.42%	3.82%	11.21%	6.18%	0.01%	12.62%	2.54%
2015	21.77%	23.43%	2.84%	9.52%	6.33%	0.02%	11.01%	3.07%
2016	22.81%	23.95%	2.76%	9.69%	7.20%	0.01%	11.41%	4.09%
2017	22.86%	26.66%	1.46%	11.24%	8.06%	0.01%	7.08%	6.72%
2018	22.35%	24.78%	1.84%	10.23%	7.66%	0.01%	7.62%	5.73%
2019	23.07%	25.86%	2.16%	10.54%	7.80%	0.01%	8.41%	6.32%

资料来源:联合国粮食及农业组织数据库整理所得。

表 5-7　1998—2019 年我国主要锯材进口来源国在总进口额中占比

年份	俄罗斯	美国	马来西亚	印度尼西亚	加拿大	泰国	智利	芬兰
1998	0.47%	13.63%	22.07%	15.73%	4.38%	1.51%	0.02%	0.10%
1999	2.25%	18.10%	33.91%	18.55%	5.05%	3.60%	0.12%	0.36%
2000	2.79%	8.31%	12.69%	18.77%	5.85%	5.77%	0.34%	0.57%
2001	5.12%	9.18%	9.89%	21.38%	6.22%	6.16%	0.62%	0.65%
2002	7.68%	11.34%	9.90%	20.31%	6.34%	8.68%	2.52%	0.91%
2003	4.55%	7.91%	5.52%	10.89%	4.95%	6.59%	0.76%	0.54%
2004	15.43%	9.23%	4.90%	0.42%	5.24%	7.50%	0.92%	0.51%
2005	21.49%	9.04%	11.73%	10.56%	4.20%	11.59%	1.00%	0.91%
2006	23.26%	7.94%	11.81%	6.30%	5.15%	11.93%	2.13%	0.83%
2007	21.93%	13.98%	2.58%	0.07%	6.98%	10.17%	1.83%	2.74%
2008	23.96%	6.48%	4.23%	0.96%	7.49%	3.33%	4.49%	0.24%
2009	30.56%	5.25%	2.00%	0.51%	16.06%	3.85%	2.35%	0.28%
2010	30.49%	7.48%	4.41%	1.40%	24.63%	3.55%	1.99%	0.46%
2011	28.63%	11.77%	1.49%	3.20%	29.51%	9.06%	1.97%	0.29%
2012	31.06%	11.81%	1.68%	3.36%	29.80%	8.89%	2.29%	0.35%
2013	32.70%	11.77%	2.19%	2.26%	27.40%	6.54%	2.16%	0.97%
2014	30.53%	12.28%	2.14%	1.86%	26.61%	6.00%	1.92%	0.90%
2015	26.36%	10.37%	2.51%	1.05%	21.35%	6.40%	1.72%	1.09%
2016	33.36%	9.56%	2.51%	0.93%	21.13%	6.15%	2.11%	1.86%
2017	33.02%	9.41%	2.57%	0.90%	17.82%	9.41%	1.84%	2.44%
2018	31.53%	10.24%	1.93%	0.91%	17.64%	7.91%	1.55%	3.03%
2019	33.72%	10.03%	2.13%	0.91%	18.92%	8.93%	1.75%	2.82%

资料来源：联合国粮食及农业组织数据库整理所得。

到了 2003 年，中国仍然主要从俄罗斯和马来西亚进口原木，其中俄罗斯在我国原木进口市场的份额达到了 52.73%，马来西亚的份额则下降为 8.31%。此外，我国与新西兰的木材贸易开始繁盛，新西兰在我国原木进口市场的份额达到了 7.91%。在针叶原木的进口市场上，以俄罗斯、新西兰、澳大利亚、加拿大、美国等国为主；在阔叶原木的进口市场上，以俄罗斯、马来西亚、巴布亚新几内亚、加蓬为主。2003 年，我国的锯材进口市场仍为印度尼西亚、美国、泰国为主，分别占我国锯材进口市场份额的 10.89%、7.91%、6.59%。

在针叶锯材的进口市场上,加拿大、俄罗斯、新西兰、智利、美国等新兴国家代替原来的针叶锯材最大进口国蒙古成为我国主要针叶锯材来源国;在非针叶锯材的进口市场上,印度尼西亚、美国、泰国、马来西亚约占据了我国非针叶锯材进口的40%以上。

2008年,俄罗斯占我国原木进口市场的份额达到了56.18%,占我国锯材进口市场的份额达到了23.96%,可以看出我国的木材进口对俄罗斯的进口依赖度较高。在针叶原木的进口市场上,俄罗斯、新西兰、美国是主要的针叶原木进口来源国;在阔叶原木的进口市场上,俄罗斯、马来西亚为主要的阔叶原木进口来源国。2008年,我国的主要锯材进口来源国与2003年相似,仍以俄罗斯、加拿大、美国、智利等国为主。

2013年以后,新西兰超越俄罗斯成为我国第一大原木进口国,占我国原木进口市场份额为27.56%,以针叶原木出口为主。俄罗斯占我国原木市场的进口份额大幅度下降,由2008年的56.18%降低到了2019年的23.07%。美国、加拿大、巴布新几内亚和澳大利亚成为我国主要原木进口来源国,其占中国原木进口市场份额的比例约为33%以上。其中,从美国、加拿大和澳大利亚进口的主要为针叶原木;从巴布新几内亚进口的主要为阔叶原木。在锯材进口市场上,俄罗斯占我国锯材进口市场的份额从2008年的23.96%上升到了2019年的33.72%,而加拿大、泰国、美国等国的份额也有所提升。其中,2019年我国针叶锯材的主要进口国为俄罗斯、加拿大、美国;非针叶锯材的主要进口国为泰国、美国、俄罗斯和马来西亚。

根据1998—2019年我国原木和锯材进口市场的变化,可以看出,早期我国的原木进口多集中于俄罗斯和马来西亚两国,俄罗斯的份额逐年上升,2008年时无论是原木进口还是锯材进口,俄罗斯进口木材占我国进口木材市场的份额都是第一名。2001年中国加入世界贸易组织之后,中国的贸易伙伴开始变得多样化。2003年时,新西兰已经成为我国的第三大原木进口国,2013年更是超越俄罗斯成为我国第一大原木进口来源国。究其原因,2009年俄罗斯上调原木出口关税影响到了俄罗斯对我国出口原木。此外,2008年中国与新西兰签订了自由贸易协定,这使中新之间的贸易变得更加频繁。虽然近年来俄罗斯原木在中国原木进口市场上的份额逐渐减少,但是其锯材占中国锯材进口市场上的比例却在逐年升高,可以看出俄罗斯的出口从原材料出口偏向初级加工的木材出口。集体林权制度改革实施前后,除了我国传统原木进口国——俄罗斯,我国的原木进口市场上开始出现美国、加拿大、澳大利亚等西方林业大国;在锯材进口市场上,我国从俄罗斯进口锯材的量也开始逐年增多,除了美国、加拿大和马来西亚等传统锯材进口国,泰国、智利、芬兰等国的进口锯材在我国锯材进口市场上也开始有一席之地。

5.4 集体林权制度改革影响木材进口的理论机制

基于对木材安全的概念界定和状况分析,研究集体林权制度改革对我国木材安全的影响问题也就是研究集体林权改革对我国木材供给的影响问题,在国内国际木材市场环境形势愈发趋于严峻的背景下,集体林权制度改革有利于增加国内木材供给能力,减少木材进口,降低木材的对外依存度,无疑是强化我国木材安全的有力举措。基于已有研究,下面详细分析集体林权制度改革对木材安全的影响机制。

5.4.1 集体林权制度改革确立明晰的产权制度

现代产权理论认为,能够有效实现外部性内在化的产权制度安排是有效率的产权形式。私有产权就是将资源的支配、使用与转让以及收入的享用权界定给一个特定的人,可以不受任何约束、采取任何一种其认为合适的方式来支配、使用或者转让这些资源。而公有产权则意味着任何成员都有权分享这些权利,这样就消除了产权的排他性和可让渡性。产权共同拥有难以排除利益的"搭便车"现象和共同体内成本和收益的不对称性。在产权的共同体内,所有者众多、利益多元,要达成一个最优行动的谈判成本很高,公有产权导致了很大的外部性,因而是无效率的产权形式。

没有产权的社会是一个效率绝对低下、资源配置绝对无效的社会。能够保证经济高效率的产权应该具有以下的特征。①明确性,即它是一个包括财产所有者的各种权利及对限制和破坏这些权利时的处罚的完整体系。②专有性，它使因一种行为而产生的所有报酬和损失都可以直接与有权采取这一行动的人相联系。③可转让性，这些权利可以被引到最有价值的用途上去。④可操作性。现代产权理论的典型代表是科斯提出的"科斯第二定理"。科斯最早提出了交易费用的概念，认为只要财产权是明确的，并且其交易费用为零或很小，则无论在开始时将财产权赋予谁，市场的最终结果都是有效率的。

集体林权制度改革的中心内容是分山到户，确定林农对于林地的使用权、经营权和林木的所有权。它完美契合了上述经济高效率的产权制度应该具有的四个特征，并且解决了山林集体所有的弊端。在林改分山之前，山林所有权属于所在村的村委会或划分的若干生产队（组），森林经营活动一般需要生产小组集体出动劳作，林地收益按照家庭人口平分，这就会产生"搭便车"的行为，导致生产效率低下。集体林权改革通过发放林权证的方法，明确了林地的个人归属实现了"明确性"，使林农自负盈亏实现了"专有性"，在林权证有效期内允许林农自由流转林地实现了"可转让性"，集体林权制度改革的配套措施（如林权抵押贷款、林业保险和新型林业合作组织以及放宽林木采伐限额等政策）强化了林权的"可操作性"，解决了林权集体所属的"委托—代理问题"。集体林权制度改革的主体改革及其配套措施改革了林权产权制度，极大地提高了集体林的生产效率。

5.4.2 明晰的产权制度配置资源

科斯指出，在交易费用大于零的世界里，不同的权利界定会带来不同效率的资源配置。即产权安排本身会通过界定各种资源的权利而形成一定的资源配置状况，因为产权制度的设置就是对资源的一种配置，有助于提高经济效率。而不同主体持有的产权会产生不同形式的资源配置，且产权在各主体之间的转移也会改变原来的配置状况（陈志刚，2006），有必要通过市场交易将资源配置给使用效率更高的人，以实现资源的优化配置。但若产权界定不清或权利受到限制则会使资源的市场交易产生较高的交易费用，导致市场交易难以顺利进行，从而阻碍资源的优化配置；明确清晰的产权则可以降低产权主体之间的交易费用，进而提高了经济效率（柳欣，1995）。

在集体林权制度改革之后，农户持有的集体林产权会通过改变农户的投资、林地配置以及林业劳动力配置而影响林农的经营行为和林地经营绩效，即发挥投资激励效应、林地配置效应和劳动力配置效应。集体林产权效应见图5-7。

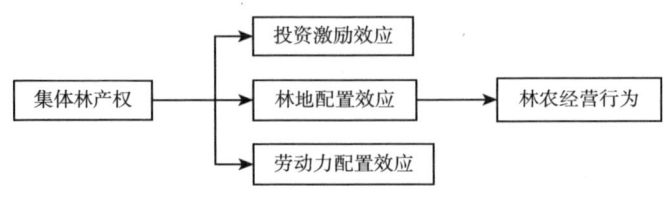

图5-7 集体论产权效应

投资激励效应指的是集体林产权通过激励农户林地投资而提高林地经营绩效的作用。根据产权经济学理论，土地产权包含所有权、使用权、收益权和处置权等权利束以及各项权利束的完整性或安全性（Besley，1995）。产权完整性主要是指产权所包含权利束的数量及每项权利的完整程度。当产权不完整即产权所包含的部分权利缺失或行使受限时，产权能够给权利主体带来的收益随之减少，间接降低产权对投资的激励。相反，赋予完整和自由行使的权力可以通过增加资源可获取的收益而激励投资。因此，产权完整性表征权利或收益的范围和强度，对产权人的投资激励称为"收益效应"。在土地产权束中，抵押权和交易权是影响农业或林业生产投入的重要产权因素（Besley，1995；孙妍等，2011）。相关研究证实自主选择林种、不同林业用途间的转变等林地使用权对于激励林地投资也具有不可忽视的作用（Yi等，2014）；土地产权安全性通过三种途径激励土地投资：首先，土地产权的安全性通过影响土地收益获取的稳定性而作用于投资激励，即安全的土地产权可以通过保证投资者的收益不被政府、个人或其他机构侵占而提高投资者的投资意愿（保证效应）；其次，安全产权有利于土地成为抵押品，获取信贷（Beekman等，2012），增加农户可用于土地投资或各种短期投入的资金，促进投资行为的实现（抵押效应）；最后，产权安全允许投资者根据外部环境变化（如利润变化）适时地卖出或租出土地，回收投资，减少投资的风险，即实现产权安全的"实现效应"（Brasselle等，2002；吉登艳等，2014）。

第 5 章　新一轮集体林权制度改革对我国林产品进口贸易和木材安全的影响

众多经验研究证实了完整且安全的土地产权提高了林农的营林积极性（刘璨，2015；张寒，2017；许时蕾，2020 等），增加了林农的林地经营投入（杨扬，2018；谢芳婷，2019）和林业收入水平（刘璨，2015；雷显凯，2020）。

林地配置效应是集体林产权促使农户将林地资源转给更高效农户，进而提高林地配置效率和规模效率的作用，即林地交易效应。当集体林产权界定清晰时，林地流转的交易成本较低，农户才能顺利进入交易市场并成功交易林地，促使林地资源配置到更高效的农户手中，进而实现提高经济绩效的目标。稳定的集体林产权不仅降低了农户转出林地的交易成本和转出后失去林地的风险，也降低了转入者寻找转出者的成本并保障了转入后的投资收益，进而促进农户参与林地流转；但产权稳定性也可能会增强林地禀赋效应，从而提高了林地价值和预期流转价格，阻碍农户参与流转。农户持有的集体林流转权、抵押权等权利的完善可以提高农户处置林地的能力，一方面能够降低林地市场交易的交易成本，另一方面可能会提高林地价值和流转价格，从而影响农户参与林地流转。另外，新型林业经营合作组织的建立为规范化的林地流转和规模化的林地经营提供了条件。

劳动力配置效应则是集体林产权影响林区农户劳动力、林地与非林配置而导致林地管理效率变化的作用，而对于林改是增加还是减少了林业劳动力投入尚不明确。从减少方面看，产权界定清晰的集体林权制度改革下，农户失去林地和林地收益的风险较小，这会影响农户的劳动力配置决策。稳定的产权降低了林地调整和征收的风险（Mullan et al.，2011；Ma，2013），让农户能够保留林地。在现阶段农村社会保障体系尚未完善的情况下，稳定的产权保证了林地的社会保障功能和资产增值效应，间接降低非林劳动的机会成本，从而抑制农户家庭的林业劳动力配置。农户拥有的集体林流转权、抵押权等权利完善程度的提高可以增强农户的林地交易能力和获取林业生产资金的能力，使流转权通过释放林业劳动力降低了林业劳动力配置，促进了劳动力非林生产。在增加方面，在林地产权的利润激励下会提高林农营林造林育林的积极性和爱林护林的自觉性。另外，林业补贴、林业保险和降低林业税费等一系列配套措施降低了林农的生产成本，也间接提升了林农的经营意愿和经营收入。已有研究因研究对象的差异对于林改对林地劳动力投入的而影响结论迥异。总体上，集体林权制度改革提高了农户对林地的劳动投入积极性，但这种效应对不同程度非农就业的农户具有差异性。对于依靠土地和林地生活的纯农户，集体林权制度改革促进了林地的劳动和资本投入的显著增加，表现出产权激励效应；而对于兼事非农林就业的一般农户，由于退出效应的作用，改革导致了非农户的劳动力和资本投入水平的下降（许时蕾，2020）。

5.4.3 资源配置影响木材供给

基于集体林权制度改革建立的完善的产权制度，通过投资激励效应、劳动力配置效应和林地配置效应，在总体上林农增加了林地生产的投资、提高了劳动力投入以及林地流转。生产要素的增加最终反映到森林面积和森林储蓄量等森林资源上，实现林地面积和森林蓄积量的双增长。同时，随着木材价格的不断升高，林农会提高木材采伐率（张英，2012），增加用材林短期和长期的木材供给。

另外，需要考虑的是，在我国采伐限额政策和天然林保护政策的约束下，增加的森林资源还面临着"变现"的问题，即只有将山上的森林变为市场中的木材才可以认为增加了木材的供给，才会有助于维护我国的木材安全。在现实情况中，大部分地区在集体林权制度改革初期分山到户时未开始天然林的禁伐，林农在当期大量的森林投入在现阶段已到达木材的最优轮伐期，随着天然林和生态林的保护政策由试点向全国铺开，林农需要向当地林业部门申请采伐证才被允许开采木材。虽然集体林权制度改革过程中政府不断提升采伐限额上限，但对农户的营林积极性仍产生了负面影响。部分农户的解决方法是将林地出租或转让给当地的林业合作社和木材公司以获得直接而稳定的收入，转嫁营林风险。如果政府允许天然林和生态林根据最优轮伐期和生长量而适度开采，必将提升集体林区的木材供给能力。

产权分配是制度环境的重要组成部分，集体林权制度改革确立了集体林明晰的产权制度，会改变农户报酬结构，进而影响农户生产要素的配置行为，并最终反映在森林资源状况上。集体林区的木材供给增加，满足国内更多的木材市场需求，填补木材供需缺口，减少对国外进木材的进口，有利于降低对外依存度，进而保证我国的木材安全。

5.5 集体林权制度改革影响木材进口的实证分析

5.5.1 基于木材进口增长率的分析

当木材的需求上升过快时,提高国内木材供给能力和依靠进口木材是解决木材供需不平衡的主要举措。根据产权理论,集体林权制度改革是通过明晰产权来产生对林农的激励,从而优化资源配置,缓解木材供需矛盾。根据上述研究可知,集体林权制度改革有效地促进了木材的砍伐,提高了我国的木材产量,提升了我国的木材供给能力。本书认为,由于林改促进了木材产量的提升,因此国内木材产量的提升可以有效地抑制木材的进口,缓解过快的木材进口速度。在此基础上,本书将深入分析在集体林改对木材进口的影响。

(1) 变量选取与数据来源。根据上文集体林改对木材进口的影响机制,本研究选取1999—2018年的样本数据。其中,我国木材进口量增长率作为被解释变量。解释变量为:①政策,虚拟变量FR,由于林改2003年开始试点,2004年林改实施前取0,实施后取1;②林业投资增长率,作为集体林改的资金投入;③木材价格,作为国内市场影响木材进口的指标;④森林采伐率,作为我国木材供给能力的指标。

其中,木材进口量的增速由联合国粮食及农业组织林产品年鉴数据计算所得;林业投资增长率由《中国林业统计年鉴》计算所得;森林蓄积量由全国森林资源清查所得、木材产量及木材价格的数据源自《中国林业统计年鉴》。此外,由于全国森林资源清查每五年统计一次,故而其变化量是由每五年的平均增长率处理所得。

森林采伐率的计算公式为:

$$R = TP \div FV \tag{5-3}$$

式(5-3)中,R 表示森林采伐率,TP 表示木材产量,FV 则表示森林蓄积量。

此外,《中国林业统计年鉴》只统计了 2001 年以后的国内木材价格数据。因此,本研究参考张寒（2011）对于 2001 年以前木材价格的处理,即采取木材及纸浆类购进价格指数（PPIWP）计算 2001 年之前的木材价格,其计算公式为：

$$P_{t-1} = PPIWP \times P_t \qquad (5-4)$$

为了剔除通货膨胀的影响,本研究还将对木材价格采取用农产品生产者家价格指数（1998 年不变价格）进行平减处理。同时,出于消除时间序列和异方差现象的目的,本书将木材价格进行自然对数的变化,得到 LNP。变量选取及意义见表 5-8。

表 5-8　　　　　　　　　变量选取及意义

	变量	符号	单位	预期方向
被解释变量	木材进口量增长率	Import	%	—
解释变量	林业投资增长率	FI	%	—
	国内木材价格	LNP	元/立方米	—
	森林采伐率	R	%	—
	集体林权制度改革	FR	—	—

（2）单位根检验。考虑到时间序列数据具有非平稳性的特点,为了避免伪回归,需要对数据进行 ADF 检验。随后利用 Eviews8.0 对各变量的水平序列单位根进行数据分析,得到表 5-9。

表 5-9　　　　　　　各变量单位根 ADF 检验结果

变量	ADF 检验统计量	1% 临界值	5% 临界值	10% 临界值	P 值	平稳性
Import	-3.94282	-3.85739	-3.04039	-2.66055	0.0084	平稳
FI	-2.79856	-3.83151	-3.02997	-2.65519	0.0772	不平稳
R	-1.36288	-3.83151	-3.02997	-2.65519	0.5779	不平稳
LNP	-1.59377	-3.83151	-3.02997	-2.65519	0.4662	不平稳

在单位根的平稳性检验中,各序列的平稳性需要参考各变量的 ADF 值是否小于 5% 的显著性水平下的临界值。根据表 5-9 可知,除了变量 Import 以外,在 5% 的显著性水平下,FI、LNP、R 的单位根 ADF 检验统计值都大

第 5 章 新一轮集体林权制度改革对我国林产品进口贸易和木材安全的影响

于相应的临界值,无法拒绝数据存在单位根的原假设。也就是说,这三个变量为非平稳性时间序列。因此,上述变量需要再进行一阶差分处理,得到表 5-10。

表 5-10　　各变量一阶差分单位根 ADF 检验结果

变量	ADF 检验统计量	1% 临界值	5% 临界值	10% 临界值	P 值	平稳性
Import	-8.29553	-3.88675	-3.05217	-2.66659	0.0000	平稳
FI	-6.57061	-3.85739	-3.04039	-2.66055	0.0000	平稳
R	-4.81008	-3.85739	-3.04039	-2.66055	0.0014	平稳
LNP	-4.40224	-3.85739	-3.04039	-2.66055	0.0033	平稳

由表 5-10 可知,经过一阶差分后,各变量的 ADF 检验统计量则均小于 1% 的显著性水平下的临界值,故所有变量达到了平稳的状态,为一阶单整的。

(3) 协整检验。为了进一步检验集体林权制度改革、林业投资增长率、木材价格、森林采伐率与木材进口量增长率之间的长期均衡关系,本研究接下来将进行 Johansen 协整检验,得到表 5-11。

表 5-11　　协整检验

原假设	特征值	迹统计量	临界值	P 值
None*	0.879157	89.40348	69.81889	0.0006
At most 1*	0.789896	51.36478	47.85613	0.0226
At most 2	0.565292	23.28204	29.79707	0.2325
At most 3	0.234687	8.286595	15.49471	0.4353
At most 4	0.175432	3.472118	3.841466	0.0624

由 Johansen 检验结果可知,木材进口量增长率、集体林权制度改革、林业投资增长率、木材价格、森林采伐率之间至少存在 2 个协整关系,可以进一步建立 VAR 模型。

(4) 模型的建立与检验。在对模型进行计量分析前,为了直观地验证各变量对木材进口量增长率的影响,采取 OLS 最小二乘法进行检验,得到政策变量在 10% 的显著性水平下显著为负,估计值为 -0.368342,也就是说集体林权制度改革对木材进口量的增长率影响是负的。

本书建立的 VAR 模型为 N 维随机向量服从 Q 阶向量自回归过程,记为 VAR(Q)。表达式为:

$$Y_t = \alpha + \psi_1 Y_{t-1} + \psi_2 Y_{t-2} + \cdots + \psi_q Y_{t-q} + \varepsilon_t \qquad (5-5)$$

式(5-5)中,α 服从 N 维常数向量;$\psi_p(p=1,2,\cdots,q)$ $n \times n$ 维,$\{\varepsilon_t\}$ 为 n 维服从独立同分布随机向量。

建立 VAR 模型较为重要的一点是选取滞后阶数。本书采取滞后长度准则、AIC 准则和 SIC 准则来确定和建立最优滞后阶数的 VAR 模型。滞后长度信息准则见表 5-12。

表 5-12　　　　　　　　滞后长度信息准则

Lag	LogL	LR	FPE	AIC	SC	HQ
0	140.1952	NA	2.06E-13	-15.0217	-14.7744	-14.9876
1	184.623	59.23695*	2.72e-14*	-17.1803	-15.69638*	-16.9757
2	216.1572	24.52659	3.12E-14	-17.90635*	-15.1858	-17.53122*

根据上述 AIC 和 SIC 准则,模型的最大滞后阶数为 1,本书建立的为 VAR(1)模型。此外,为了验证 VAR 模型的稳定性,本书采用 AR-Roots 方法来进行检验。

根据图 5-8 可知,VAR 模型的所有单位根都落在单位圆内,也就是说木

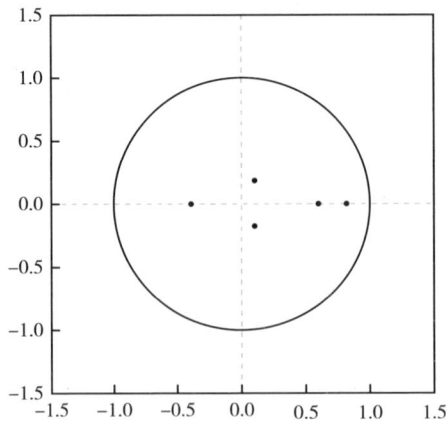

图 5-8　VAR 模型单位根检验

第 5 章 新一轮集体林权制度改革对我国林产品进口贸易和木材安全的影响

材 VAR 模型具有稳定性。1999—2019 年，木材进口量增长率与四个影响因素之间存在长期均衡的关系，模型的建立是科学的，可以进一步进行脉冲响应分析。

（5）脉冲响应。脉冲响应得到的结果如图 5 - 9、图 5 - 10、图 5 - 11、图 5 - 12 所示。

根据图 5 - 9 可知，木材进口量增长率对最初的政策冲击的反应较为迅速，且为负向的，从第四期开始趋于平稳。也就是说，从短期来看，集体林改会对木材进口产生明显的抑制作用；从长期来看，抑制作用较为稳定。总而言之，这与上文 OLS 检验结果一致，集体林权制度改革这一政策能够抑制木材进口量的增长率，缓解我国过快的木材进口需求。

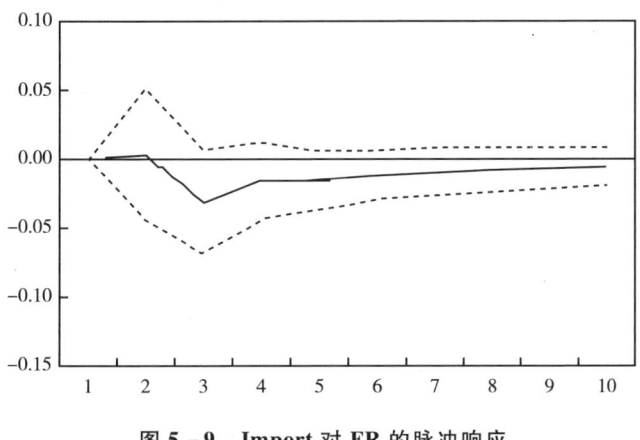

图 5 - 9 Import 对 FR 的脉冲响应

根据图 5 - 10 可知，木材进口量增长率对最初的国内木材价格冲击的反应较为迅速，且为负向的，从第三期开始趋于平稳。也就是说，从短期来看，木材价格的上升会对木材进口产生明显的抑制作用；从长期来看，抑制作用较为稳定。林改导致木材价格呈一个上涨的趋势，尤其是短期内极大地刺激了林农对木材的砍伐，促进了木材产量的上升（孔繁斌，2008）。这在一定程度上可能短期内影响到了木材的进口量，但从长期来看，除了政策，市场会逐渐调整木材的价格，故而木材价格对我国木材进口的影响会逐渐趋于稳定。

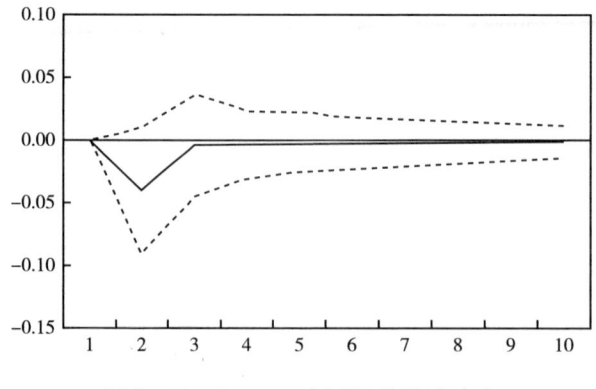

图 5-10 Import 对 LNP 的脉冲响应

根据图 5-11 可知，最初来自林业投资增长率的一个负向冲击后，木材进口量增长率反应迅速且剧烈，第二期达到了明显的负向效应；到第三期后，其方向变为正向，且反映逐渐趋于平稳，木材进口量增长率对林业投资的增长的冲击反映不明显。从短期来看，林业投资的增长极大地抑制了木材进口量的增长，第三期变为正向冲击，这可能是由于当时我国相关林业的投资促使我国进口更多的木材以满足需求；但第四期后，其对木材进口的影响就变得较为稳定。林业投资可以看作林农对林地的资金投入。在早期集体林改实施后，林业投资的增长较为剧烈，可以看作早期林农对于营林造林的投入极大地促进了木材的产出，从而抑制了木材进口量的快速增长。

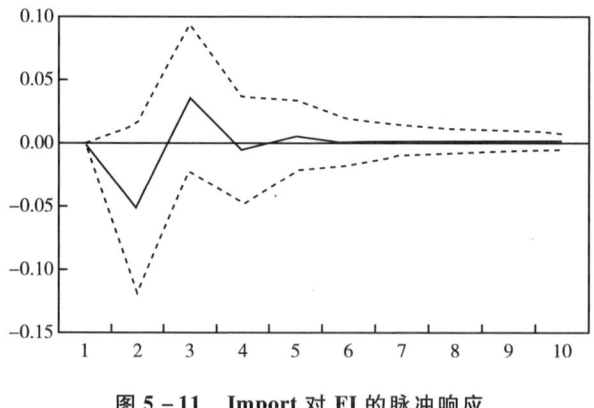

图 5-11 Import 对 FI 的脉冲响应

根据图 5-12 可知，总体上，森林采伐率对木材进口量增长率的冲击是负向的;最初来自森林采伐率的冲击冲击时,木材进口量增速反应较为迅速,在第二期到第三期最为明显;第四期开始趋向平稳。从短期来看,森林采伐率的增长迅速地抑制了我国木材的进口;从长期来看,森林采伐率一定程度上对于木材进口量的增速的影响较为稳定,且方向为负向。

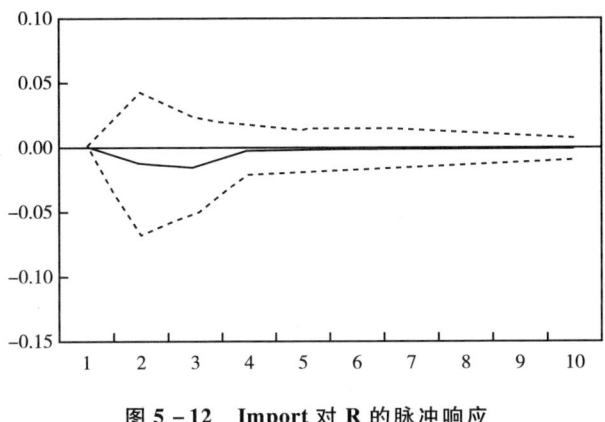

图 5 – 12 Import 对 R 的脉冲响应

(6)方差分解。对于各影响因素的方差分解结果如表 5 – 13 所示。

表 5 – 13　　　　　　　　各因素方差分解结果

Period	S. E.	IMPORT	FR	R	FI	LNP
1	0.141067	100	0	0	0	0
2	0.156519	81.2891	0.050344	0.672548	11.11624	6.871767
3	0.164706	74.26618	3.568657	1.450479	14.43289	6.281794
4	0.167624	74.02596	4.3565	1.414307	14.08032	6.122914
5	0.169135	73.47735	5.146124	1.42249	13.92346	6.030571
6	0.17015	73.31735	5.521477	1.41415	13.75801	5.98901
7	0.170756	73.14994	5.798778	1.412547	13.67179	5.966952
8	0.17116	73.05618	5.967951	1.409994	13.61008	5.955802
9	0.171422	72.98755	6.082362	1.408515	13.5721	5.94947
10	0.171595	72.94344	6.156599	1.407344	13.5466	5.946019

根据表 5 – 13 可知,木材进口量的增速的波动主要从第三期开始自身扰动下降,但其自身的扰动仍然为主要方面。在影响因素方面,集体林权制度改革的贡献率从第三期的 3.57% 左右达到了第十期的 6.16% 左右,增速较

快,尤其是从第三期的增速,这可能是由于林改实施后,木材产量和森林蓄积量的快速增长促使林农增加了砍伐森林的意愿,从而导致其对木材进口产生了一定的影响;森林采伐率的贡献率则较为稳定,从第三期开始保持在1.4%左右;林业投资增长率的贡献率则先上升后下降,之后趋于稳定,保持在13.5%左右,这可能是除了一开始的高速增长,后期林业投资的增长呈稳定的状态,其对木材进口量的增速的影响也趋于稳定;国内木材的价格的贡献率则是呈下降的趋势,从第二期的6.87%下降到了第十期的5.95%,国内市场对于木材进口的速度的影响是逐渐趋于稳定的。

5.5.2 基于国际面板数据的分析

(1) 变量选取与数据来源。为了深入分析我国木材产出变化对我国木材进口贸易的影响,本书参考经典引力模型的相关变量来构建模型(李秋娟等,2018),选取1998—2015年我国的主要进口原木来源国和进口锯材来源国。考虑到数据的可获得性,原木进口国包括俄罗斯、新西兰、美国、马来西亚、巴布新几内亚、加蓬;锯材进口国包括俄罗斯、美国、马来西亚、印度尼西亚和泰国。

被解释变量:中国从各样本国家进口原木、锯材的量。

解释变量:我国的GDP、各样本国家的GDP、森林资源差异、汇率、我国的木家具出口量和两国之间的理论距离。近年来,我国的经济发展迅速,国内对木材的需求易对木材的进口产生影响。因此,本书拟采取中国及各木材进口来源国的GDP作为衡量我国及进口来源国的国内需求(李秋娟,2018)。此外,我国作为一个木制产品出口大国,除了满足国内需求,我国还需要满足国外对于木制产品的需求。我国出口的木质产品越多,对于木材的需求也就越强烈。因此,本书将我国的木家具出口量作为衡量国外需求的指标。汇率的变动会影响到我国的木材进口贸易,本书将实际汇率作为衡量木材贸易环境的指标。同时,本书选取两国之间的距离作为衡量两国之间贸易成本的变量。此外,森林资源的差异能够直接影响到一国的木材进出口贸易。一国的木材产出通常由一国森林蓄积量的丰富程度来衡量,森林资源越丰富的国家对于进口木材需求的越弱。目前,大部分国家的森林蓄积量呈平稳的

第 5 章　新一轮集体林权制度改革对我国林产品进口贸易和木材安全的影响

状态。考虑到我国的集体林权制度改革是先试点再铺开的政策，其变化是循序渐进的，对进口木材的影响不能一蹴而就，故而本书将集体林权制度改革实施以来我国木材产出的变化作为衡量我国集体林权制度改革的效果的代理变量。因此，在衡量两国之间的木材贸易时，本书拟采用两国森林资源差异作为指标作为我国木材产出的变化。变量选取及意义见表 5-14。

表 5-14　变量选取及意义

	变量	符号
被解释变量	我国从某国的原木进口量	$LnImport_{lcjt}$
	我国从某国的锯材进口量	$LnImport_{scjt}$
解释变量	我国的 GDP	$LnGDP_{ct}$
	木材进口来源国的 GDP	$LnGDP_{jt}$
	森林资源差异（j 国人均森林蓄积量与我国人均森林蓄积量的差值）	$LnAVFV_{cjt}$
	汇率（1 元人民币所能兑换的 j 国货币）	ER_{cjt}
	我国木家具出口量	$LnWF_{ct}$
	两国之间的理论距离	LnD_{cj}

其中，我国从各样本国家进口原木、锯材的量来自联合国粮食及农业组织数据库；我国及各国的 GDP、消费者价格指数、各国汇率、人口来自世界银行数据库；我国及各国森林蓄积量来自联合国粮食及农业组织全球森林资源评估报告；我国木家具出口量来自《中国林业统计年鉴》；两国之间的理论距离则来自 CEPII 数据库。

考虑到联合国粮食及农业组织的全球森林资源评估每五年进行一次，对于各国森林蓄积量的处理采取每五年的平均增长率进行处理；为了剔除通货膨胀的影响，对各国 GDP 则采取 CPI 指数（1998 年不变价格）进行平减处理；由于两国之间的距离没有时间变化趋势，对于两国之间的距离数据则采取距离与 WTI 原油价格指数的乘积进行处理。

（2）描述性统计。本研究将各原木进口来源国和锯材进口来源国的相关变量取对数，并进行了描述性统计，得到结果如表 5-15 所示。在木材进口量方面，$LnImportl_{cjt}$ 的平均值要较 $LnImports_{cjt}$ 大一些，但差距不大。我国的

GDP 呈快速上升的趋势，其对数的平均值为 28.69；原木和锯材进口来源国的 GDP 的对数相差不大，其平均值分别为 25.30 和 26.69；原木和锯材进口来源国的森林资源差异较为稳定，其对数的平均值分别为 6.30 和 4.46；汇率方面的差距则较大，这主要是由于印度尼西亚和加蓬等国的换算汇率较大；我国的木家具出口量则呈稳定增长的趋势。

表 5-15　　　　　　　　各变量的描述性统计情况

	变量	平均值	标准差	最小值	最大值
原木	$LnImport_{lcjt}$	14.32446	1.671599	8.71029	16.96413
	$LnGDP_{et}$	28.69277	0.700558	27.65965	29.69496
	$LnGDP_{jt}$	25.30057	2.575707	21.33717	30.15947
	$LnAVFV_{cjt}$	6.295836	1.140312	4.72889	8.391392
	ER_{cjt}	13.35786	27.88038	0.120788	94.92192
	$LnWF_{et}$	19.05291	0.52048	18.03621	19.60622
	LnD_{ej}	12.87308	0.709877	11.04771	13.94608
锯材	$LnImport_{scjt}$	13.42785	1.265598	8.68186	15.98159
	$LnGDP_{et}$	28.69277	0.701214	27.65965	29.69496
	$LnGDP_{jt}$	26.68652	1.704049	25.00226	30.15947
	$LnAVFV_{cjt}$	4.457225	1.330266	2.326944	6.327055
	ER_{cjt}	269.338	554.8538	0.120788	2149.736
	$LnWF_{et}$	19.05291	0.520967	18.03621	19.60622
	LnD_{ej}	12.51589	0.722686	10.77147	13.90694

（3）平稳性检验。本书拟采取 LLC 检验和 Fisher type 检验对各变量进行平稳性检验，得到表 5-16、表 5-17。在原木进口方面，变量 $LnImportl_{cjt}$、$LnGDP_{jt}$、$LnAVFV_{cjt}$、ER_{cjt}、$LnWF_{et}$、LnD_{ej} 均通过了 LLC 检验和 Fisher-type ADF 检验，在 1% 的显著性水平上，是平稳的，达到了一阶单整。而变量 $LnGDP_{et}$ 为二阶单整，因此对变量 $LnGDP_{et}$ 取一阶差分与其他变量形成新的序列。在锯材进口方面，变量 $LnImports_{cjt}$、$LnGDP_{jt}$、ER_{cjt}、$LnWF_{et}$、LnD_{ej} 均通过了 LLC 检验和 Fisher-type ADF 检验，在 1% 的显著性水平上，是平稳的，达

第5章 新一轮集体林权制度改革对我国林产品进口贸易和木材安全的影响

到了一阶单整。而变量 $LnGDP_{et}$、$LnAVFV_{cjt}$ 为二阶单整，因此对变量 $LnGDP_{et}$ 和变量 $LnAVFV_{cjt}$ 取一阶差分与其他变量形成新的序列。

表 5-16　　　　　　　　　平稳性检验结果（原木）

变量	LLC 检验	ADF 检验	平稳性
$LnImport_{lcjt}$	-1.75858***	16.7601	不平稳
$LnGDP_{et}$	2.36661	1.26148	不平稳
$LnGDP_{jt}$	2.24148	1.38494	不平稳
$LnAVFV_{cjt}$	-0.89191	19.528*	不平稳
ER_{cjt}	1.7699	2.37302	不平稳
$LnWF_{et}$	4.17528	0.35318	不平稳
LnD_{ej}	2.22254	1.30428	不平稳
$\Delta(LnImport_{lcjt})$	-3.69187***	29.7012***	平稳
$\Delta(LnGDP_{et})$	-1.73451**	10.9388	不平稳
$\Delta(LnGDP_{jt})$	-4.31353***	33.6423***	平稳
$\Delta(LnAVFV_{cjt})$	-7.03331***	17.2769***	平稳
$\Delta(ER_{cjt})$	-4.32765***	34.2767***	平稳
$\Delta(LnWF_{et})$	-4.04984***	27.7317***	平稳
$\Delta(LnD_{ej})$	-7.3459***	63.7753***	平稳
$\Delta(\Delta(LnGDP_{et}))$	-8.01125***	66.317***	平稳

表 5-17　　　　　　　　　平稳性检验结果（锯材）

变量	LLC 检验	ADF 检验	平稳性
$LnImport_{lcjt}$	-2.50184***	15.0134	不平稳
$LnGDP_{et}$	2.16041	1.05123	不平稳
$LnGDP_{jt}$	2.37397	1.01922	不平稳
$LnAVFV_{cjt}$	-0.40092	16.8014*	不平稳
ER_{cjt}	2.54134	2.98614	不平稳
$LnWF_{et}$	3.81149	0.29431	不平稳
LnD_{ej}	-3.42756***	16.7852*	不平稳
$\Delta(LnImport_{lcjt})$	-3.43463***	40.6471***	平稳
$\Delta(LnGDP_{et})$	-1.58339	9.11566	不平稳
$\Delta(LnGDP_{jt})$	-3.86455***	26.8809***	平稳

续表

变量	LLC 检验	ADF 检验	平稳性
$\Delta(\text{LnAVFV}_{cjt})$	-0.81611	4.45359	不平稳
$\Delta(\text{ER}_{cjt})$	-2.25494***	19.1125***	平稳
$\Delta(\text{LnWF}_{ct})$	-3.69698***	23.1098***	平稳
$\Delta(\text{LnD}_{cj})$	-3.87846***	28.0511***	平稳
$\Delta(\Delta(\text{LnGDP}_{ct}))$	-7.31324***	55.2641***	平稳
$\Delta(\Delta(\text{LnAVFV}_{cjt}))$	-4.75293***	27.3192***	平稳

（4）协整检验。对于上述新形成的序列，本书对其进行 Pedroni 检验，得到表 5-18。

根据表 5-18 可知，在原木进口方面，Panel PP、Group PP 在 1% 的显著性水平上拒绝原假设，Panel ADF、Group ADF 在 5% 的显著性水平上拒绝原假设。因此，各变量之间存在协整关系。在锯材进口方面，Panel PP、Panel ADF、Group PP、Group ADF 均在 1% 的显著性水平上拒绝原假设。因此，各变量之间存在协整关系，可以继续进行回归。

表 5-18 协整检验结果

	检验方法	各变量
原木	Panel v - Statistic	-1.82497
	Panel rho - Statistic	2.031218
	Panel PP - Statistic	-3.55146***
	Panel ADF - Statistic	-2.15796**
	Group rho - Statistic	3.398301
	Group PP - Statistic	-10.3166***
	Group ADF - Statistic	-1.74127**
锯材	Panel v - Statistic	-2.36954
	Panel rho - Statistic	2.252459
	Panel PP - Statistic	-9.96586***
	Panel ADF - Statistic	-3.08191***
	Group rho - Statistic	3.41961
	Group PP - Statistic	-7.29377***
	Group ADF - Statistic	-2.57438***

第5章 新一轮集体林权制度改革对我国林产品进口贸易和木材安全的影响

(5) 模型设定与检验。为了确立模型的形式,本书拟采用F检验来确定混合估计模型和固定效应模型。本书首先利用公式分别计算F统计量,得到F(原木)=13.87612、F(锯材)=3.14775。通过查表得到相应的临界值F0.05(5,96)=2.309, F0.05(4,79)=2.487。其中,F(原木)>2.309、F(锯材)>2.487,均拒绝原假设,因此选择固定效应模型。

根据上述分析,本书对我国原木和锯材进口分别建立多元回归模型:

$$LnImport_{lcjt} = \alpha_1 + \beta_1 LnGDP_{ct} + \beta_2 LnGDP_{jt} + \beta_3 LnAVFV_{cjt} + \beta_4 ER_{cjt} + \beta_5 LnWF_{ct} + \beta_6 LnD_{cj} + \mu_{cjt} \quad (5-6)$$

$$LnImport_{scjt} = \alpha_2 + \gamma_1 LnGDP_{ct} + \gamma_2 LnGDP_{jt} + \gamma_3 LnAVFV_{cjt} + \gamma_4 ER_{cjt} + \gamma_5 LnWF_{ct} + \gamma_6 LnD_{cj} + \omega_{cjt} \quad (5-7)$$

其中,式(5-6)为我国的原木进口多元回归模型;式(5-7)为我国的锯材进口多元回归模型。α_1 和 α_2 是常数项;$\beta_1 \sim \beta_6$ 及 $\gamma_1 \sim \gamma_6$ 是待估系数;$Importl_{cjt}$ 为中国 t 年从 j 国进口原木的量,$Imports_{cjt}$ 为中国 t 年从 j 国进口锯材的量;μ_{cjt} 和 ω_{cjt} 是随机误差项。

(6) 回归结果。由于本书选择的是面板数据,为了进一步确定估计模型的形式,本研究拟采用Hausman检验,得到式(5-6)的卡方统计量为152.18,P值为0.000;式(5-7)的卡方统计量为46.84,P值为0.000,式(5-6)和式(5-7)的卡方统计量均大于0,且P值为0.000,故而模型均拒绝原假设,因此选择建立固定效应模型,得到结果如表5-19所示。

根据表5-19可知,在原木进口式(5-6)中,$LnAVFV_{cjt}$、ER_{cjt}、$LnWF_{ct}$ 均在1%的显著性水平下拒绝原假设,可以认为两国森林资源差异、汇率、我国木家具出口量对我国原木进口的影响是显著的。

在锯材进口式(5-7)中,$\Delta(LnGDP_{ct})$、ER_{cjt} 在1%的显著性水平上拒绝原假设,可以认为我国GDP的增长率、汇率对我国锯材进口是显著的。

集体林权制度改革实施以来,我国的森林蓄积量呈快速上升的趋势,仅2003—2013年就上升了26.81亿立方米,我国的人均森林蓄积量也呈稳定上升的趋势。而我国多数木材进口来源国的森林蓄积量的变化趋于稳定,如俄罗斯十年间仅上升了11亿立方米,巴布新几内亚和印度尼西亚的森林蓄积量甚至呈下降的趋势。因此,我国的主要木材进口来源国的人均森林蓄积量多呈稳定或下降的趋势，这无疑缩小了木材进口来源国与我国森林资源的差异。根据式（5-6）回归结果，当两国之间森林资源的差异越小时，进口原木的量也就越小。因此，在我国森林蓄积量上升的同时，我国与主要原木进口来源国森林资源的差异也就越小，这在一定程度上抑制了我国原木的进口。此外，比起锯材进口，原木进口更容易受到我国森林蓄积量的影响。本书将森林蓄积量的提升视为我国木材产出的提升。也就是说，随着我国木材产出的提升，我国与原木进口来源国的森林资源差异减少，这在一定程度上抑制了我国木材的进口。

表 5-19　　　　　　　　　　回归结果

VARIABLES	(5.6)	(5.7)
	LnImport_{lcjt}	LnImport_{scjt}
$\Delta(\text{LnGDP}_{ct})$	-4.252 (-1.55)	-11.024*** (-3.86)
LnGDP_{jt}	-0.346 (-0.56)	-0.087 (-0.12)
LnAVFV_{cjt}	10.088*** -5.28	
ER_{cjt}	-0.078*** (-2.89)	-0.002*** (-2.67)
LnWF_{ct}	1.828*** -3.42	0.316 -0.56
LnD_{cj}	0.472 -0.86	0.908 -1.54
$\Delta(\text{LnAVFV}_{cjt})$		-13.193 (-1.64)
Constant	-79.773*** (-3.38)	0.106 -0.01
Observations	102	85
R-squared	0.448	0.289
Number of country	6	5

续表

VARIABLES	(5.6)	(5.7)
	$LnImport_{lejt}$	$LnImport_{sejt}$
模型类型	固定效应	固定效应
Ftest	5.67E-10	0.000229
r2_a	0.38	0.193
F	12.16	5.021

注：*** $p<0.01$，** $p<0.05$，* $p<0.1$。

5.6 集体林权制度改革影响木材进口和木材安全的情景模拟

5.6.1 模型选取

在模型的选择方面，比较理想的情况是选择一个可以用于研究全球林业经济的、包含林业生产全过程并且考虑到政策因素所带来影响的模型，因此本书采用全球林产品模型（Global Foreat Product Model，GFPM）作为研究方法探讨林业政策的变化对木材安全的模拟情景中的影响。

全球林产品模型（GFPM）起源于20世纪90年代末，成熟于2003年，在全球层面上以1992年作为基期研究和预测未来180个国家和14种林产品的产量、消费和贸易量（Buongiorno，2013）。作为目前国际上主流的林产品贸易模型，该模型具有科学系统的理论架构，对于林产品贸易及其关联问题的研究具有良好的可适用性。GFPM应用的核心在于两个或多个分析情景的建立，按照模型内部架构模拟输出在达到市场均衡状态下各国各种林产品的价格、消费量、产量、贸易量、森林面积和森林蓄积量。GFPM最早应用于1998年，对该模型的应用大概以2010年为界分为两个阶段。第一阶段主要集中在广义的贸易领域，包括贸易自由化问题和贸易格局的预测；第二阶段主要解决与林产品贸易关联的中的能源与环境问题。

评估政策效果的贸易模型方法有三类：可计算一般均衡、空间局部均衡和非空间均衡；可计算一般均衡模型强调部门和宏观经济之间的联系；部分均衡模型假设部门变化对总体的反馈是可以忽略不计的，用以详尽地分析具体政策对市场的影响。GFPM 属于部分均衡模型，包含林产品供应、林产品加工、林产品需求及林产品贸易四个方面。GFPM 基于竞争市场的空间均衡理论，通过数学规划求解市场均衡。均衡是通过最大化产品价值减去生产成本来实现的，受不同国家和每年的物料平衡和产能约束的影响。由于整个系统的物质流动必须平衡，因而该模型确保了国家内部数据的一致性和国家之间预测的一致性。

GFPM 有 5 个基本假设：①假设宏观经济对林业经济的影响是单向的，即林业经济受宏观经济影响的作用，而其变化几乎无法使宏观经济发生改变；②局部均衡假设使厂商和消费者的效用之和（即社会福利）最大化，并将供给量、需求量和价格视作内生变量；③某一年的均衡状态是上一年均衡状态的函数；④林产品转换流假设与投入产出系数假设，如图 5-13 所示，假设所有的林产品均按照如箭头所示的方向进行转换，并通过使用投入产出系数对中间需求和中间产品加以描述；⑤林产品贸易存在惯性，即某个国家两年间的林产品贸易总额变化量在 10% 以内。

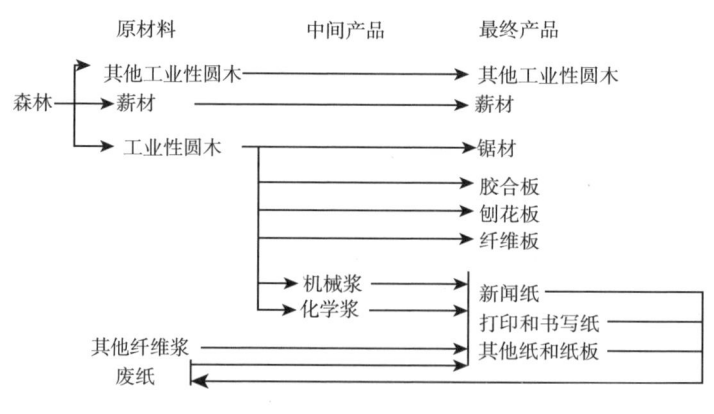

图 5-13 GFPM 产品结构

基于以上论述，GFPM 主要需要的数据有 1992—2015 年全球 180 个国家的林产品的产量及其交易量、交易额。其中，也将 GDP 增速、森林面积、森林蓄积量考虑在内，通过不同的政策搭配模拟我国木材供需情况的变化。GFPM 的具体流程图如图 5-14 所示。

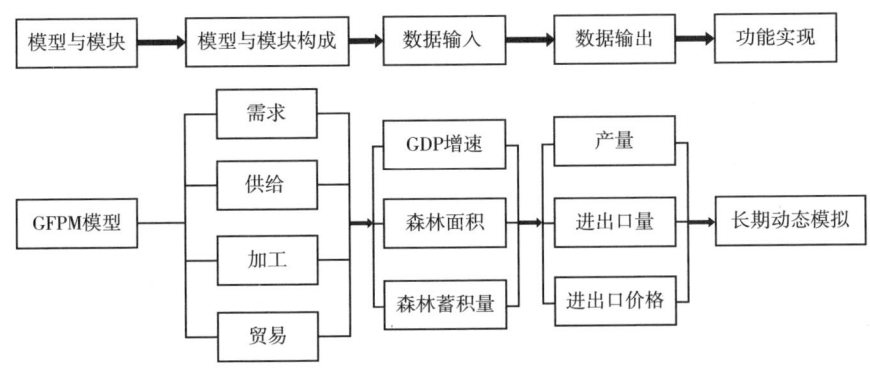

图 5-14　GFPM 流程图

5.6.2　理论机制分析

首先，像大多数国际经济学研究中所做的假设一样，假设国际贸易中不存在运输成本。虽然实际中并不存在无成本的运输，但是此项假设并不影响研究的基本结论。第二点是假设我国是一个木材贸易大国，在国际经济学中，与被动接受国际市场价格变动的小国不同，大国内部的木材供给和需求的变化会通过国际贸易传递到国际市场中，从而对世界木材的均价产生影响。显然，由于我国是世界第一大木材进口国和第二大木材消耗国，这项假设是符合实际的。

图 5-15 中分别展示了木材的国内与国际市场的供求状况。其中，S 表示供给曲线，D 表示需求曲线，P 表示价格，Q 表示产量。左图表示国内的木材供求状况，用下标 i 表示，右图表示国际的木材供求状况，用下标 O 表示。在国内市场中，原有的供给曲线为 S_i，需求曲线为 D_i，国际市场中原有的供给曲线为 S_o，需求曲线为 D_o，当价格为 P_1 时，国内与国际市场的木材达到均衡状态，此时国内的木材供给量为 OA，国内的木材需求量为 OC，总需求大于总供给，AC 表示我国木材需求大于供给的部分，即我国在国际市场上木材的净进口量；此时国际市场上木材需求量为 OE，木材的供给量为 OF，总供

给大于总需求，因此 EF 表示国际市场对我国的木材进出口量，AC = EF，此时两个木材市场是市场出清状态，均衡价格为 P_1。

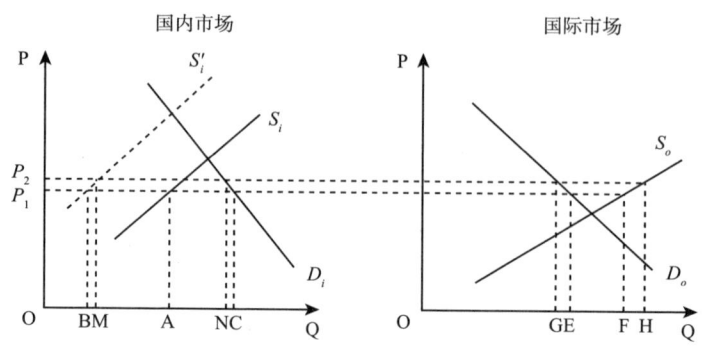

图 5-15 中国木材供给曲线左移对国际木材市场的影响

当我国实施森林采伐限额与天然林保护措施时，我国的木材产量会因为限伐而有所减少，此时国内市场的木材供给量会减少，表现在图 5-16 中为供给曲线左移，即 S_i 向左移动到 S_i'，此时在 P_1 价格下国际市场对我国木材的净出口量依然为 EF，但此时我国国内市场木材的供给量为 OB，木材需求量为 OC，此时我国对国际市场上的木材的净进口量为 BC，BC > AC = EF，此时国际市场上的对木材的需求大于供给，所以价格有上涨的趋势。假设价格上涨至 P_2 时国际和国内两个市场达到市场出清状态，此时国际市场上对木材的需求为 OG，供给为 OH，GH 部分则表示国际市场对我国木材的净出口量；国内市场对木材的供给量为 OM，需求量为 ON，MN 表示国内市场对木材的净进口量，由于当前状态市场出清，故我国对木材的净进口量与国际市场对我国木材的净出口量相等，即 MN = GH。在面对新的世界价格 P_2 时，相比较 P_1 而言，国际市场木材价格上升，我国的木材产量由于受到政策因素的影响而下降，需求量也有所下降。我国木材产量的减少的百分比将小于其供给曲线移动的百分比，因为世界价格的上升部分抵减了供给曲线位移的消极作用。

在图 5-16 中，也分别展示了木材的国内与国际市场的供求状况。当未实行任何政策时，图标的具体含义同对图 5-16 的阐释。当我国实施集体林权制度改革时，林农的生产积极性得到极大提高，极大地释放了农户的生产

第 5 章 新一轮集体林权制度改革对我国林产品进口贸易和木材安全的影响

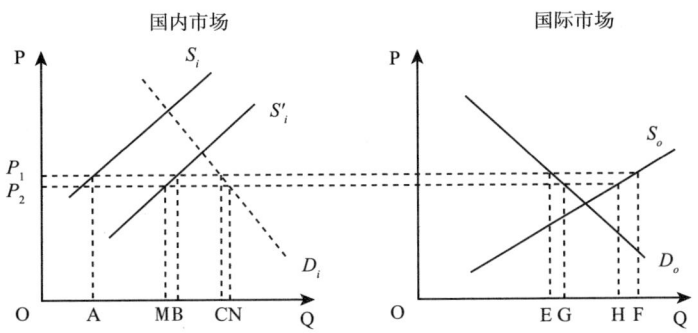

图 5-16 中国木材供给曲线右移对国际木材市场的影响

力,我国的木材产量有所提高,此时国内市场的木材供给量会增加,表现在图 5-16 中为供给曲线右移,即 S_i 向右移动到 S'_i,此时在 P_1 价格下国际市场对我国木材的净出口量依然为 EF,但此时我国国内市场木材的供给量为 OB,木材需求量为 OC,此时我国对国际市场上的木材的净进口量为 BC,BC < AC = EF,此时国际市场上的对木材的需求小于供给,所以价格有下降的趋势。假设价格降至 P_2 时国际和国内两个市场达到市场出清状态,此时国际市场上对木材的需求为 OG,供给为 OH,GH 部分则表示国际市场对我国木材的净出口量;国内市场对木材的供给量为 OM,需求量为 ON,MN 表示国内市场对木材的净进口量,由于当前状态市场出清,故我国对木材的净进口量与国际市场对我国木材的净出口量相等,即 MN = GH。

在面对新的世界价格 P_2 时,比较 P_1,国际市场木材价格下降,我国的木材产量由于受到政策因素的影响而上升,需求量也有所提高。我国木材产量的提高的百分比将小于其供给曲线移动的百分比,因为世界价格的上升部分抵减了供给曲线位移的积极作用。

经过一系列理论推导,我们可以得出结论:森林采伐限额、天然林保护工程和新一轮集体林权制度改革等林业政策三种林业政策会通过影响我国的木材供给从而影响国际市场的木材价格及我国木材的进出口量。具体而言,森林采伐限额政策和天然林保护政策限制了对林木的砍伐,有四个具体效应。一是国际和我国的木材价格上升,二是我国木材产量降低,降低程度小于供给曲线的移动程度,三是国内对木材的需求量下降,四是我国木材的净进口量提高，不利于我国的木材安全状况。集体林权制度改革政策提高了农户造林护林的积极性，也带来四个具体效应：一是国际和我国的木材价格下降，二是我国木材产量提高、提高程度小于供给曲线的移动程度，三是国内对木材的需求量增加，四是我国木材的净进口量降低，从而有利于解决我国木材的供需矛盾，提高我国木材安全性。下面将利用GFPM模型对以上政策带来的具体效应进行检验。

5.6.3 模型说明

GFPM属于部分均衡模型，包含林产品供应、林产品加工、林产品需求及林产品贸易四个方面。GFPM基于竞争市场的空间均衡理论，通过数学规划求解市场均衡。均衡是通过最大化产品价值减去生产成本来实现的，受不同国家和每年的物料平衡和产能约束的影响。由于整个系统的物质流动必须平衡，该模型确保了国家内部数据的一致性和国家之间预测的一致性。

GFPM是一个动态均衡的贸易模型，广泛应用于解释全球林产品贸易及其关联问题。近年来，GFPM在能源与环境问题、林业生物质能源及其国际贸易问题、林产品固碳及其贸易流动等方面取得了较多研究成果本研究利GFPM模型在政策模拟方面的应用。该模型在这方面的应已较为成熟。

该模型计算任何给定年份所有产品的市场均衡，并模拟该均衡从一年到下一年的演变，以预测该部门的未来状态。按照Samuelson（1952）的方法，这种均衡是通过最大化所有产品和国家的消费者和生产者剩余的总和来计算的：

$$Max\left(\sum_i\sum_k\int_0^{D_{ik}}P_{ik}(D_{ik})dD_{ik} - \sum_i\sum_k\int_0^{S_{ik}}P_{ik}(S_{ik})dS_{ik} - \sum_i\sum_k\int_0^{Y_{ik}}m_{ik}(Y_{ik})dY_{ik} - \sum_i\sum_j\sum_k c_{ijk}T_{ijk}\right) \quad (5-8)$$

如式（5-8）所示，各符号具体含义如下。i和j：任意两个国家，k：某种最终产品，P：价格，D：最终产品需求，S：原材料供给，Y：加工产品数量，m：制造成本，T：贸易量，c：包括关税和其他税收的单位运输成本。由

第5章 新一轮集体林权制度改革对我国林产品进口贸易和木材安全的影响

此可知,林产品市场的均衡也就是社会福利的最大化,也是指在180个国家中,消费者对于最终产品的需求价值总额与供给成本、加工成本和运输成本的差额的最大化。

在每个国家和产品的供需均衡约束下进行优化:

$$\sum_j T_{jik} + S_{ik} + Y_{ik} = D_{ik} + \sum_n a_{ikn} Y_{in} + \sum_j T_{ijk} \quad \forall i,k \quad (5-9)$$

式(5-9)中,a_{ikn} 为 i 国生产每单位 n 产品需投入的 k 产品数量,对于某一国家的某一产品,等号左边的部分是进口的总和,一个国家的国内供应、制造产品的数量,而等号右边的部分是国内的和对最终产品的需求,对输入生产其他产品的需求和对其他国家的出口。进口量加供给量等于消费量加出口量,从而保证市场出清。这种约束优化的原解给出了消耗、生产和交易的数量,而对偶解给出了每种产品和国家的均衡价格。在本研究中,按照 Buongiorno 等(2003)所描述的方法,在基准年2017年对模型进行了重新校准,以获得投入产出系数、制造和运输成本。有关生产、进口、出口和价格的数据来自联合国粮食及农业组织数据库(FAO,2018)。

其中,最终产品的需求曲线为:$D_{ik} = D_{ik}^{*} \left(\dfrac{P_{ik}}{P_{ik,-1}} \right)^{\delta_{ik}}$ 其中,D^{*} 为给定上期价格 $P-1$ 时的本期需求,δ 为价格弹性,$D-1$ 表示上期需求,整体可理解为需求以价格作为内生变量时的均衡状态。

需求趋势变化为:$D^{*} = D_{-1}(1 + a_y g_y)$。其中,$g_y$ 为 GDP 年增长率,α_y 为需求相对 GDP 的弹性,α_0 为其他外生变化,由此表示除了价格外的其他外生变化对需求趋势的影响,反映了 GDP 作为主要宏观经济因素对林产品需求的作用效果。

初级产品的供给曲线为:$S_{ik} = S_{ik}^{*} \left(\dfrac{P_{ik}}{p_{ik,-1}} \right)^{\lambda_{ik}}$。其中,$S^{*}$ 为在给定上期价格 $P-1$ 时的本期需求,λ 为价格弹性,整体可理解为供给以价格作为内生变量时的均衡状态。

原木总消耗量为:$S_i = (S_{ir} + S_{in} + \theta_i S_{if})\mu_I$。其中,$r$ 为工业原木,n 为其他工业原木,f 为薪材,θ 为薪材消耗相对原木消耗的乘数,μ_I 为木材消耗相对森林蓄积量消耗的比率,整体表示工业原木、其他工业原木和薪材供给需消耗的森林资源。

工业原木和木质燃料的市场动态为：$S^* = S_{-1}(1 + \beta_1 g_1 + \beta_\alpha g_\alpha)\ for\ k = r, n$。其中，$S_{-1}$ 为上期需求，g_1 为森林蓄积量的年增长率，g_α 为森林面积的年增长率，β 为弹性系数，表示工业原木、其他工业原木和薪材这三种初级供给曲线在人均 GDP 和森林蓄积量变动下的动态。本研究将供给曲线扩张看作内生和外生共同作用的结果，外生扩张是集体权改效应的作用。

由于全球资源的流动性，木材供给内生对单独的国家判定并不起作用，木材供给始终是国内产值与进口量共同达成的效果。国家木材供给的外生性让森林资源变化保持了相对的稳定性，其他数据则仍认定为内生化判定，即将 GDP、人均 GDP、森林蓄积量和森林面积的变动作为 GFPM 模型约束性的外生变量。因此，本研究采用木材供给完全外生变动衡量 GDP、人均 GDP、森林蓄积量和森林面积的变动。

森林面积：$A = (1 + g_a)A_{-1}$，森林面积变化：$g_{aa} = (a_0 + a_1 y') e^{a_2 y'}$，人均 GDP 变化率：$y' = (1 + g_{y'}) y'_{-1}$。森林蓄积量：$I = I_{-1} + G_{-1} + pS_{-1}$，$I$ 为蓄积，G 为无开采行为的森林资源增长函数，S 为森林资源消耗。蓄积增长量：$G_{-1} = (g_a + g_u + g_u^*) I_{-1}$，蓄积增长率：$g_{ua} = \gamma_0 \left(\dfrac{I_{-1}}{A_{-1}}\right)^\sigma$，森林蓄积净变化率：$g_I = \dfrac{I - I_{-1}}{I_{-1}}$。物质平衡条件为：$\sum_j T_{jik} + S_{ik} + Y_{ik} - D_{ik} - \sum_n aikn Y_{in} - \sum_j T_{ijk} = 0\ \forall i, k$，其中，$aikn$ 为 i 国生产每单位 n 产品需投入的 k 产品数量，对于某一国家的某一产品，进口量加供给量等于消费量加出口量，从而保证市场出清。

在贸易设置上，贸易惯性为：$T_{ijk}^L \leq T_{ijk} \leq T_{ijk}^U$，其中 L 和 U 分别表示上界和下界。

生产成本为：$m = m_{ik}^* \left(\dfrac{Y_{ik}}{Y_{ik,-1}}\right)^{s_{ik}}$，$m^*$ 为本期的生产成本相对上期的水平。S 为生产成本的产出弹性。运输成本为：$c_{ijk} = c_{ijk}^* \left(\dfrac{T_{ijk}}{T_{ijk,-1}}\right)^{\tau_{ijk}}$，$c^*$ 为本期的运输费用相对上期的水平。τ 表示运输成本的贸易弹性。关税为：$c_{ijk}^* = f_{ijk} +$

$t_{ik}^X(P_{ik,-1}) + t_{jk}^I(f_{ijk} + P_{ik,-1})$，$f$ 为单位商品运输费用，X_t 为出口税，I_t 为进口税。关税的变动会影响运输成本的变动，形成新的均衡。投入产出系数变化为：$a = a_{-1} + \Delta a$，Δa 表示年际间的变化。成本系数变化为：$m^* = m_{-1}(1 + g_m)$，g_m 表示加工成本的外生变化。运输成本变化为：$c^* = c_{-1} + \Delta f + t^X P_{-1} - t_{-1}^X P_{-2} + t^I(f + P_{-1}) - t_{-1}^I(f_{-1} + P_{-2})$，$f = f_{-1} + \Delta f$，$t = t_{-1} + \Delta t$，$\Delta f$ 为运输费用变动，Δt 为进出口关税变动。约束变化为：$\begin{cases} T^L = T_{-1}(1 + g_T r_T - \varepsilon) \\ T^U = T_{-1}(1 + g_T r_T + \varepsilon) \end{cases}$，$\varepsilon$ 是贸易流最大的变动百分比，p 是弹性。

以上公式即 GFPM 的设定，加以结合用来模拟和预测全球林产品变化趋势。在这个模型中，对未来需求和供应的预测都是在部分平衡框架中平衡的，以确保全球总供应等于全球总需求，并且未来的工业圆木和纤维消费与未来产品供应的预测一致。对未来产品需求的预测是基于对历史需求数据的经济计量分析。然后，根据需求、价格和国内生产总值之间的历史关系预测未来需求。

5.6.4 模型预测

GFPM 模型预测需要进行情景设计，设定可能发生的变化，并对比不同变化带来的影响。GFPM 模型包含 180 个国家和 14 种森林产品的数据，在此本章主要分析受到集体林权改革影响的木材产品和此项政策对中国和世界林产品生产和贸易产生的影响结果。因此，模拟主要是关于集体林权改革的政策效应，并预测基础情景和模拟情景的差异。

GFPM 中对未来时间段的划分以五年一个阶段的方式呈现，采用各变量每五年的指数平均数作为每一年的变动情况，这样的做法可以简化预测期的数据和工作量，但已经历过的年份数据可能会出现模拟效果失真的状况。因此将 2020—2065 年划分为每五年一个区间的形式展示预测结果。

数据说明：木质林产品是各个国家重要的林产品生产和加工的重要资料，也是天然环保的绿色资源，随着林业经济的快速发展以及人们对生态环保意识的增强，木质林产品的需求呈现出刚性增长的趋势。由于木质林产品在各个经济部门所表现出的形态不一样,相关部门与研究学者对其概念的界定也有所不同。按照联合国粮食及农业组织(FAO)的划分标准,林产品分为木质林产品与非木质林产品。其中,木质林产品主要包括原木、锯材、木片、碎木和木质剩余物、木炭、人造板、木浆、纸和纸板、印刷品等(联合国粮食及农业组织林产品年鉴,2014)。

2017年版的GFPM模型共包含6个大洲的180个国家和全球林产品贸易的主要林产品共14种。本研究在研究集体林权制度改革时,以2015年的森林蓄积量、木材进出口量、生产量和消费量为基期数据。其中,林产品贸易数据来源于联合国粮农组织统计的《全球森林资源评估》,该报告年更新一次,包括各个国家历年的森林面积及其增长率和森林蓄积量及其增长率等。GFPM研发者已经预设了该模型的参数和内生变量,并录入了其基数据,且对其进行了校准处理。GFPM模型中的林产品代码见表5-20。

表5-20　　　　　　　GFPM模型中的林产品代码

代码	产品	单位
80	薪材	10^3立方米
81	原木	10^3立方米
82	其他原木	10^3立方米
83	锯材	10^3立方米
84	单板和胶合板	10^3立方米
85	刨花板	10^3立方米
86	纤维板	10^3立方米
87	机械浆	10^3吨
88	化学浆和半化学浆	10^3吨
89	非木质纸浆	10^3吨
90	废纸	10^3吨
91	新闻纸	10^3吨
92	打印和书写纸	10^3吨
93	其他纸和纸板	10^3吨

5.6.5 模型结果

本书使用 GFPM（2017 Version）对联合国粮食及农业组织发布的全球森林资源评估数据库（FRA，Forest Resources Assessment）2015 及世界银行发布的相关数据进行模拟，按照 GFPM 执行程序及模拟预测，模型总体运行良好。模型对于世界主要大洲及国家的原木消费量的预测值误差如表 5-21 所示。可以看出，模型对于 2017 年的模拟效果很好，绝大部分实际值与预测值的误差在 10% 以内，就整体来看，这一吻合度很高。

表 5-21　　　　　　　　GFPM 预测值与实际值的吻合程度

	实际值	预测值		误差	误差比率
	1992 年	2017 年	2017 年	2017 年	2017 年
非洲	52646	64911	60043	-4868	**0.07**
埃及	215	475	452	-23	0.05
尼日利亚	8258	9173	7860	-1313	0.14
南非	14452	10848	11138	290	0.03
北美洲	554616	504689	507457	2768	**0.01**
加拿大	165869	154744	153598	-1146	0.01
墨西哥	7018	7936	7309	-628	0.08
美国	378200	337398	342556	5158	0.02
南美洲	**114437**	218618	217272	-1346	**0.01**
阿根廷	7250	12673	12671	-3	0.00
巴西	78909	142061	142183	122	0.00
智利	14378	40006	39742	-265	0.01
亚洲	316881	501060	615628	114568	**0.23**
中国	100421	238610	351217	112607	0.47
印度	36997	54140	49153	-4987	0.09
印度尼西亚	42615	73211	69673	-3538	0.05
日本	65971	46501	46386	-115	0.00
朝鲜	9430	9875	10342	467	0.05
马来西亚	27115	10646	10713	67	0.01

续表

	实际值	预测值		误差	误差比率
	1992年	2017年	2017年	2017年	2017年
大洋洲	21469	26160	23446	-2714	0.10
澳大利亚	11321	14985	14094	-891	0.06
新西兰	9472	9437	8282	-1155	0.12
欧洲	419182	588048	607878	19830	0.03
欧盟27国	239635	378141	388411	10270	0.03
奥地利	14419	21952	22899	947	0.04
芬兰	41023	61889	64382	2493	0.04
法国	26845	22954	23334	380	0.02
德国	23265	47450	49440	1990	0.04
意大利	9633	5145	6288	1143	0.22
俄罗斯	153526	175881	183344	7463	0.04
西班牙	13924	13509	13034	-475	0.04
瑞典	54424	73541	75731	2190	0.03
英国	6254	8859	9087	228	0.03
全部发达国家	1064847	1162704	1185160	22456	0.02
全部发展中国家	414384	740782	846564	105782	0.14
世界	1479231	1903486	2031724	128238	0.07

本书使用GFPM（version 2017）对于集体林改政策调整进行模拟预测，基准情景按照GFPM的内生数据原理，满足其一致性检验所约束的各项条件，并进行灵敏度分析，结果显示四年间的模拟值与真实值在进出口量、消费量、生产量等方面，对集体林权制度改革政策动态模拟具备良好的可靠性；在GFPM中第二步数据一致性检验时，未发现程序警示的BPMPD错误，模型整体运行良好。

（1）现行趋势下的世界林产品市场走势。全球一共分为七大洲，185个国家和地区，GFPM在进行情景预测时，排除了处于特殊然地理环境的南极洲，因此GFPM预测后的数据结果为六大洲，分别是亚洲、北美洲、南美洲、非洲、欧洲和大洋洲。表5-22展示了集体林权改革的作用与效果并未完全显示出来时的林产品价格。从表5-22至表5-24可以看出，世界原木价格呈现下降趋势。由于我国实施集体林权制度改革，因而2030年后世界原木价格会下降。由于我国贸易地位的重要性，因而国内木材产量及供需情况会影响世界木材市场结构。

表 5-22　　　　　2020—2065 年世界林产品价格预测

世界林产品价格	2017 年	2020 年	2025 年	2030 年	2035 年	2040 年	2045 年	2050 年	2055 年	2060 年	2065 年
薪材	57	56.5	55.6	54.8	54	53.3	52.7	52	51.4	50.7	50.1
工业原木	99	100.8	104.5	108.7	109	108.3	108	106.7	105.4	104	102.5
锯木	255	258.8	266.5	275.5	275.6	277.3	279	278.1	277.4	276.5	275.7
胶合板	535	548.5	575.1	606.2	629	656.6	683.3	707.1	737	769.3	803
芯板材	246	253.7	268.7	285.6	300.6	314.9	329.9	342.6	353.5	363	375.3
纤维板	379	394	422.5	452.6	478.3	506	536.3	566.4	599.2	631.9	663
机械木浆	398	417.4	452.9	492.2	523.5	553.7	584.9	588.6	610.7	635.4	665.2
化学木浆	576	592.4	622.2	655.7	675.3	693.9	714.5	729	750.1	773	798.8
其他纤维纸浆	1258.7	1323.5	1438.4	1566.5	1627	1654.9	1658.8	1657.7	1622.9	1577.8	1556.4
废纸	168	174.8	186.6	199.2	205.3	211.8	218.5	218.1	230.2	253.3	292.8
新闻纸	529	528.9	535.6	539.1	526	509.2	502.2	491.1	488.9	478	471.3
印刷书写纸	842	843.9	849.7	860.7	861.2	858.5	855.6	837.2	815.7	801.9	808.6
其他纸和纸板	906	927.5	963.9	999.6	1028.3	1056.5	1088.7	1115.7	1144.4	1171.4	1209

表 5-23　　　　　2020—2065 年世界林产品产量、进出口量预测

世界林产品	2017 年	2020 年	2025 年	2030 年	2035 年	2040 年	2045 年	2050 年	2055 年	2060 年	2065 年
产量	291105.3	304408.3	329952.8	359226.6	375129.8	391490.1	408333.5	419414.8	429285.6	437320.7	444724
进口量	62769.4	55138	46616.7	41966.4	38574.3	37557.8	37250.6	37692.4	40117.7	43113.8	44887.1
出口量	63015.3	55382.8	46861.7	42210.8	38819.1	37802.1	37494.5	37936.5	40362.9	43360.1	45132.7

表 5-24　　　　　2020—2065 年主要国家原木消费量预测值

预测值	2017 年	2020 年	2025 年	2030 年	2035 年	2040 年	2045 年	2050 年	2055 年	2060 年	2065 年
非洲	60043	61420	62959	53490	53160	51864	52680	52283	52597	53504	53550
埃及	452	503	547	607	673	743	825	920	1026	1019	1241
尼日利亚	7860	8173	8129	0	1	1	1	2	2	2	3
南非	11138	11332	11383	11319	11080	10615	9968	8739	7740	7486	7164

续表

预测值	2017年	2020年	2025年	2030年	2035年	2040年	2045年	2050年	2055年	2060年	2065年
北美洲	507457	522533	551312	581966	595456	601600	605568	594832	582278	562311	536875
加拿大	153598	157438	165539	176333	181063	183507	187113	186275	184824	182740	180617
墨西哥	7309	7632	8010	8514	8683	8541	8209	7651	7207	6819	6431
美国	342556	353385	373568	392874	401827	405556	406184	396801	386133	368938	345961
南美洲	217272	220299	227118	236639	235603	228697	229079	230603	234923	239667	245192
阿根廷	12671	12986	13544	14140	14463	14750	15014	15028	14994	14982	15102
巴西	142183	145462	152415	160711	161070	162284	164886	169980	177833	185421	193091
智利	39742	39600	39998	41214	40171	36505	33477	29522	25617	22411	19782
亚洲	615628	645038	701782	768954	775543	784254	805236	784829	754171	717794	684793
中国	351217	372856	411979	456022	449122	452258	460534	435934	402425	370982	339992
印度	49153	54917	66045	79774	90780	102710	116045	124106	130144	136909	144479
印度尼西亚	69673	70868	73395	77287	77326	77893	78713	78605	78760	78815	79372
日本	46386	45179	43329	41741	39311	37006	35144	34268	32885	31311	30348
朝鲜	10342	10644	11307	12126	12755	13221	13162	13001	12763	12581	12505
马来西亚	10713	10920	11438	12049	12758	13726	14960	16274	17925	19962	22450
大洋洲	23446	23901	25116	27147	28078	28572	28762	27321	26093	24296	21801
澳大利亚	14094	14268	14635	15647	15942	15660	15536	15227	14954	13985	12240
新西兰	8282	8501	9237	10139	10810	11632	12030	11037	9983	9090	8298
欧洲	607878	627065	666788	715367	743815	757492	761867	791193	827983	865845	908118
欧盟27国	388411	403034	431300	466537	489738	508930	520657	531510	547075	563038	582381
奥地利	22899	23796	26321	29183	32721	36801	39961	39793	39006	37410	33822
芬兰	64382	66473	70656	75626	77778	79993	81392	82566	85585	89950	95662
法国	23334	24771	26986	29287	29956	30076	29293	28158	27066	25954	24793
德国	49440	51714	56341	62348	67920	72973	77359	81455	86489	93171	101532
意大利	6288	6967	8087	9419	10450	10997	10882	9632	8500	7558	6796
俄罗斯	183344	187612	197620	208765	212683	205796	196790	213165	230208	245047	257239
西班牙	13034	13309	13560	13775	13179	12121	10517	8370	7001	6010	5724
瑞典	75731	79149	85578	93242	100028	105480	109919	114832	120883	129533	140014
英国	9087	9970	11329	12939	14255	15230	15944	16317	17014	17962	19066
发达国家	1185160	1218449	1285904	1365061	1405377	1423052	1429445	1445083	1466021	1480929	1494299
发展中国家	846564	881807	949472	1018501	1026277	1029427	1053746	1035977	1012024	982489	956029
世界	2031724	2100257	2235076	2383562	2431655	2452479	2483191	2481060	2478045	2463417	2450329

从产量上看，世界林产品总量在未来一段时间内是呈现上升趋势的，总

进口量先降后升,总出口量呈现下降趋势,说明林产品产量会在世界范围内有一定的增长,进出口贸易会有小幅度的降低,林产品在全球范围内的流动性有一定的减弱。如图 5-17 至图 5-20 所示,原木的产量会在未来一段时间内先上升,后逐渐趋于稳定。原木在亚洲的消耗量增速最快,尤其是在 2020 年以后有了明显的提升。亚洲地区的原木进口量也呈现出快速增长的趋势,远远超过其他地区;但出口量的增长幅度明显低于其他地区,说明亚洲原木多依赖于进口,暂不能实现自给自足的局面。

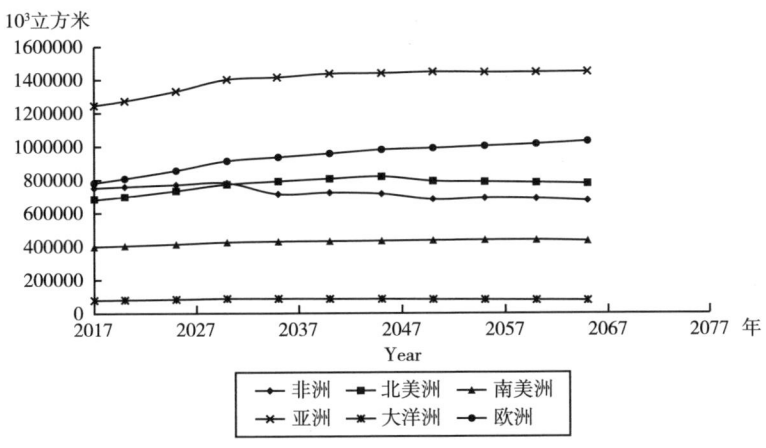

图 5-17 世界原木产量预测趋势图

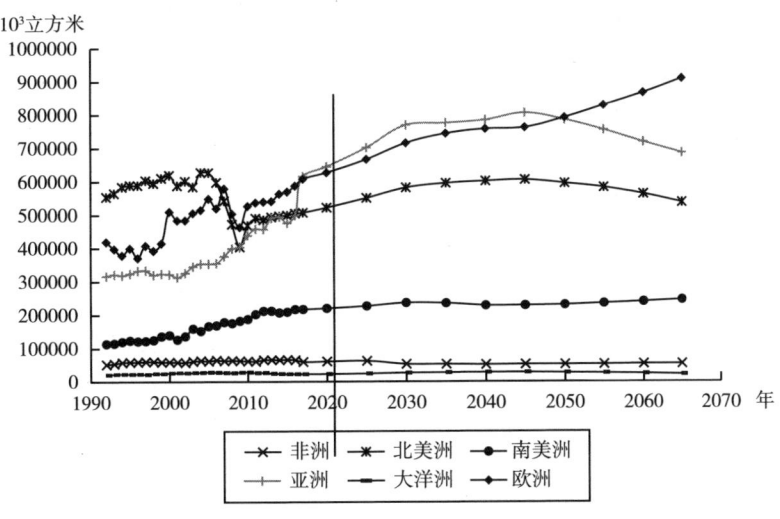

图 5-18 世界原木消耗量预测趋势图

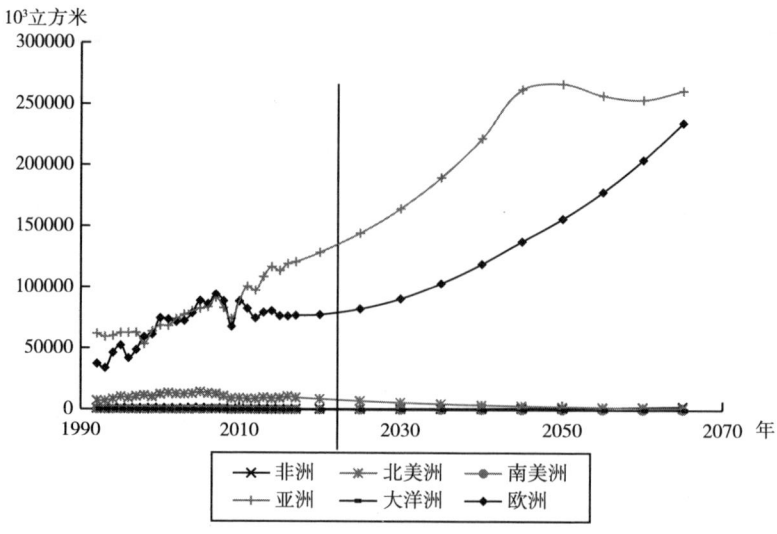

图 5-19　世界原木进口量预测趋势图

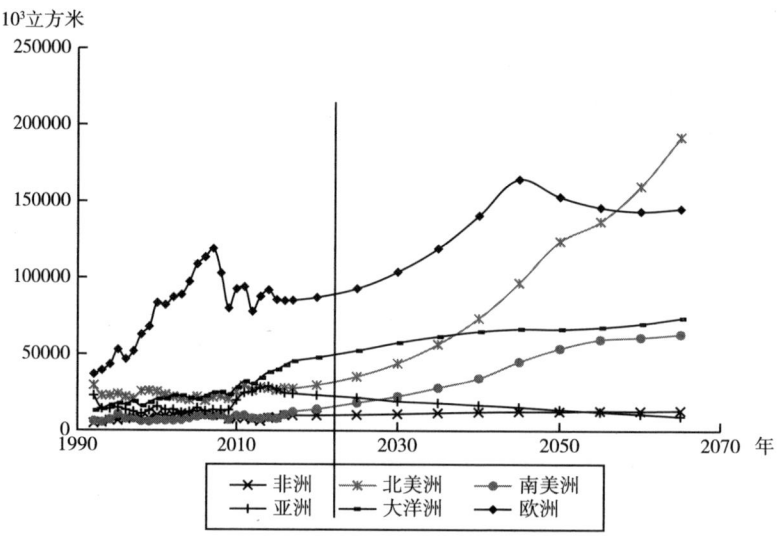

图 5-20　世界原木出口量预测趋势图

（2）现行趋势下的中国林产品市场走势。近年来，我国木质林产品贸易发展迅速，对未加工产品的需求也随之增加。然而我国森林资源相对匮乏、木材供给不足，这对木材需求大国来说无疑是一种挑战。从供应方的角度来看，我国现阶段森林资源的特点（主要是中幼林）决定了本国木材的供应不足。在需求方面，快速的经济发展将导致建筑、家具和装饰等各种原材料的

第5章 新一轮集体林权制度改革对我国林产品进口贸易和木材安全的影响

需求大幅增加。装饰和造纸等下游产业的蓬勃发展，不断增加了我国木材的消耗。国内木材供应的不足不可避免地被进口木材的增加所抵消。这不仅是数量上的增加，而且是结构上的增加。因为国内木材供应主要由中小直径木材和普通木材组成，而进口木材供应主要由大径级木材和珍贵木材组成。掌握我国木材进口的结构特征和需求变化有助于揭示进口木材消费市场的内部规律，提升我国在木材进口贸易中的主导地位，创造议价优势，加强木材进口能力建设。国内木材供应与进口木材稳定供应协调发展。

1980年以来，我国开始从邻国进口木材，以填补木材供应的缺口。到目前为止，从我国进口的木材约占全国木材贸易的50%。但是随着贸易保护主义的开始，大型木材供应国已经出台了限制国内木材出口的法律，我国的木材工业在一定程度上受到威胁。在对我国林产品未来走势的预测上，本书将重点放在原木上，因为集体林权制度改革的影响主要体现在原木产量、进出口量的变化上。根据预测结果显示，我国的原木价格高于世界价格，呈现出先上升后下降的趋势。我国原木的产量先将以7%~8%的增长率逐年增加，边际增速为正，后来增长率逐渐降低为1%~3%，呈现出一定的放缓的态势，最后趋于稳定，但我国木材产量增长的幅度是小于供给曲线的移动百分比的。我国原木进口量从2020年至2025年间的增长趋势非常显著，增长率达到22%，之后由快速增长阶段转为缓慢增长阶段，最后趋于持平。出口量相对于进口量来说数量很少，虽然产量有所增加，但仍只能满足国内需求，不足以依靠出口原木达到平衡进出口的作用。由于我国原木的进口量基数远远超过出口量，因此我国原木的贸易仍会在很长一段时间内呈现出较大的贸易逆差形式，我国原木仍会依赖于从森林资源丰富的国家及地区进口。

出现上述趋势的原因可能是三个。一是我国宏观经济的增长速度有所减缓，使需求量相对于经济高速发展阶段有所缓和，进而表现为原木需求量增速的减缓。二是社会发展带来的我国的劳动力成本的上升，对于一些需要加工制造的林产品，相应的，尤其是对于资源密集型和劳动力密集型的林产品，价格会有所增长，从而压缩了利润空间。三是行业发展到一定阶段会形成转移的局面，在森林资源相对集中的地区可能会扩展延伸至其他具有优势的地域。2020—2065年我国林产品价格预测见表5-25，2020—2065年我国原木产量、进出口量预测见表 5-26。

表 5-25   2020—2065 年我国林产品价格预测

我国林产品价格	2017 年	2020 年	2025 年	2030 年	2035 年	2040 年	2045 年	2050 年	2055 年	2060 年	2065 年
原木	99.95	101.62	104.89	109.81	108.24	107.39	106.64	103.64	100.08	96.55	93.26
薪材	69	68.2	66.8	65.7	64.7	63.7	62.7	61.7	60.7	59.7	58.6
工业原木	116.8	119	123.1	128.9	126.8	126.1	125.8	123	119.3	115.5	111.9
锯木	283	287.5	294.6	303.6	303.7	305.3	307.1	306.1	305.4	304.6	303.8
木板	447.68	467.00	498.54	530.99	550.61	579.77	612.05	642.02	675.42	711.19	750.54
胶合板	535	556.7	591.8	627.6	649.4	680.8	715.2	746.6	781.8	819.4	859.8
芯板材	255.8	265.7	282.4	301	310.6	324.8	339.7	352.5	363.3	372.8	385.1
纤维板	379	398.8	431.2	464.2	484.2	514.1	547.7	579.2	615.4	655	698.5
木浆	616.90	633.61	663.92	697.94	718.04	737.26	758.35	773.50	794.92	818.27	844.35
机械木浆	429.8	452.9	492.1	535.3	564.3	599.5	636.3	667.6	697.8	727.6	759.1
化学木浆	622.1	638.5	666.3	701.8	721.4	740	760.5	775.1	796.1	819.1	844.9
其他纤维纸浆	1262	1323.5	1438.4	1566.5	1583.6	1606.6	1632.5	1620.4	1606	1572	1541.1
废纸	201.6	208.4	220.2	232.8	238.9	245.4	252.5	251.7	263.8	308.3	331.8
新闻纸	555.5	552.9	544.7	535.1	515.1	500.1	486.1	462.9	455	485.9	493.1
书写印刷纸	842	843.9	845.2	839.4	818.6	806.7	796.3	776	771.1	801.9	808.6
其他纸和纸板	906	931.1	971.4	1011.6	1030.1	1054.6	1080.6	1096.3	1123.8	1171.4	1209

表 5-26   2020—2065 年我国原木产量、进出口量预测

原木	2017 年	2020 年	2025 年	2030 年	2035 年	2040 年	2045 年	2050 年	2055 年	2060 年	2065 年
产量	442487.8	459284.9	490868	530398.2	536713.6	549061.2	563350.7	565593.4	564176.8	561786.1	560616.4
进口量	76048.5	85546.3	104083.4	126637.6	135715.3	130857.2	118451.9	96585.6	78755.8	64217.6	52363.3
出口量	160.8	134	98.9	73	53.9	39.7	29.3	21.6	16	11.8	9

虽然我国原木产量的增长有目共睹、供需缺口有所减少，但是供需缺口仍然是一个比较严重的问题。图 5-21 将实际观测数据与模拟数据共同比较。其中，1992—2017 年是实际数据，之后的数据是 GFPM 模拟预测的数据。我国原木进口的增长量依然处于增长的状态。集体林权制度改革虽然促进了原木的生产，增长了产量，但是供需矛盾并不能依靠此项政策完全解决。结果

第 5 章 新一轮集体林权制度改革对我国林产品进口贸易和木材安全的影响

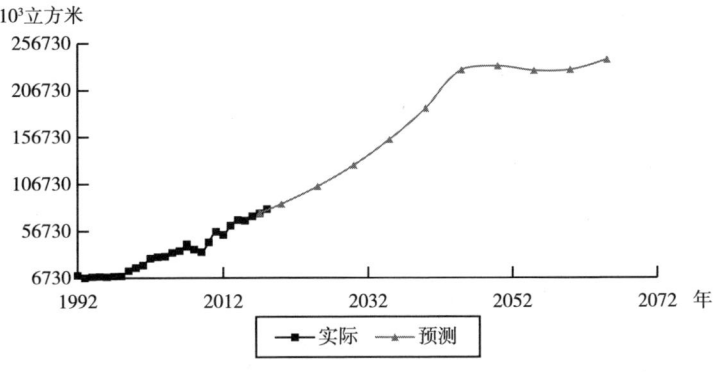

图 5-21 我国原木进口量预测趋势图

显示，无论是否进行集体林权制度改革，我国原木的生产和消费都是连年增长的。供需缺口扩大的原因在于需求增长速度超过产量的增长速度。因此，需要寻找其他思路和方式加以缓解我国木材的供需问题。我国原木产量预测趋势图见图 5-22。

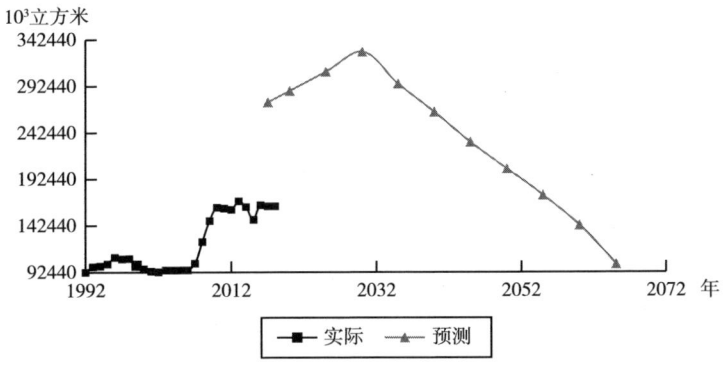

图 5-22 我国原木产量预测趋势图

（3）集体林权制度改革后世界林产品市场走势。在利用模型进行预测时需要进行情景设计，即设定出经济体未来可能发生的不同变化。这也正是该类模型的优势，因为在设定出不同的变化后，就可以把这些不同变化所产生的影响进行对比。本章关注的是集体林权制度改革对我国和世界木材市场的影响。因此，必须把集体林权制度改革后的影响加入 GFPM 中。因此，在此假设集体林权制度改革的效应在 2020 年前后发挥出来，其效应为 20%。在调整 GFPM 的参数时，基于上一节林改对木材进口的影响在第三期的 3.57% 左右达到了第十期的 6.16% 左右的研究结果,本部分假设从 2018 年到 2022 年,集体林权制度改革每年促使供给曲线向外扩张 5%。这一情景会在计算完成后,与基准情景进行比较,以显示出集体林权制度改革实施,对我国及世界木材市场的影响,将其称为"集体林权制度改革情景"。

由于集体林权制度改革涉及影响因素的多样性,考虑到计量模型大多进行中短期预测,也反映集体林权制度改革对林产品贸易的复杂作用关系,本部分在更改木材供给变化系数及考虑到宏观经济波动、新冠肺炎疫情带来的林业投资和贸易变化,动态调整指标,将上述内容纳入嵌入模型并进行修正及预测。由于长期预测值受到较多因素影响,预测指标会产生较大波动和不稳定性,因此针对情景设置模式下选择 2030 年作为集体林权制度改革实施对比,以便减少预测误差。

表 5-27 报告了 2030 年基准情景和高集体林权制度改革效应下的世界林产品市场的趋势。结果显示,集体林权制度改革下 2030 年世界原木的价格会下降约 1.3%。

表 5-27　2030 年世界林产品生产、贸易和价格基准情景与集体林权制度改革情景预测结果对比

项目	2030 年基准情景（元/立方米；千立方米）			2030 年林改情景相比于基准情景的变化量（元/立方米；千立方米）		
	价格	产量	出口量	价格	产量	出口量
原木	108.7	1744536	195463	1.1	3966	-9846
锯材	275.5	489047	80574	28.1	198	352
胶合板	606.2	93357	20183	21.4	90	-84
刨花板	285.6	145503	15853	15.4	196	-492
纤维板	452.6	96272	10483	13.6	125	-56
机械浆	492.9	57997	1651	42.4	123	20
化学浆	655.7	141991	39414	65.7	-14	45
废纸	199.2	301072	43412	33.6	-21	78
新闻纸	539.1	57835	16440	-4	18	89
打印纸	860.5	173901	35312	-21.1	67	-20
其他纸和纸板	999.6	322243	39503	-28.2	39	-34

第5章 新一轮集体林权制度改革对我国林产品进口贸易和木材安全的影响

从产量上看,我国的集体林权制度改革会使世界原木的产量在2030年上涨0.2%,这种总量上的变化很难看出其原因是什么,因此必须对其结构进行进一步分析。表5-28详细列出了世界主要的木材生产和贸易国家,在两种情景下木材生产、贸易的变化。结果显示,我国的集体林权改革虽然导致世界原木的产量在2030年上涨0.2%,但是这种上升主要是由于我国木材产量上升引起的。表5-28显示,在集体林权制度改革效应的影响下,除了我国的其他国家木材产量都出现了下降的趋势。

表5-28 2030年主要国家原木生产和贸易基准情景与集体林权制度改革情景预测结果对比

	2030年基准情景(千立方米)			2030年集体林权制度改革情景相比于基准情景的变化(立方米)		
	产量	进口量	出口量	产量	进口量	出口量
非洲	62045	19289	2638	-145	90	-178
埃及	1647	0	589	-18	0	-26
尼日利亚	6749	0	210	-3	0	-4
南非	3763	0	1266	-53	0	-114
北美洲	611090	6378	23789	-2580	902	-11
加拿大	168464	0	0	-1227	0	0
墨西哥	4730	4634	0	-48	805	0
美国	433820	846	23789	-1097	0	0
南美洲	183820	1380	18399	-2121	98	-2878
阿根廷	13829	144	0	-20	22	0
巴西	112938	0	1388	-1349	0	-1388
智利	1303	0	0	-14	0	0
亚洲	257399	135628	12890	14673	-12998	-543
中国	106893	80262	0	16291	-14085	0
印度	11830	23551	0	-39	61	0
印度尼西亚	238920	1813	0	-255	313	0
日本	40390	0	0	-298	0	0
韩国	8392	5038	0	-98	145	0
马来西亚	28380	0	15944	-447	0	-481

续表

	2030 年基准情景（千立方米）			2030 年集体林权制度改革情景相比于基准情景的变化（立方米）		
	产量	进口量	出口量	产量	进口量	出口量
缅甸	4283	0	570	-33	0	-36
越南	4780	4629	0	-16	82	0
大洋洲	40792	330	5839	-452	0	-420
澳大利亚	23892	0	184	-227	0	-184
新西兰	16832	0	2667	-154	0	-197
巴布新几内亚	1439	0	1681	-27	0	-26
所罗门群岛	730	0	628	-9	0	-9
欧洲	583892	32890	122930	-6190	2890	-5697
欧盟 25 国	407839	33940	52164	-3746	2364	-2905
芬兰	52890	0	0	-234	0	0
法国	33802	0	4320	-416	0	-475
德国	63902	0	16807	-889	0	-1163
挪威	8493	0	0	-42	0	0
波兰	33980	0	0	-168	0	0
俄罗斯	133820	0	60524	-1940	0	-2152
瑞典	73300	28452	0	-766	1711	0
世界	1739038	195895	186485	3185	-9018	-9727

从出口量上看，我国的集体林权制度改革会使得世界原木的出口量在 2030 年下降 5%。表 5-28 显示，主要国家的木材出口量都出现了下降趋势。这可以认为是一种"转移效应"，即中国以前进口别国的木材，而集体林权制度改革使部分进口木材由国内生产来补充，因此，世界主要国家的木材出口量会出现下降趋势。由于从世界范围看，总出口等于总进口，因此，世界原木的出口量在 2030 年也下降 5%。但是，从结构分析的角度来看，我国的进口量减少了 18%，但是其他国家的进口却出现较大幅度的上升，例如北美洲、南美洲和欧洲的木材进口量分别增长了 12%、8%、7%。国际社会，尤其是发达国家，常常将木材进口与我国联系起来。通过表 5-28 的对比显示，虽然我国木材的进口大幅减少了，但是北美洲和欧洲地区的木材进口却大幅增长。

从产品上看，我国集体林权制度改革对世界木材市场的影响主要体现在原木上，其对其他产品的效应明显小于其对原木的影响。由于原木价格的下降，其他木材产品的价格也出现了下降。出现这种状况的原因是其他产品都是以原木为原材料的。上游原材料价格的下降，导致了下游工业品的价格跟着下降。相对于木材价格的下降，其他产品价格下降的幅度很小。

总体上，我国集体林权制度改革将会使原木的世界价格下降，产量上升以及出口量下降。从程度上来看，其影响很小。这和我国在世界林产品市场中的影响力有关。尽管中国每年从国外进口了大量木材，但是就全球市场来说，其国内林业政策的变动，并不会对世界林业市场产生较大的冲击。

集体林权制度改革后全球工业原木出口量趋势图、进口量趋势图、产量趋势图以及集体林权制度改革后全球工业原木消费量趋势图分别见图5-23、图5-24、图5-25、图5-26。

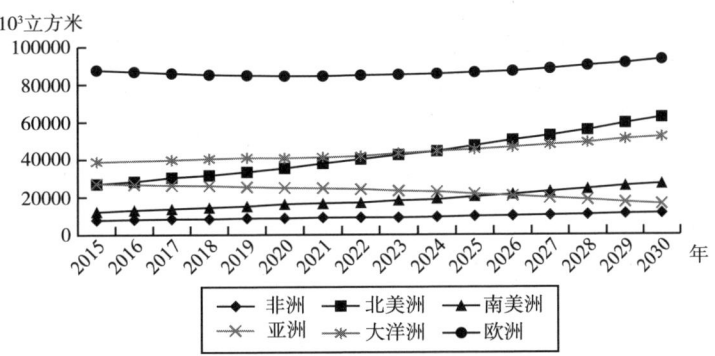

图5-23　集体林权制度改革后全球工业原木出口量趋势图

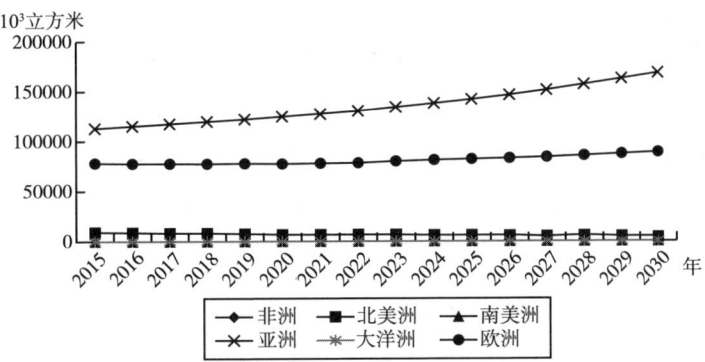

图5-24　集体林权制度改革后全球工业原木进口量趋势图

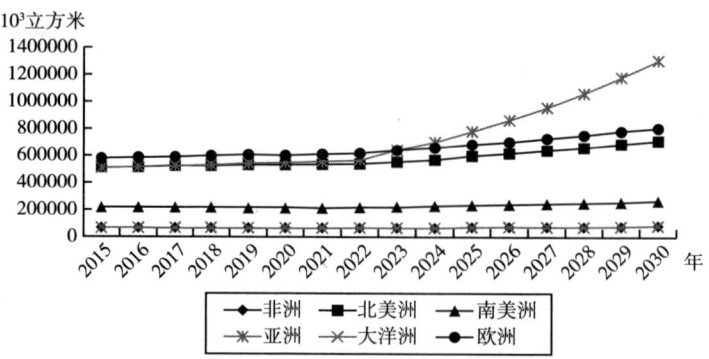

图 5-25　集体林权制度改革后全球工业原木产量趋势图

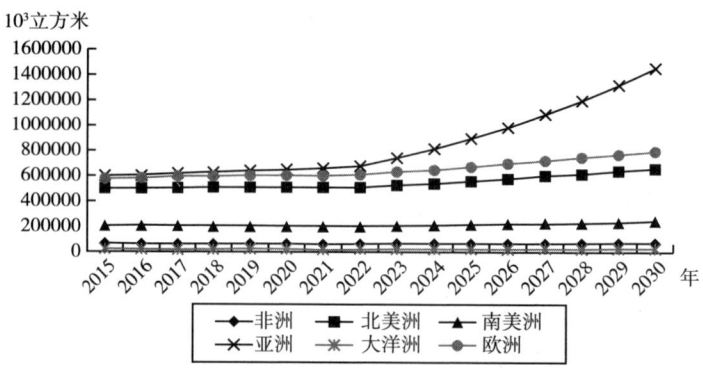

图 5-26　集体林权制度改革后全球工业原木消费量趋势图

模拟结果显示，欧洲的工业原木出口量缓慢上升，而北美洲等其他大洲的工业原木出口逐年上升，只有亚洲的工业原木出口量一直在下降。我国一直是工业原木进口大国之一，因此亚洲的工业原木进口量处于逐年攀升的趋势，北美洲的进口量逐年下降。亚洲、欧洲和北美洲的工业原木生产量在2023年以后的增长速度加快，在减少欧洲工业原木出口以后，亚洲的工业原木生产量加速上涨，而消费量与生产量的变化趋势相一致。

与基准情景相比较，从进口的角度来看，欧洲的工业原木进口量相比于其他大洲减少最多。由于我国木材出口的减少，使其周边国家的原木进口随之下降。对于亚洲，工业原木的进口量有所下降，2030年下降了25900立方米。我国作为木材大国之一，其原木出口的减少势必会造成全球各个国家提高原木的生产量，因此模拟结果显示，全球各大洲的原木生产量比基准情景的生产量要多。同时，我国原木出口的减少使本国林业部门原木的消费增加，这是因为将原木这种初级产品转化成其他的最终产品，这一过程中增加了原木的消费。

（4）集体林权制度改革后我国林产品市场走势。与国际影响类似，我国集体林权制度改革对我国林业部门的影响也主要集中在原木上。表 5-29 对我国林业部门在基准和高集体林权制度改革情景下的预测结果进行了总结。首先是价格。按照图 5-27 的分析结果，我国的原木价格会下降。GFPM 的模拟结果显示，2030 年我国的原木的价格，在发生集体林权制度改革的情景下比没有集体林权制度改革的情景下降了约 4.5%。这与理论的预测结果是一致的。其次是产量。在集体林权制度改革的效应下，我国原木的产量将会增加约 15%。按照 LeChatelier - Samuelson 原理（Samuelson，1947），我国木材产量的增加百分比将小于供给曲线移动的百分比。在集体林权制度改革下，我国原木的供给将向外扩张 20%，但是最终的产量却只扩张了 15%。这种理论与实证的一致性可以从两个方面考虑。从一个角度说，GFPM 的实证结论支持了 Le Chatelier - Samuelson 原理的正确性。从另一个角度说，Le Chatelier - Samuelson 原理支持了利用 GFPM 进行预测的可行性。

表 5-29　2030 年我国林业部门基准情景与林改情景预测结果对比

	2030 年基准情景（元/立方米；千立方米）				2030 年林改情景相比于基准情景的变化量（元/立方米；千立方米）			
	价格	产量	进口量	出口量	价格	产量	进口量	出口量
原木	109.81	108993	80382	0	-1.6	16329	-14920	0
锯材	303.6	30639	6420	2382	-0.1	-390	230	0
胶合板	627.6	35920	429	1782	31.4	36	39	0
刨花板	301	17203	230	72	9.6	12	28	0
纤维板	464.2	38203	432	409	20	65	39	0
机械浆	535.3	4389	345	0	11	12	11	0
化学浆	701.8	929	13902	33	10.4	29	-44	0
废纸	232.8	63920	9802	0	6.1	-39	10	0

续表

	2030年基准情景（元/立方米；千立方米）				2030年林改情景相比于基准情景的变化量（元/立方米；千立方米）			
	价格	产量	进口量	出口量	价格	产量	进口量	出口量
新闻纸	535.1	8392	662	78	-15	38	2	0
打印纸	839.4	33930	4393	509	-18.8	12	8	0
其他纸和纸板	971.4	73920	18393	1178	-5	4	4	0

注：前五类产品价格为美元/立方米，后六类产品价格为美元/吨。其产量和出口量的单位分别是 10^3 立方米或者 10^3 吨。"0" 并不代表没有变化，而是因为变化很小，以致于在四舍五入取整数时，被近似成零。

从机理上说，20%是在假设其他条件不变的情况下做出的，包括价格不变。而价格的模拟结果显示，集体林权制度改革使价格下降了4.5%。面对较低的价格，厂商生产的积极性会受到一定影响。换句话说，20%模拟的是供给曲线的移动，而15%是供给量的增加。后者在给定前者移动的前提下，由价格因素决定其最终的市场均衡数量。因此，原木产量的扩张不可能达到20%。

另一个显著的变化体现在进口量上。GFPM的预测结果显示，在集体林权制度改革的影响下，我国原木的进口量在2030年将达到约6600万立方米，这比基准情景下的进口量下降了约18%。由于GFPM预测的我国原木的出口量为0，因此进口量同时又是净进口量。进口量下降18%，就等于说净进口量下降18%。

按照供需平衡，一国某产品的净进口就等于其国内供需的缺口。因此，可以得出结论，在集体林权制度改革的影响下，我国的原木供需缺口将比没有实施集体林权改革时减少约18%。这证明了国家通过集体林权制度改革来减少原木供需缺口的目标是可行的。

对于需求量，预测结果显示，集体林权制度改革将导致原木需求上升。其机理是，需求函数是价格的单调递减函数，那么在其他条件不变的情况下，价格下降带来的结果自然是需求的上升。GFPM预测的结果显示，在集体林权制度改革的效应下，2030年中国原木的需求量将达到约1.88亿立方米，而基

第5章　新一轮集体林权制度改革对我国林产品进口贸易和木材安全的影响

准情景下的需求量是约为1.86亿立方米。因此，实证结果和理论预测的结果是吻合的。

最后，对于其他产品，其价格也出现了不同程度的下降，这是因为它们都以原木作为原材料，因此受原木价格下降的影响。总的来说，集体林权制度改革对其他产品的影响很小。我国工业原木、锯材和胶合板出口量趋势图见图5-27。我国工业原木、锯材和胶合板生产量趋势图见图5-28。

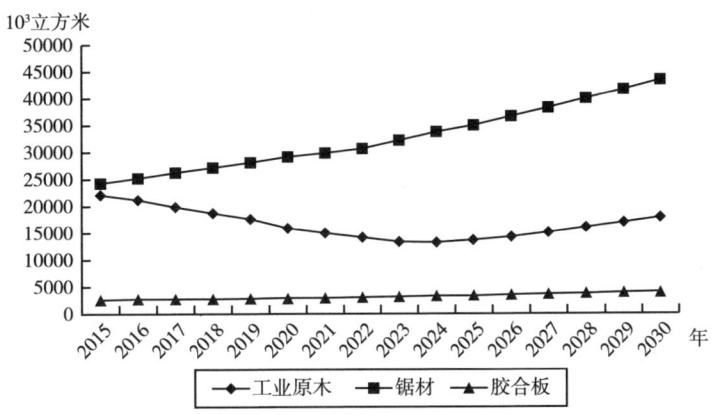

图5-27　我国工业原木、锯材和胶合板出口量趋势图

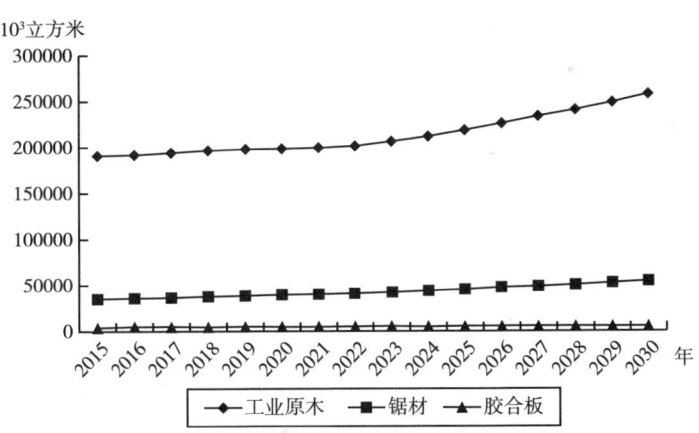

图5-28　我国工业原木、锯材和胶合板生产量趋势图

图5-29显示，在2020年我国减少工业原木出口时，锯材的出口量开始迅速上升，胶合板的出口量只有小幅度波动。我国工业原木的生产量和锯材、

胶合板相比，处于较高水平，但工业原木的出口量和消费量却低于锯材。可以看出，我国在减少初级产品出口的同时，加大了对锯材的出口和消费。

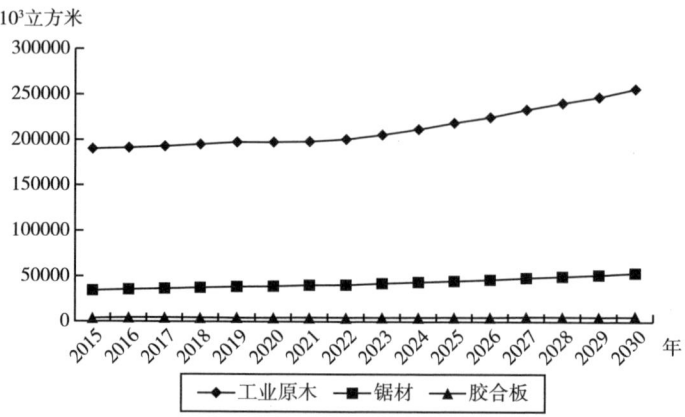

图 5-29　我国工业原木、锯材和胶合板消费量趋势图

从情景假设一的模拟结果中可以看出，我国减少工业原木的出口会对其生产量和消费量产生一定的连带效应。因此，我国原木出口量在一段时间内会有明显的减少，可以短暂的保护本国森林资源，同时还会使本国锯材出口量逐年上升，但对于其他林产品影响较小。

（5）政策建议。对我国政府来说，首先要加强森林资源的保护意识，有效管理森林资源，严厉打击非法采伐。加大对森林资源的保护力度，保证我国现有的森林蓄积量和木材供给量；同时需要建健全的相关法律法规，以保证森林资源的完整。其次是在原有的贸易合作、贸易协议的基础上，加大开放市场力度，拓宽林业资源的进口渠道，强化国家间的交流。有些国家实施原木出口限制政策，但我国可以从林产品贸易的互补性角度扩大与其他国家之间的合作，发展好基础林业产业间贸易；也可以拓宽出口渠道，寻找新的出口国以支撑我国木材供给不足的缺口，如加拿大和澳大利亚等其他森林资源丰富的国家。最后，要鼓励我国林产品生产加工企业和进出口企业积极开拓新的海外市场，有利于实现各国森林资源在国家间的流通，还能增加初级原木的进口渠道。可以在贸易重点省份中出台相应的支持政策，该省结合身林业发展，鼓励国内的林业企业"走出去"。

5.6.6 模型结果与解释

通过 GFPM 模型进行情景模拟，发现情景模拟与先前的认知也基本是一致的。首先，在单独实行森林采伐限额政策时，我国的木材供给量要小于未实施以上三种政策时的木材供给量。这说明我国的限伐政策取得了一定成效，通过森林限伐，我国的森林蓄积量和森林面积得到了显著的提高，森林生态得到了较好的维护，但同时限伐也减少了木材的供给，使我国木材安全问题陷入不利的境地。其次，同时实行采伐限额和天然林保护工程，进一步增加了我国的森林蓄积量和森林面积，但与此同时木材的供给量也进一步缩减，在需求端保持不变的情况下，进一步加剧了木材安全状况。最后，当采伐限额、天然林保护和集体林权制度改革政策三者同时实施时，木材的供给量有所上升，我国的木材安全状况得到改善。

这一结果与诸多学者的研究结果相吻合，说明了采伐限额、天然林的存在对于生态系统的修复、生物种群的丰富都有重要价值，天然林保护机制的可持续发展仍需要集中力量在发展天然林的面积与质量上，提高天然林管护水平、加大限伐政策的实施力度能够促进原始天然林种群的丰富与森林质量的提升（黄颖利等，2020）。中国作为木质林产品贸易第一大国，天保工程的实施对提高木材产量、促进木质林产品贸易的作用不容小觑。这种作用具有多面性，涉及供给和需求两个维度、静态和动态两种情形、融合了积极和消极两个方面，影响深远。第一，天然林保护工程的实施改变了我国林产品的和贸易结构，从总量上看，天然林保护期间，我国原木采伐量保持稳定，同期原木进口量显著提升；原木、锯材等初级产品出口比重很小，家具、板材等附加值更高的林产品出口显著增加；锯材、木浆进口量增长较快，胶合板、纤维板等附加值较高的林产品进口量也有所下降。第二，天然林保护工程增加了贸易依存度。随着本国资源总量限制，自身生态意识的增强以及本国工业化水平提升，传统原木供给国的贸易潜力正在降低；我国与非洲、南太平洋及大洋洲等国家的贸易潜力增加明显。第三，从长期来看，"天保工程"并没有在原料供给层面对中国家具制造业产生太大的负面影响（卢宏亮等，2020）。而集体林权制度改革这一宏观政策的实施，则会极大地提高农户的生产积极性,并对我国原木的供需缺口带来积极的影响。不过虽然这一措施可以在一定程度上缓解我国原木的供需矛盾,但并不足以从根本上解决原木供需缺口问题,从 GFPM 模型的预测结果中可以看出,即使没有上述三种政策,我国木材的供需缺口也依然是逐年增大的态势,归根结底是我国日益旺盛的木材需求。而这一需求又是由 GDP 的旺盛增长所引致,即很大程度上受宏观经济的影响(张寒,2012)。因此缓解我国木材的供需矛盾,提高我国的木材安全性,还需要寻求政策之外的一些措施。

5.7 小结

本书在已有研究的基础上,重述了木材安全这一概念,并先后从国内木材供给和国际木材进口两个方面论述了我国在木材供给方面面临的国际国内环境。结合近些年的数据刻画了我国木材的进口依存度和市场集中度,分析了木材价格对我国木材安全的影响。利用 GFPM 模型进行政策的情景模拟分析,得出结论我国的停伐政策和天然林保护工程很好地保护了我国的森林生态,也在一定程度上制约了我国的国内木材供给,加剧了我国面临的木材安全的不利境地。同时,2008 年开始实行的集体林权制度改革很大程度上提高了林农的生产积极性,增加了我国的木材供给,即便如此也未能完全解决我国木材的供需矛盾,因为我国经济的快速发展对木材及林产品的需求有逐年增加的趋势。

第6章

研究结论与建议

第 6 章 研究结论与建议

6.1 研究结论

21世纪以来,我国经济的高速发展使木材的消耗量也快速增长,我国对木材资源的需求也随之增长。考虑到我国对木材的庞大需求以及我国森林资源的稀缺性,我国的木材进口贸易越发繁茂。与此同时,由于1990年以来全球森林面积呈不断降低趋势,世界各国对于森林资源的重视程度也在不断地增加,主要木材出口国对出口木材的限制也在逐渐变得严格。这意味着,仅仅依靠进口木材来缓解木材供需矛盾是不可行的,提升国内供给能力的重要性不言而喻。基于此,本书从林业产权制度的改革出发,得到以下结论。

首先,随着2003年集体林权制度改革开始进行试点以来,我国的森林面积和木材产量都呈稳步上升的趋势。由历次全国森林资源清查结果可知,2003—2008年集体林改试点时期,森林面积增加了2054.3万公顷,平均每年增加410.86万公顷;人工林面积增长了843.27万公顷,平均每年增加168.65万公顷。构成商品材主体的人工林面积的快速增长也促进了木材产量的快速增长,木材产量由2003年的2473.02万立方米增加到了2008年的8108.34万立方米,增长率达到了227.87%。与此同时,随着集体林权制度改革的实施,木材的进口增速也开始放缓。由此可见,在林改开始实施后,我国的森林资源状况转好,木材的产量也随着提升。

其次,集体林权制度改革对木材产出的确起到了正向的促进作用,且确权率越高的地区对木材产出的影响越明显。本书的研究结果显示,集体林权制度改革、森林蓄积量与各省的木材产出具有较为显著的正相关关系。为了进一步分析其对木材产出的作用,本书剔除了部分确权率较低的地区,发现集体林权制度改革对木材产出的影响仍然显著为正,且系数变为0.502,即集体林权制度改革确权率较高的地区,其木材产量受到集体林改的影响越深。当将森林采伐率作为木材产出的指标时,研究结果显示出集体林权制度改革与森林采伐率也具有较为显著的正相关关系。这主要是由于集体林改促使我国的森林资源变得越来越丰富,可用于砍伐的商品林的面积越来越大,林农出于获得利益的需求对森林砍伐的意愿也越来越强烈。

最后,集体林权制度改革对能够抑制我国过快的进口木材需求。本书的研究结果显示,集体林权制度改革对我国木材进口量的增速是显著为负的,且影响程度逐步加深。此外,在短期内集体林权制度改革对木材价格的影响可以影响到木材的进口量,但是考虑到市场的因素,木材价格对木材进口量的增速的影响最终会趋于平稳。而林业投资的投入短期内也可以刺激木材进口量的变化,但由于林业投资不会无限制地过度增加,当林业投资趋于平稳以后,集体林权制度改革的资金投入对木材进口量的影响也逐渐平稳。长期来看,森林采伐率对木材进口量的增速影响程度较为稳定,稳定的木材供给可以有效地抑制我国木材进口量的增速。也就是说,当集体林权制度改革提升了我国的木材供给能力后,也能够缓解我国过快的木材进口需求。此外,相比于锯材进口,木材产出的提升对于抑制原木进口的影响更为明显,这可能是由于集体林权制度改革直接影响到的是森林资源的增长,当原木的进口减少后,作为原木替代品的初级加工锯材的量就随之增加了。

6.2 政策建议

虽然集体林权制度改革在一定程度上有效地缓解了我国木材供需矛盾,从而抑制木材进口量的增加;但是我国经济的快速发展以及森林资源的特殊性,我国对于木材的需求量仍旧很庞大。所以基于上述研究结果,本书特提出以下建议:

第一,继续深化集体林改,促进森林资源增长。考虑到森林资源的特殊性和重要性,为了长期稳定地促进木材供给的提升,我国应继续深化集体林改制度。一方面,政府应继续提高林地确权率。根据上述研究结果可知,林地确权率越高,集体林权制度改革对木材产出的影响越深。只有当越来越多的林农受到林业产权的激励,他们才越有可能继续投入资本和劳动力以达到更大的利益。另一方面,森林保险和林地抵押贷款等政策需要深入发掘。虽然直接给予林业补贴可以在短期内刺激林农的行为,但是从长期的保障来看,林业投资对于木材产出的影响不深。因此，利用此类金融措施能通过减少林农损失和增加林农收入来提升林农营林造林的意愿，对降低林农风险和保障林农利益大有裨益。

第二，继续扩大木材进口来源。虽然集体林改能够在一定程度上抑制我国木材进口的增速，但我国过于庞大的经济体量使我国对木材的需求仍然较大。因此，除了依靠制定国内的林业政策提升木材产出，进口木材仍为我国缓解木材供需矛盾的重要手段。此外，虽然近年来我国木材进口来源国有所扩大，但是我国的主要木材进口国仍然以俄罗斯、新西兰、加拿大、美国等国家为主。考虑到目前世界各国出于保护森林资源的目的而进行的各类贸易保护措施，集中于几个进口国家不利于我国的木材贸易安全和稳定。以中俄木材贸易为例，俄罗斯在2009年提升原木出口关税的措施对我国的木材进口造成了一定的影响，其在我国原木进口市场上的贸易份额也快速下降。世界木材交易市场变幻莫测，森林资源的特殊性亦容易导致各种贸易壁垒，如提升关税、禁止出口等。因此，我国应继续扩大木材进口来源国，避免对某些国家的木材进口过于依赖，降低木材进口风险。与此同时，由于比起锯材进口，集体林权制度改革对原木进口的影响比较明显，我国还应该考虑到锯材进口安全问题，稳定现有锯材进口来源国和扩大锯材进口来源国的范围。

第三，加大技术投入，提高木材利用率。木材产量的提升不能仅仅依靠森林面积的扩大和国外进口，绿色、实用的产品越来越受到消费者的青睐。科学技术是第一生产力，在全球价值链上游的各国一直高度重视技术的发展。本研究发现虽然短期内林改能够快速抑制我国木材进口量的增速，但简单的产权改革不能长久地促进林业的发展。只有当我国的政府和相关企业将重点放在技术投入，培育出稀有的、实用性强的木材上，我国的林产品才会在市场上具有优势，我国对外进口木材的依赖性也会随之降低。此外，提升木材利用率也至关重要，这不仅能够保护环境，还能使我国木材资源的利用达到最大化，减少森林资源的浪费。相比于国外木材的利用率，我国对木材的循环利用以及综合利用稍显不够。因此，加大对技术的资金投入，提升木材的综合利用率亦能使我国木材进口贸易更加长久稳定地发展。

第四，签订贸易协定、构建长期稳定合作关系。世界经济环境要靠各国共同维护，从一开始的加入世界贸易组织，到后来陆陆续续地与各国签订贸易协定、建立自贸区足以看出我国对进出口贸易的重视程度。以中新木材贸易为例，在我国与新西兰签订贸易协定后，新西兰的木材在我国的木材进口市场上的份额就大幅度增加。考虑到木材这一资源的特殊性，与各国关于木材贸易的谈判也就显得越发重要。构建合作共赢的木材贸易关系对我国的木材进口贸易至关重要。由此可见，除了制定国内林业政策提升木材供给能力，加强国际贸易合作同样能够有效缓解我国木材供需矛盾，减轻木材进口的风险，构建长期稳定的合作。

参 考 文 献

[1] Buchanan J M. Cost and Choice [M]//The Encyclopedia of Public Choice. Springer US, 2004.

[2] Barton B D, Elvira D, Hugo R V, et al. Tropical Deforestation, Community Forests, and Protected Areas in the Maya Forest [J]. ECOLOGY AND SOCIETY, 2008, 13 (2).

[3] Claudio Araujo, Catherine Araujo Bonjean, Jean-Louis Combes, Pascale Combes Motel, Eustaquio J. Reis. Property Rights and Deforestation in the Brazilian Amazon [J]. Ecological Economics, 2008, 68 (8).

[4] Chomitz K. At Loggerheads? Agricultural Expansion, Poverty Reduction, and Environment in the Tropical Forests [J]. World Bank Publications, 2007.

[5] Demsetz H. Toward a Theory of Property Rights [J]. American Economic Review, 1967, 57 (2): 347-359.

[6] Duan Wei et al. Risk Preferences Significantly Affect Household Investment in Timber Forestry: Empirical Evidence from Fujian, China [J]. Forest Policy and Economics, 2021, 125.

[7] Frederick Cubbage, Patrice Harou, Erin Sills. Policy Instruments to Enhance Multi-functional Forest Management [J]. Forest Policy and Economics, 2006, 9 (7).

[8] Hui Xiao, Fangting Xie, Shubin Zhu, et al. Analysis on Priority Order and Influencing Factors of Forest Farmers Demand for Forest Reform Policy - A Case Study in Jiangxi, China. 2019, 7 (5).

[9] Kees Krul, Peter Ho, Xiuyun Yang. Incentivizing Household Forest Management in China's Forest Reform: Limitations to Rights – based Approaches in Southwest China [J]. Forest Policy and Economics, 2020, 111.

[10] Liu C, Liu H, Wang S. Has China's New Round of CollectiveForest Reforms Caused an Increase in the Use of Productive Forest Inputs? [J]. Land Use Policy, 2017, 64: 492 –510.

[11] Li X, Cirella G T, Wen Y, et al. Farmers' Intentions to Lease Forestland: Evidence from Rural China [J]. Land, 2020, 9 (3): 78.

[12] Leonard Creutzburg, Tamaki Ohmura, Eva Lieberherr. A Gift Programme for Sustainable Forest Management? A Swiss Perspective on Public Policies and Property Rights. 2020, 75 (2): 69 –80.

[13] Nepstad D, Schwartzman S, Bamberger B, et al. Running Head: Amazon Parks and Indigenous Reserves Inhibition of Amazon Deforestation and Fire by Parks and Indigenous Reserve [J]. Conservation Biology, 2006, 20 (1): 65 –73.

[14] North D C, Alt J. Institutions, Institutional Change, and Economic Performance [J]. Southern Economic Journal, 1991, 11 (1).

[15] Oriana Bandiera. Land Tenure, Investment Incentives, and the Choice of Techniques: Evidence from Nicaragua [J]. The World Bank Economic Review, 2007, 21 (3).

[16] R. H. Coase. The Problem of Social Cost. 1960: 1 –44.

[17] Runsheng Yin, Shunbo Yao, Xuexi Huo. China's Forest Tenure Reform and Institutional Change in the New Century: What has been Implemented and What Remains to be Pursued? [J]. Land Use Policy, 2013, 30 (1).

[18] Shi Yang Wu, Tian Zhi Wei *. Forest Owners' Intent to Practice Multi – Use Forest Management: A Study Case of Collective Forest Tenure Reform in Sanming, China. 2019, 2 (2).

[19] SimeoneJohn. Timber Export Taxes and Trade between Russia and China: Development of the Forestry Sector in the Russian Far East [J]. NRC Research Press, 2012, 88 (5).

[20] Thorsten Beck, Ross Levien, Alexey Levkov. Big Bad Banks? The Winners and Losers from Bank Deregulation in the United States [J]. The Journal of Finance, 2010, 65 (5).

[21] Timothy Besley. Property Rights and Investment Incentives: Theory and Evidence from Ghana [J]. Journal of Political Economy, 1995, 103 (5).

[22] Xie F, Kang X, Du J, et al. Labor Off-farm Employment and Household Forest Management Investment in Jiangxi, China: A Perspective from Gender Influence of Rural Labor [J]. Natural Resource Modeling, 2020, 33 (1).

[23] Yi Xie, Peichen Gong, Xiao Han, Yali Wen. The Effect of Collective Forestland Tenure Reform in China: Does Land Parcelization Reduce Forest Management Intensity? [J]. Journal of Forest Economics, 2014, 20 (2).

[24] Zhang Y, Kant S, Long H. Collective Action Dilemma after China's Forest Tenure Reform: Operationalizing Forest Devolution in a Rapidly Changing Society [J]. Land, 2020, 9.

[25] 曹博, 王玉芳. 生态文明建设背景财政扶持、林权改革对林业生产效率的影响 [J]. 林业经济问题, 2019, 39 (03): 307-315.

[26] 陈光德. 集体林区集体林权制度改革对木材供给影响的探讨 [J]. 现代园艺, 2017 (10): 230-231.

[27] 陈伟, 宋维明. 基于生态足迹的国际贸易比较优势变化——以中国原木进口为例 [J]. 国际经贸探索, 2016, 32 (08): 41-52.

[28] 陈星霖, 陈钦, 陈培彬, 等. 集体林权改革背景下福建省木材价格影响因素分析 [J]. 云南农业大学学报 (社会科学), 2017, 11 (06): 14-19.

[29] 国彦兵. 西方国际贸易理论: 历史与发展 [M]//西方国际贸易理论: 历史与发展. 浙江大学出版社, 2004.

[30] 贺东航, 孔繁斌. 公共政策执行的中国经验 [J]. 中国社会科学, 2011 (05): 61-79, 220-221.

[31] 胡黎. 集体林权制度改革与林业发展研究——基于珠海市集体林权制度改革的探讨 [J]. 林业科技情报, 2019, 51 (04): 91-93.

[32] 黄巧萍, 刘芳芳, 卢素兰, 等. 林改配套政策参与度及满意度对农

户林业生产行为的影响［J］．武夷学院学报，2020，39（06）：25-30．

［33］黄颖．中国木质林产品贸易的特征、影响因素及前景［J］．对外经贸实务，2019（12）：35-38．

［34］蒋宏飞．我国集体林权改革配套措施在应对俄罗斯上调原木出口关税中的作用——基于 GTAP 模型的一般均衡分析［J］．世界林业研究，2012，25（02）：63-68．

［35］蒋业恒，高娜，陈勇，等．中国木材进口需求材种结构数量关系分析［J/OL］．世界林业研究：1-8［2020-08-31］．https：//doi. org/10. 13348/j. cnki. sjlyyj. 2020. 0085. y．

［36］柯水发，温亚利．中国林业产权制度变迁进程、动因及利益关系分析［J］．绿色中国，2005（10）：29-32．

［37］匡鹏，田明华，黄雨．我国木材进口量与价格预测研究——基于多变量灰色模型的分析［J］．价格理论与实践，2017（02）：120-122．

［38］劳万里，张冉，段新芳，等．我国木材贸易现状、存在问题及建议［J］．林业机械与木工设备，2019，47（11）：4-8，13．

［39］雷显凯，罗明忠．集体林改配套政策对林农林业收入差距的影响——基于分位数回归模型的检验［J］．农村经济，2020（04）：68-75．

［40］李晨婕，温铁军．宏观经济波动与我国集体林权制度改革——1980年以来我国集体林区三次林权改革"分合"之路的制度变迁分析［J］．中国软科学，2009（06）：33-42，127．

［41］李慧敏，张岩．基于 VAR 模型的我国木质林产品出口影响因素分析［J］．林业经济，2014，36（06）：79-84．

［42］李宁，陈利根，龙开胜．农村宅基地产权制度研究——不完全产权与主体行为关系的分析视角［J］．公共管理学报，2014，11（01）：39-54，139．

［43］李秋娟，陈绍志，赵荣．中国锯材进口变化及影响因素的实证分析［J］．西北林学院学报，2018，33（04）：282-288．

［44］李秋娟．天然林全面停伐背景下中国木材安全预警研究［D］．北京：中国林业科学研究院，2018．

［45］李淑霞，王燕．关于我国集体林权改革与森林可持续经营的研究

[J]. 花卉, 2019 (20): 239.

[46] 李思雨, 吴红梅. 基于生态信息法的原木贸易可持续性研究 [J]. 北京林业大学学报 (社会科学版), 2019, 18 (04): 69-75.

[47] 李婷婷, 郑文堂, 陈建成, 等. 中国人造板出口贸易影响因素及发展潜力——基于贸易引力模型的分析 [J]. 经济问题探索, 2014 (08): 92-101.

[48] 李卓, 谭江涛, 陈江红, 等. 新一轮集体林权制度改革效果评估——基于双重差分模型的实证分析 [J]. 价值工程, 2019, 38 (11): 19-22.

[49] 林小莉. 新常态下林业供给侧改革对木材进口的影响与对策 [J]. 林产工业, 2019, 56 (12): 73-75.

[50] 刘璨, 李云, 张敏新, 等. 新时代中国集体林改及其相关环境因素动态分析 [J]. 林业经济, 2020, 42 (01): 9-27.

[51] 刘菲, 胡明形, 胡延杰. 林改背景下中国原木供需和进口贸易预测——基于 CGTM 模型的空间均衡分析 [J]. 世界林业研究, 2015, 28 (03): 53-56.

[52] 刘汉成. 森林保险需求及其影响因素分析 [J]. 林业经济, 2019, 41 (12): 60-68.

[53] 刘金龙, 张译文, 梁茗, 等. 基于集体林权制度改革的林业政策协调与合作研究 [J]. 中国人口·资源与环境, 2014, 24 (03): 124-130.

[54] 刘金龙. 对中国集体林区产权改革诸问题的认识 [J]. 林业经济, 2006 (08): 12-16.

[55] 刘能文, 谢满华. 中国木材进口结构分析与建议 [J]. 林产工业, 2016, 43 (09): 10-14.

[56] 马橙, 高建中, 姚畅燕. 农户林权抵押贷款的收入效应及其差异性研究 [J/OL]. 农业现代化研究: 1-9 [2020-10-11]. https://doi.org/10.13872/j.1000-0275.2020.0071.

[57] 马骏. 森林产权多元化对森林资源管理的影响 [J]. 现代园艺, 2020 (04): 17-18.

[58] 邱云秀. 林业经济供给侧改革对木材进口的影响与对策 [J]. 林产工业, 2020, 57 (06): 67-69, 72.

[59] 石榴红, 张时淼, 王硕. 林权改革条件下木材价格波动机制实证研究 [J]. 林业经济, 2014, 36 (09): 59-64.

[60] 苏蕾, 刘意. 中国原木进口与木质林产品出口的动态分析 [J]. 世界林业研究, 2017, 30 (01): 61-65.

[61] 苏蕾, 袁辰, 楼尔基. 中国原木进口市场多元化趋势分析 [J]. 林业经济, 2017, 39 (11): 45-50, 56.

[62] 苏兴国, 陈文汇. 中国木材进出口量和木材进口价格之间动态影响机制分析——基于VAR模型和脉冲响应函数 [J]. 林业经济问题, 2014, 34 (01): 56-61.

[63] 唐帅, 宋维明. 我国原木进口价格波动及影响因素的实证研究 [J]. 价格月刊, 2013 (02): 16-19.

[64] 田刚, 葛宁宁. 中国进口俄罗斯木质林产品贸易波动原因分析 [J/OL]. 林业经济问题: 1-9 [2020-09-15]. https://doi.org/10.16832/j.cnki.1005-9709.20200012.

[65] 田明华, 史莹赫, 黄雨, 等. 中国经济发展、林产品贸易对木材消耗影响的实证分析 [J]. 林业科学, 2016, 52 (09): 113-123.

[66] 王迦. 集体林权改革对中国木材供给的影响研究 [J]. 福建农业, 2015 (06): 194.

[67] 魏建, 尹少华, 刘璨. 新一轮集体林改对不同类型农户林业生产投入的影响研究 [J]. 林业经济问题, 2019, 39 (05): 465-473.

[68] 吴易风. 英国古典经济理论 [M]. 北京: 商务印书馆, 1988.

[69] 肖根华. 集体林权改革下的林业经济增长主要因素分析 [J]. 绿色科技, 2019 (07): 45-46.

[70] 谢芳婷, 朱述斌, 康小兰, 等. 集体林地不同经营模式对林地经营投入的影响——以江西省为例 [J]. 林业科学, 2019, 55 (06): 122-132.

[71] 熊立春, 程宝栋. "一带一路" 沿线国家对华原木出口贸易效率与潜力 [J]. 世界林业研究, 2018, 31 (01): 91-96.

[72] 徐凯, 王雪梅. 我国锯材进口影响因素的实证研究 [J]. 林业经济评论, 2014, 4 (02): 74-78.

[73] 许传德, 韩璐, 张学军. 新世纪以来我国木材进口情况分析及预测 [J]. 林业经济, 2015, 37 (10): 48-52.

[74] 许时蕾, 张寒, 刘璨, 等. 集体林权制度改革提高了农户营林积极性吗——基于非农就业调节效应和内生性双重视角 [J]. 农业技术经济, 2020 (08): 117-129.

[75] 杨冬梅, 雷显凯, 康小兰, 等. 集体林权制度改革配套政策对农户林业生产经营效率的影响研究 [J]. 林业经济问题, 2019, 39 (02): 135-142.

[76] 杨楠, 吴晗, 伍超群, 等. 我国原木进口对国际市场价格影响的研究 [J]. 林业勘察设计, 2016, 36 (02): 10-14.

[77] 杨青, 伍丰宇, 张寒. 人民币汇率波动对中国原木进口的影响研究——基于汇率水平和汇率波动风险的双重视角 [J]. 林业经济, 2020, 42 (03): 71-77.

[78] 尹航, 徐晋涛. 集体林区集体林权制度改革对木材供给影响的实证分析 [J]. 林业经济, 2010 (04): 27-30, 49.

[79] 张兵, 白祥, 杜海旺. 中国集体林权制度改革研究现状及展望 [J]. 农业展望, 2020, 16 (01): 35-39.

[80] 张寒, 常颖, 李世平. 中国原木进口的需求弹性及预测——基于月度时间序列的 Johansen 协整估计 [J]. 林业经济问题, 2018, 38 (01): 69-74, 109.

[81] 张寒. 集体林权改革对中国木材供给的影响研究 [D]. 南京: 南京林业大学, 2012.

[82] 张红, 周黎安, 徐晋涛, 等. 林权改革、基层民主与投资激励 [J]. 经济学 (季刊), 2016, 15 (03): 845-868.

[83] 张虎. 我国集体林权改革与林业发展的政治经济分析 [J]. 中国林业经济, 2019 (06): 17-19.

[84] 张艳, 张颖, 许接眉. 福建省林权改革环境影响农户调查研究——以三明市和永安市为例 [J]. 环境与可持续发展, 2012, 37 (02): 35-39.

[85] 张英, 陈绍志. 产权改革与资源管护——基于森林灾害的分析 [J]. 中国农村经济, 2015 (10): 15-27.

[86] 张英. 集体林权制度改革对我国集体林区木材供给的影响研究[D]. 北京林业大学, 2012.

[87] 张颖, 杨桂红, 王兰会, 等. 基于集体林权制度改革对生态环境影响多维量表分析[J]. 环境与可持续发展, 2012, 37 (02): 11-17.

[88] 赵静, 李傲, 赵正, 等. 集体林权制度改革满意度评价研究——基于利益相关者视角[J]. 经济与管理研究, 2014 (03): 16-25.